Schmid-Egger · Krüll | Körpersprache – Das Trainingsbuch

W0058063

Körpersprache – Das Trainingsbuch

Überzeugend auftreten
Die unbewußten Signale deuten können

von
Dr. Christian Schmid-Egger

und
Caroline Krüll

Verlag C. H. Beck München 2012

www.beck.de

ISBN 978 3 406 63624 0

© 2012 Verlag C. H. Beck oHG
Wilhelmstraße 9, 80801 München

Satz: Druckerei C. H. Beck, Nördlingen (Adresse wie Verlag)
Druck: Druckhaus Nomos, In den Lissen 12, 766547 Sinzheim
Umschlagkonzeption: Atelier Seidel, Verlagsgrafik, Teising
Umschlagfoto: Jenny Sieboldt Fotografie, Berlin
Die Autoren des Buchs haben sich als Modelle zur Verfügung gestellt.

Gedruckt auf säurefreiem, alterungsbeständigem Papier
(hergestellt aus chlorfrei gebleichtem Zellstoff)

Vorwort

Dieser Ratgeber gibt Ihnen einen Einblick in die Welt der Körpersprache. Denn genauso wie wir mit Worten sprechen, können wir auch mit unserem Körper kommunizieren. Forscher fanden sogar heraus, dass nur zwanzig Prozent der Informationen, die wir ständig austauschen, über die Sprache und den verbalen Inhalt erfolgen. Die übrigen achtzig Prozent tauschen wir über die Körpersprache aus. Doch dieses Wissen um Körpersprache ist in unserer Kultur weitgehend in Vergessenheit geraten.

Wenn Sie jetzt jedoch „schreckgeweitet die Augen aufreißen", weil Ihnen gerade einfällt, was Sie Ihrem Chef gestern vielleicht unbewusst über das neue Projekt mitgeteilt haben, wissen Sie vielleicht doch noch mehr über Körpersprache, als Sie dachten. Manche von uns bleiben ja auch schon mal „starr vor Schreck" stehen oder machen „Luftsprünge vor Freude". Im Volksmund, in Sprichwörtern und auch in vielen Romanen ist die (Be-)Deutung unserer Körpersprache noch sehr präsent. Dieses Wissen war einmal sehr weitverbreitet und wir können immer noch gut damit umgehen. Doch wir tun es meist unbewusst.

Dieses Wissen um Körpersprache wollen wir reaktivieren. Wir werden Sie in die Lage versetzen, Mimik und Gestik Ihrer Mitmenschen aktiv zu deuten. Sie erfahren, wie Körpersprache überhaupt entsteht und was sie im Einzelnen bedeutet. Damit können Sie Ihre Menschenkenntnis perfektionieren und zudem die Gedanken Ihrer Gesprächspartner „lesen" und verstehen. Das ist einfacher, als Sie denken.

Unser Buch bietet Ihnen zudem etwas völlig Neues: Wir verbinden erstmalig die Deutung der Körpersprache mit einer modernen Typenlehre, die aus der Gehirnforschung stammt. Viele Körpersprachebücher gehen davon aus, dass jeder Mensch in bestimmten Situationen gleich reagiert. Doch das ist nicht so: Unser spontanes Verhalten unterliegt individuellen Programmen, die sich nachhaltig auf die Körpersprache auswirken. Mehr dazu erfahren Sie in diesem Buch.

Gleichzeitig bekommen Sie ein Trainingsbuch an die Hand. Wir geben Ihnen konkrete Hinweise und Tipps. So können Sie Ihre eigene Körpersprache Schritt für Schritt verbessern und damit auch eine bessere Wirkung erzielen – eine wichtige Voraussetzung für beruflichen und privaten Erfolg. Hinweise zum Training finden Sie unter verschiedenen Aspekten. Wir haben eigene Übungen für Sie zusammengestellt, die in eigenen Kästen stehen. Bei den Fallbespielen sowie an anderen Stellen stellen wir zahlreiche Möglichkeiten vor, wie sie Ihr Verhalten direkt verändern oder an schwierige Situationen anpassen können. Und am Ende des Buches finden Sie ein ausführliches Trainingskapitel mit Hinweisen, wie Sie anders – besser – wirken und auftreten können.

Dieses Buch richtet sich in erster Linie an Menschen im Job. Wir schildern in unseren Beispielen Situationen, wie sie im Unternehmen und im Büro tagtäglich auftreten. Alles haben wir selbst erlebt und trainieren es seit mehr als zehn Jahren mit den Teilnehmern unserer Seminare. Es ist daher praxiserprobt und funktioniert. Natürlich können Sie diese Erkenntnisse auch auf das Privatleben übertragen. Denn wir haben nur eine Psyche und schalten zu Hause nicht mal schnell auf ein anderes Programm. Ganz im Gegenteil, wir verhalten uns privat meist genauso wie im Job.

Zuletzt noch zwei Anmerkungen: Wir wissen, dass mindestens die Hälfte unserer Leser Frauen sein werden, also Leserinnen. Doch wir wollen nicht immer Chefs und Chefinnen, Mitarbeiter und Mitarbeiterinnen, Kunden und Kundinnen erwähnen. Zugunsten der Lesbarkeit haben wir uns daher dazu entschlossen, nur die männliche Form zu verwenden. Da einer der Autoren eine Autorin ist, werden Sie uns, liebe Leserinnen, diesen Weg sicher gestatten.

Zweitens: Wenn wir „rechts" und „links" schreiben, bezieht sich das immer auf Ihre eigene Sicht, beziehungsweise auf Ihren eigenen Körper. Ihr Herz ist also links.

Ihre Caroline Krüll & Dr. Christian Schmid-Egger

Berlin, den 11. Juni 2012

 Mit dem Symbol „Stift" sind Übungen im Buch gekennzeichnet.

Inhaltsverzeichnis

Vorwort V

1. Warum ist Körpersprache so wichtig? 1
   Drei Menschen – drei Charaktere 1
      Anke Grün 2
      Michael Rot 3
      Carsten Blau 3
   Ihr Check: Wie gut können Sie Köpersprache lesen? 4
   Morgens in der Firma 8
   Informationen gewinnen 10
      Warum Körpersprache verstehen? 12
      Das Vorstellungsgespräch 14
      Das Verkaufsgespräch 15
      Das Mitarbeitergespräch 15

2. Wie entsteht Körpersprache? 19
   Steinzeit im Büro 19
   Welche Arten von Körpersprache gibt es? 22
      Spontane oder primäre Körpersprache 23
      Situationsbezogene oder sekundäre Körpersprache 24
      Kulturbedingte oder tertiäre Körpersprache 27
   Die Grundmuster der Körpersprache 28
      Angriff 29
      Flucht 31
      Ducken oder sich verstecken 32
      Schockstarre 33
   Weitere ursprüngliche Verhaltensweisen 33
      Schutzreflexe 33
      Freude und Sympathie 34
   Ein Exkurs in Verhalten 35
   Welche Rolle spielt die Sprache? 38
   Wie Sie Körpersprache lesen lernen 40
      Lernen Sie beobachten 40
      Die Adlerposition 41
      Bewerten Sie Körpersprache nur im Kontext 42
      Achten Sie auf Zeichenfolgen 46
         Arme verschränken bei Ablehnung 46
         Arme verschränken bei Kälte 47
         Arme verschränken bei vorübergehender Passivität 48

Gedanken lesen 49
Realität und Fiktion 51

Eine Typenlehre 53
Anke Grün – der stimulanz- und gefühlsbetonte Typ 54
Michael Rot – der dominante Typ 56
Carsten Blau – der balanceorientierte Typ 57
So nutzen Sie Ihr Wissen über die Typenlehre 58
Der Check: Welcher Typ bin ich? 61

3. Was Körpersprache wirklich bedeutet 67

Der Händedruck 69
Was sagt ein Händedruck aus? 70
Am ausgestreckten Arm verhungern lassen 70
Nähe pur 72
Die hohle Hand 73
Die unterordnende Hand 73
Der dominante Händedruck 74
Der Kraftprotz 77
Der schlaffe Händedruck 78
Der Fürsorgliche 80
Der Dauerschüttler 81
Der Unstete 82
Weitere Handschläge 82
Wie sieht Ihr optimaler Händedruck aus? 83
Wer begrüßt wen zuerst? 85
Händedruck interkulturell 86

Der Gang 87
Der Schritt 88
Heben des Fußes 88
Tragen des Fußes 89
Absetzen des Fußes 90
Das Lauftempo 92

Der Stand 93
Breitbeinig stehen 94
Wann Sie besser nicht breitbeinig stehen 97
Beine über Kreuz 101
Der „richtige" Stand 103
Der schulterbreite Stand 104
Richten Sie sich auf 104
Standbein und Spielbein 107
Die Distanzzone 108

Gestik – was Arme und Hände sagen 112
Grundstimmungen 114
Die Gestik der drei Verhaltenstypen 116
Die aktiven Gesten 117

Gesten in verschiedenen Körperbereichen – oben, unten, hinter
dem Rücken 118
   Gesten im oberen Körperbereich 118
   Gesten im unteren Körperbereich 120
   Hände hinter dem Rücken 121
Die passiven Gesten 123
   Verschränkte Arme 124
   Schutzgesten 125
   Abwehrgesten – der Kanzlerigel 126
Hände am Kopf 129
   Lässige Gesten 129
   Schreckgesten 130
   Grüblerische Gesten 132
   Gesten mit Faust und Zeigefinger 134
   Schulterklopfen 136
Was die Hände sagen 138
   Die Faust 140
   Nervöse Hände 141
   Hände in der Tasche 142
Die Kopfhaltung 145
   Unterwerfung – den Kopf schräg zur Seite kippen 146

Die Mimik 150
Die Augen 152
   Die Pupille 153
   Schließen der Augen 153
   Weiten der Augen 155
   Das Blinzeln der Augenlider 156
   Der Blick 157
      Der Blick als Machtinstrument 158
      Der abgewandte Blick 159
      Im Gespräch den Blick halten 161
      Die Blickrichtung 162
Der Mund 169
   Das Öffnen und Schließen des Mundes 169
Das Kinn 172
Die Nase 174

Stirn und Augenbrauen 175

Frisur, Haare und Bart 177
Frisuren bei Frauen 179
   Das versteckte oder offene Gesicht 179
   Lange und kurze Haare 180
Frisuren bei Männern 181
   Vollbart 181
   Schnauzbart 183
   Lange Haare 183
   Kurze Haare 183
   Männliche und weibliche Typen 184
Sonnenbrille und Botox 185

Kleider machen Leute 186
  Die Statuskleidung 188
  Uniformen 188
  Der individuelle Auftritt 190
  Lässige und legere Kleidung 191
    Die Frauenfrage 193

4. Die Fallstudien 195
  Fallstudie 1: Einstieg ins Verkaufsgespräch 195
    Der Start 195
    Das Setting 197
    „Pacing" – die Auflockerungsphase 199
    Brüche im Gespräch 200
  Fallstudie 2: Die Preisverhandlung im Verkaufsgespräch 203
    Unsere Interpretation 203
  Revier- und Dominanzverhalten 206
    Die dominante Haltung 207
    Dominanz in der Begrüßung 208
    Dominanz im Meeting 209
    Dominanz im Zweiergespräch 210
    Umgang mit dominanten Gesprächspartnern 211
  Fallstudie 3: Das Bewerbungsgespräch 212
    Unsere Interpretation 213
    Tipps für Bewerber 214
    Tipps für Interviewer 215
  Können wir Lügner erkennen? 217
    Was passiert beim Lügen? 218
    Wie Sie Lügner und Täuscher dennoch entlarven können 219
      Bauen Sie eine vertrauensvolle Atmosphäre auf 219
      Schaffen Sie einen freien Blick auf den Gesprächspartner ... 220
      Sorgen Sie anfangs für Entspannung 221
      Achten Sie im weiteren Verlauf auf Zeichen von Unruhe ... 222
      Suchen Sie nach Gesten zur Beruhigung 224
      Steuern Sie das Gespräch 224
      Achten Sie auf den Blick 226
      Passt die Körpersprache zum Inhalt? 227
  Fallstudie 5: Die Präsentation 229
  Fallstudie 6: Körpersprache am Telefon 234

5. So trainieren Sie Ihre Körpersprache 237
  Wie Sie Ihre Körpersprache kontrollieren und verändern 237
    Check: Wie selbstsicher sind Sie? 239
    Das unbewusste Verhalten austricksen 240
    Ihr individuelles Trainingsprogramm 242
      Stehen 243
      Gehen 244
      Sitzen 245

Beine locker übereinanderschlagen 246
Beine weit auseinander 247
Beine zusammengepresst oder eng übereinandergeschlagen 247
Der selbstbewusste Blick 248

So bauen Sie Selbstsicherheit auf 250
Verändern in kleinen Schritten 250
Lernen Sie Neinsagen 251
Wie sagen Sie wirksam Nein? 253
Wie können Sie Ihr Verhalten ändern? 255

Literatur, die Sie interessieren wird 259

Über die Autoren 261

1. Warum ist Körpersprache so wichtig?

Drei Menschen – drei Charaktere

Zu Beginn dieses Buches möchten wir Ihnen drei Menschen vorstellen: Anke Grün, Michael Rot und Carsten Blau. Diese Menschen werden wir einen ganzen Arbeitstag lang begleiten. Sie sind unsere Protagonisten, die Ihnen, liebe Leser und Leserinnen, demonstrieren werden, was es mit Körpersprache auf sich hat. Alle drei Menschen arbeiten zusammen in einem ganz normalen Unternehmen, wie es in Deutschland Zehntausende gibt. Sie haben dort verschiedene Positionen und erleben all die Dinge, die auch Sie tagtäglich erleben, wenn Sie mit Menschen zusammenarbeiten. Ein Tag besteht aus Meetings, aus Kundengesprächen, aus Konflikten, aus Konfliktlösungen, aus der Mittagspause, aus Gesprächen mit den Kollegen, aus Gesprächen mit dem Chef, aus Gesprächen mit einem Mitarbeiter und aus vielen anderen Situationen.

In all diesen Situationen spielt die Körpersprache eine wesentliche Rolle. Und genau darum geht es in diesem Buch. Zusammen mit Frau Grün, Herrn Rot und Herrn Blau erleben Sie diesen Arbeitstag mit und erfahren, welche große Bedeutung die Körpersprache dabei hat. Und natürlich erfahren Sie auch, was Sie daraus für Ihr eigenes Leben mitnehmen können und wie Sie Ihre eigene Körpersprache verbessern können.

Warum stellen wir Ihnen ausgerechnet drei Menschen vor? Und warum sind sie nach Farben benannt? Das hat einen einfachen Grund. In der Verhaltenspsychologie setzt sich immer stärker die Erkenntnis durch, dass wir Menschen nicht von Grund auf gleich sind, sondern unterschiedlichen „Grundtypen" des Verhaltens angehören. Diese grundlegenden Verhaltenstypen sind von Geburt an in uns festgelegt und ändern sich im Laufe unseres Lebens kaum noch. Jeder von uns entspricht einem solchen Grundtyp, der sich bis in die Körpersprache hinein auswirkt. In herkömmlichen Büchern und Modellen über Körpersprache spielten diese Verhaltenstypen bisher keine Rolle. Diese Information kann jedoch sehr viel dazu beitragen, die Körpersprache Ihres Gegenübers besser zu verstehen.

Dazu noch drei Anmerkungen. Unsere Modelle stammen nicht aus der Psychologie, sondern aus der modernen Gehirnforschung: Diese hat inzwischen sehr gute Vorstellungen darüber gewonnen, wie Verhalten und Körpersprache entstehen und wie sie mit unseren Gedanken zusammenhängen. Wir beziehen uns weitgehend darauf.

Zum Zweiten ist das Erkennen solcher Typen in der Praxis nicht immer einfach. Frau Grün, Herr Rot und Herr Blau sind extreme Vertreter ihres jeweiligen Verhaltenstypus. Wenn dieser in Ihrem Kollegenkreis vorkommt, werden Sie ihn sehr schnell erkennen. Doch viele Menschen sind Mischtypen, bei denen zwei oder gar alle drei Grundtypen das Verhalten sehr stark bestimmen. Hier wird das Erkennen und Deuten der spezifischen Körpersprache schon schwieriger. Dennoch gelingt das mit etwas Übung ebenfalls.

Zum Dritten überzeichnen wir die Typen bewusst, damit Sie als Leser besser verstehen, welches die Hauptcharakterzüge dieser Personen sind.

Zuerst möchten wir Ihnen jedoch unsere Protagonisten kurz vorstellen.

Anke Grün

Anke Grün arbeitet in unserem fiktiven Unternehmen in der Personalabteilung. Sie leitet dort ein kleines Team und ist mit den verschiedenen Aufgaben betraut, die im Personalbereich anfallen. Sie ist verheiratet, hat zwei schulpflichtige ältere Kinder und wohnt in einem kleinen Reihenhäuschen in einem netten Wohngebiet in der Stadt. Anke Grün ist Anfang 40, hat ein freundliches, offenes Gesicht, schulterlange dunkle Haare und kämpft wie viele in ihrem Alter stets gegen ein paar überflüssige Pfunde an. Dennoch ist sie gut in Form und schafft immer wieder mal den Abstecher ins Fitnessstudio. Dort ist ihr neben dem Sport auch besonders wichtig, ein paar Freundinnen zu treffen und anschließend noch einen Kaffee an der Bar zu trinken. Anke Grün ist stets offen für Neues, liebt ausgefallene Ideen und fährt jedes Jahr an ein anderes Urlaubsziel, möglichst weit weg von Deutschland. Sie hat einen neueren japanischen Kleinwagen. Insgesamt macht sie sich wenig aus Autos und sieht sie eher als praktische Vehikel an.

Michael Rot

Michael Rot ist der Chef. Er leitet das Unternehmen. Das tut er schon seit drei Jahren, auch vorher war er in einer wichtigen Führungsposition. Er ist Mitte 40, verheiratet und hat einen Sohn. Er wohnt im Westen der Stadt in einer besseren Gegend. Seinem Haus und seinem Garten, der direkt an einem kleinen See liegt, sieht man an, dass er es zu etwas gebracht hat. Aufwendige Garteninstallationen, ein pompöses schmiedeeisernes Tor, teure Sicherheitsfenster fallen sofort ins Auge. Zur Arbeit fährt er meist mit seinem Porsche-Cayenne-Geländewagen.

Michael Rot ist ein sportlicher und durchtrainierter Typ mit federndem Gang, kurz geschnittenen Haaren und kantigen Gesichtszügen. Seine Fitness pflegt er auf dem Tennisplatz und im heimischen Fitnessraum im Keller. Seine Ehefrau ist attraktiv, doch sonst eher unauffällig. Den Urlaub verbringt er entweder beim Segeln oder mit einem Freund in dessen Villa in Südspanien. Dort geht es auch immer ums Geschäft. Im Winter fährt er regelmäßig zum Skifahren in bekannte High-Society-Gebiete.

Carsten Blau

Carsten Blau ist Controller aus Leidenschaft. Zahlen, Daten und Fakten sind sein Leben und diese hat er stets gut im Griff. Carsten ist ein eher hagerer Typ mit asketischen Gesichtszügen und einer langen, schmalen Nase sowie einer hohen Stirn. Zusammen mit seiner Frau, einer Buchhalterin, und ihrer 16-jährigen Tochter, die leidenschaftlich Geige spielt, wohnt die Familie am Stadtrand zur Miete. Ein Auto haben sie nicht, weil Carsten im Sommer mit dem Fahrrad und im Winter mit der U-Bahn zur Arbeit fährt. Das hält ihn auch ausreichend fit und spart Geld. Im Urlaub treffen wir die Familie stets auf demselben Campingplatz an der holländischen Nordseeküste an. Dafür leihen sie sich immer das Auto von Carstens Bruder aus.

Menschen neu kennenlernen

Nehmen Sie ein Blatt Papier und schreiben Sie die wesentlichen Merkmale von fünf bis zehn Kollegen, Mitarbeitern oder Kunden auf, mit denen Sie regelmäßig zu tun haben. Dazu zählen Kleidung, Hobbys, Charaktereigenschaften und typische Verhaltensweisen. Überlegen Sie außerdem, was Ihnen an der Körpersprache dieser Menschen auffällt. Füllen Sie das Blatt ggf. auch ein paar Tage später aus, wenn Sie Gelegenheit hatten, diese Menschen nochmals genauer zu beobachten. Mit dieser Übung lernen Sie vor allem, Menschen genauer zu beobachten und auf Besonderheiten zu achten. Weiter unten im Buch geht es dann mit dieser Übung weiter.

Ihr Check: Wie gut können Sie Köpersprache lesen?

Mit dem folgenden Test können Sie ermitteln, wie gut Sie sich bereits mit Körpersprache auskennen. Wir haben diesen Check in Form eines Multiple-Choice-Tests dargestellt.
1. Ihr Gesprächspartner vor Ihnen verschränkt die Arme. Was geht in ihm vor?
   A. Er lehnt Sie ab.
   B. Er schenkt Ihnen seine gesamte Aufmerksamkeit
   C. Sie können das nicht beurteilen.
2. Ihr Gesprächspartner ist Rechtshänder. Er erzählt eine Erfolgsstory aus seinem Job und schaut dabei immer wieder in die – von Ihnen aus gesehen – rechte obere Ecke.
   A. Er ist ein toller Hecht und Sie glauben ihm alles.
   B. Er flunkert, und zwar kräftig.
   C. Sie können das nicht beurteilen.
3. Sie beobachten einen Redner auf der Bühne. Er steht breitbeinig da und hält sich die Hände auffällig vor den Schritt, als gäbe es dort etwas zu verbergen.
   A. Super selbstsicherer Typ, der was hermacht.
   B. Ängstlicher Typ, der das aber krampfhaft zu verbergen sucht.
   C. Vielleicht ist sein Reißverschluss kaputt.
4. Der nächste Redner ist dran, ein mittelständischer Unternehmer. Er erzählt sehr emotional davon, wie sehr ihm das Wohl seiner Mitarbeiter am Herzen liegt. Dabei ist seine linke Hand die gesamte Zeit über in seiner Hosentasche versenkt.
   A. Sie hoffen, dass er endlich das findet, was er sucht.
   B. Solche Unternehmer mit Herz brauchen wir. Ein Vorbild.
   C. Sie glauben ihm nicht.
5. Sie sind Personaler und führen ein Bewerbungsgespräch. Auf Ihre Fragen hin erzählt Ihr Gegenüber, was ihm besonders wichtig ist.

Dabei beobachten Sie die folgenden körpersprachlichen Gesten. Was ist dem Bewerber wirklich wichtig?

A. Er liebt den Umgang mit anderen Menschen. Während er das sagt, geht sein Blick nach unten rechts.

B. Er arbeitet am liebsten am Computer und wertet Tabellen aus. Dabei legt er seine Stirn in drei deutliche Falten.

C. Er würde gerne Karriere machen und bald ein Team führen. Seine Beine drehen sich in diesem Moment leicht zur Seite, die Fußspitzen zeigen zur Tür.

6. Sie sitzen diesem Bewerber immer noch gegenüber. Sie überlegen gerade, ob er in Ihr Vertriebsteam passt.

A. Er passt hervorragend.

B. Er passt nicht.

C. Sie können es nicht beurteilen.

7. Auf einem Empfang treffen Sie einen Typen mit langen Haaren, die er in einen modischen Pferdeschwanz zurückgebunden hat. Bekleidet ist er mit einem knallgrünen Sakko. Dazu trägt er teure italienische Designerschuhe. Er soll wichtig sein, und Sie wollen ihn ansprechen. Welche Einleitung kommt bei ihm am besten an?

A. Hi, ich bin der Gastgeber und mir gehört der ganze Laden hier. Wollen Sie mal die oberen Räume mit den ganzen Extras sehen?

B. Ihr Sakko finde ich ganz toll. Sicher hat es eine Weile gedauert, bis Sie genau diese Farbe gefunden haben?

C. Ihr Sakko finde ich ganz toll. Das hat bestimmt eine Stange Geld gekostet. Oder haben Sie irgendwo ein Schnäppchen machen können?

8. Der Empfang geht noch weiter. Jetzt treffen Sie einen dynamisch auftretenden Menschen mit einer sportlichen Kurzhaarfrisur, der Ihnen bei der Begrüßung fast die Hand zerquetscht. Er trägt ein teures Jackett. Auch hier probieren Sie wieder Ihre drei Fragen. Welche passt diesmal am besten, A, B oder C?

9. Jetzt ist Händeschütteln mit dem Team aus der neuen Agentur dran. Zwei Handschläge sind ganz normal, doch der dritte, Herr Maier, streckt zur Begrüßung den gestreckten Arm aus und schüttelt die Hand auch so.

A. Sie machen sich keine weiteren Gedanken dazu.

B. Herr Maier braucht wohl noch etwas Zeit. Sie konzentrieren sich im Gespräch auf die beiden anderen.

C. Herr Maier braucht im Gespräch besondere Aufmerksamkeit. Sie konzentrieren sich besonders auf ihn.

10. Sie sitzen in einer harten Verkaufsverhandlung. Beim dritten Versuch, noch einen Kompromiss hinzubekommen, lehnt sich ihr Partner auf einmal zurück, verschränkt die Arme vor dem Oberkörper, zieht die Schulter leicht zusammen und senkt den Kopf etwas. So schaut er Sie jetzt an. Was ist passiert?
    A. Das war der Durchbruch.
    B. Auch dieser Versuch ging daneben, und zwar gründlich.
    C. Sie interessieren sich nicht dafür, was er macht, denn er wird es Ihnen schon sagen.

Und hier ist die Auflösung. Zählen Sie Ihre richtigen Antworten jetzt zusammen.

Frage 1: C ist richtig.

Frage 2: B ist richtig.

Frage 3: B ist richtig.

Frage 4: C ist richtig.

Frage 5: B ist richtig.

Frage 6: B ist richtig.

Frage 7: B ist richtig.

Frage 8: A ist richtig.

Frage 9: B ist richtig.

Frage 10. B ist richtig.

Hand aufs Herz: Wie viele Aufgaben konnten Sie lösen? Wir ersparen Ihnen hier die Auswertung nach Punkten, denn unser Buch wollen Sie ja auf jeden Fall lesen. Dort werden wir im Einzelnen erläutern, was es mit diesen und anderen Situationen auf sich hat. Unsere Aufgaben betreffen dabei ganz normale Situationen, wie Sie sie im Businessalltag tagtäglich vorfinden. Je besser Sie dabei die Körpersprache Ihres Gegenübers deuten können, desto sicherer werden Sie in Ihren Beurteilungen und Entscheidungen.

Um Ihnen jedoch ein langes Blättern im Buch zu ersparen, werden wir hier alle Fragen kurz kommentieren. Die Hintergründe dazu finden Sie weiter unten in den entsprechenden Kapiteln.

Frage 1

Wenn jemand nur die Arme verschränkt, können Sie daraus noch gar nicht schließen. Diese Geste kann mehrere Bedeutungen haben, die Sie sich nur aus dem Zusammenhang oder aus weiteren Körperzeichen erschließen können.

Frage 2

Die Augen verraten, wo jemand in seinen Gedanken ist. Wenn ein Rechtshänder nach oben links schaut, konstruiert er etwas. Wenn er seine tollen Geschichten selbst erlebt hat, müsste er sich jedoch daran erinnern. Beim Erinnern würde er jedoch nach oben rechts schauen. Doch Vorsicht: bei Linkshändern sind die Richtungen oft vertauscht. Sie müssen die Person daher erst eichen. Wie das geht, erfahren Sie weiter hinten im Buch.

Frage 3

Breitbeinig dastehen ist ein Zeichen von Dominanz. Wer dabei jedoch mit seinen Händen seine Weichteile schützt, ist unsicher und täuscht seine Dominanz nur vor. Echte Cowboys stehen anders da.

Frage 4

Wer seine linke Hand, die Gefühlshand, in der Tasche versteckt, ist in solchen Momenten auf der Gefühlsebene nicht mit seinen Gedanken verbunden. Er steht wahrscheinlich nicht hinter dem, was er sagt.

Frage 5

Die Querfalten auf der Stirn heißen auch Wichtigkeitsfalten. Wir machen Sie immer dann, wenn uns etwas wirklich am Herzen liegt. Die beiden anderen genannten Zeichen sind Unsicherheitszeichen.

Frage 6

Der Bewerber passt nicht in Ihr Vertriebsteam. Nach seiner Körpersprache zu schließen, scheut er menschliche Kontakte und ist nicht ehrgeizig. Beides sind jedoch Voraussetzungen für eine erfolgreiche Tätigkeit im Vertrieb. Natürlich sollten Sie diese Diagnose noch über weitere Anzeichen absichern.

Frage 7

Menschen mit Pferdeschwanz und einem grünen Sakko sind vermutlich sehr kreativ/innovativ und benötigen viel Anerkennung. Wenn Sie eines von beiden oder beides ansprechen, haben Sie eine gute Chance, dort auch zu landen. Teure Exklusivität oder Geld interessiert meist weniger.

Frage 8

Dieser Typ ist dominant sowie an Statussymbolen interessiert. Diesen Menschen können Sie sehr wohl mit Ihren Erfolgen und Ihrem Status beeindrucken. Kann nur sein, dass er Ihnen nach der Hausbesichtigung unverblümt sagt „meiner ist größer". Damit meint er natürlich sein Büro, sein Auto oder seine Jacht.

Frage 9

Menschen, die Sie mit ausgestreckter Hand begrüßen, signalisieren damit Abstand. Geben Sie Ihnen die Zeit, bis sie sich selbst ins Meeting integrieren. Alles andere würde noch mehr Abstand oder sogar Ablehnung auslösen.

Frage 10

In dieser Zeichenfolge bedeuten die verschränkten Arme nichts Gutes. Hier hat jemand auf Ablehnung geschaltet.

Abb. 1: Wer auf diese Weise steht, ist nicht dominant, sondern schützt sich unbewusst. Daher wirkt diese Haltung nicht sehr souverän.

Morgens in der Firma

Michael Rots Auftritt

Gegen Neun Uhr fährt Michael Rot mit seinem Cayenne auf seinen Parkplatz unmittelbar vor dem Firmeneingang, steigt schwungvoll aus seinem Wagen, schnappt sich seine elegante Boss-Selection-Aktentasche und geht zielstrebig und mit festen, weit ausholenden Schritten ins Gebäude. Huldvoll grüßt er im Vorbeigehen ein paar Leute mit kurzem, angedeutetem Kopfnicken.

Seit er den neuen Unternehmensberater hat, weiß er, dass der persönliche Kontakt zu seinen Leuten wichtig ist. Daher macht er einen kurzen Schwenk zum neuen Pförtner, reicht ihm kurz die Hand und schüttelt sie einmal sehr bestimmt. Etwas merkwürdig dabei ist, dass er die Hand des Pförtners sichtbar nach unten drückt. Zudem bleibt sein Arm lang ausgestreckt.

Die zwei Herren im Anzug, die Dame im Businesskostüm sowie den neuen Lehrling im Wartebereich der Empfangshalle, der gerade eine Schautafel aufbaut, übersieht er einfach. Ja, er dreht seinen Körper sogar noch einen Tick von ihnen weg, als er an der Wartebank vorbei eilt. Dann verschwindet er im Lift und fährt nach ganz oben in sein elegantes Büro mit schickem Ausblick auf den Park.

Anke Grün kommt in die Firma

Kurz nach ihm kommt Anke Grün. Sie parkt irgendwo recht weit entfernt vom Eingang, weil sie immer noch nicht durchgesetzt hat, endlich einen eigenen Parkplatz zu bekommen. Doch letztendlich ist es ihr auch nicht wichtig. Sie betritt das Gebäude auch nicht alleine, sondern zusammen mit einem Kollegen aus dem Marketing. Beide sind in ein angeregtes Gespräch verwickelt.

Am Empfang geht Anke Grün sofort auf den Pförtner zu, schüttelt im etwa viermal die Hand, wobei sie den Arm stark anwinkelt und den Pförtner etwas zu sich heranzieht, und macht etwas Small Talk. Der Pförtner weist sie auf die Gruppe im Wartebereich hin. Dunkel dämmert ihr, dass heute ja ein wichtiger Termin mit einer Personalberatungsfirma ansteht, die eine Reorganisation der Einstellungsverfahren vornehmen soll. Das ist ihr Verantwortungsbereich.

Sie geht mit einem freundlichen Lächeln und sicheren Schritten auf die drei zu, streckt den Arm aus und will sie begrüßen. Dabei beginnt sie bei der Frau, die rechts außen steht. Doch der Typ in der Mitte mit der roten Krawatte macht ihr einen Strich durch die Rechnung. Er drängt sich an seiner Kollegin vorbei, schnappt Anke Grüns Hand und drückt kräftig zu. Dabei schaut er ihr fest und bestimmt in die Augen, stellt sich ihr als Dr. Alexander Löwe vor und sagt ein paar nette Worte. Seine Handfläche hält er so, dass der Handrücken schräg nach oben zeigt und seine Hand ihre beim Schütteln nach unten drückt. Aha, denkt sich Anke Grün.

Gleich danach ist die Kollegin dran. Sie gibt die Hand eher verhalten. Sie hat ebenfalls einen forschen Händedruck, doch längst nicht so bestimmend wie ihr Vorgänger. Ihre Handfläche ist gerade ausgerichtet. Dennoch spürt Anke Grün ganz kurz, dass die Personalberaterin ihre Hand so krümmt, dass ein Hohlraum zwischen ihren beiden Handflächen bleibt. Sie sagt nur kurz „Hallo" und schaut zudem kurz zur Seite. Dabei sind ihre Fußspitzen so merkwürdig von Herrn Löwe weggedreht und auch ihre rechte Schulter schiebt sie deutlich nach vorne, wie um sich von Herrn Löwe abzuwenden.

Der dritte im Bunde, der sich schon bei der Begrüßung der beiden anderen im Hintergrund gehalten hat, reicht Anke Grün eher widerwillig die Hand und streckt seinen Arm dabei weit aus. Das Händeschütteln verläuft sehr flüchtig und kurz. Anke Grün bittet die drei noch kurz zu warten und verspricht ihnen, dass sie gleich abgeholt und zum Konferenzraum geführt werden. Dann eilt auch sie in ihr Büro.

Carsten Blau ist unauffällig hereingekommen

Herrn Blau haben wir heute noch nicht gesehen. Wie immer war er morgens der Erste, lief unauffällig und mit eher bedächtigen und kleinen Schritten am Pförtner vorbei, um wortlos im Lift und später in seinem praktisch eingerichteten Büro zu verschwinden.

Informationen gewinnen

„Na und?", werden Sie fragen, solche Szenen passieren tagtäglich in jedem Unternehmen, was ist daran so besonders? Spannend wird es doch erst im Meeting, die Begrüßung vorher ist immer dasselbe Ritual und ohne Belang. Man schüttelt sich eben die Hand und begrüßt sich, das ist so, war schon immer so und wird auch immer so sein.

Weit gefehlt. Wenn Sie dieses Buch gelesen haben, wird die Begrüßung fremder Menschen für Sie nie mehr so sein wie bisher. Denn wir geben Ihnen einen Schlüssel an die Hand, mit dem Sie diese Menschen auf einfache Weise verstehen können. Sie können erfahren, wie fremde Menschen ticken und wie Sie sie zu nehmen haben. Das ist ein unschätzbarer Vorteil, wenn Sie mit der Person verhandeln oder mit ihr ein schwieriges Gespräch führen müssen.

Schauen wir uns das im Detail an. Welche Informationen stecken in der Begrüßung? Beginnen wir mit Anke Grün und ihrer Wahrnehmung. Sie hat über ihre drei späteren Gesprächspartner bereits eine ganze Reihe wichtiger Informationen erhalten, die sie im kommenden Gespräch nutzen wird. Schauen wir uns ihre Gesprächspartner der Reihe nach an.

Ihr erster Kontakt mit der roten Krawatte, Dr. Alexander Löwe, hat sich in der Gruppe eindeutig als Chef geoutet. Er hat seine Kollegin brüskiert, sofort die Initiative ergriffen und den Kontakt zu Anke Grün hergestellt. Mit seinem Händedruck hat er ganz klar Führung signalisiert, aber auch seine Dominanz deutlich zur Geltung gebracht, indem er ihre Hand nach unten drückt. Sein klarer Blick signalisiert zudem, dass er ganz genau weiß, was er will. Frau Grün ist sich jetzt bewusst, dass Herr Löwe versuchen wird, das spätere Gespräch zu dominieren. Innerlich wappnet sie sich bereits und nimmt sich vor, sich von Herrn Löwe nicht überfahren zu lassen.

Gleichzeitig weiß sie, dass ihr Chef, Michael Rot, genauso dominant ist. Das bedeutet, dass sich beide vielleicht in die Wolle kriegen könnten. Daher stellt sie sich darauf ein, im Gespräch vermitteln oder sogar deeskalieren zu müssen.

Auch die Mitarbeiterin von Herrn Löwe, nennen wir sie hier Frau Blume, ist nicht ohne. Anke Grün hat mehrere Signale erhalten: Das erste war die hohle Hand beim Händeschütteln. Frau Blume wird sich emotional nicht auf sie einlassen und sich ihr gegenüber vielleicht sogar zurückhalten. Sympathie auf den ersten Blick ist das nicht. Zudem weiß Anke Grün, dass ein latenter Konflikt zwischen Herrn Löwe und Frau Blume besteht. Das hat sie an der Art gesehen, wie sich die beiden voneinander abwandten. Gleichzeitig hat sie dem unsicheren Blick entnommen, dass sich Frau Blume nie gegen Herrn Löwe durchsetzen wird. Doch zwischen ihnen beiden, Anke Grün und Frau Blume, steht es durchaus noch unentschieden.

Vermutlich, doch das interpretiert sie jetzt, wird Frau Blume von Herrn Löwe ständig überfahren, ist es leid und kann sich nicht dagegen wehren. Ihre Antipathie hat sie dann vermutlich spontan auf Anke Grün übertragen, weil diese von ihrem Chef durchaus wohlwollend begrüßt wurde. Na toll, denkt sich Anke Grün. Zwei Konflikte sind im folgenden Gespräch schon vorprogrammiert, der zwischen den beiden Chefs sowie der zwischen Herrn Löwe und Frau Blume.

Bleibt noch der dritte im Bunde, der bisher kaum aufgefallen ist. Wir nennen ihn hier Herr Klein. Herr Klein hat ebenfalls ein paar deutliche Signale gesetzt. Sein ausgestreckter Arm signalisierte bei der Begrüßung, dass er erst einmal Abstand will und seine Rolle vor allem im Hintergrund sieht. Zu seinen beiden Kollegen steht er offensichtlich neutral. Anke Grün speichert für sich ab, dass sie ihn erst einmal nicht ins Gespräch einbeziehen wird, ihn aber im Auge behält. Vermutlich ist seine Rolle auf den Faktengeber im Hintergrund beschränkt.

Wahrscheinlich denken Sie, wir übertreiben, weil es niemals möglich ist, so viele Informationen in so kurzer Zeit zu gewinnen? Nein, wir übertreiben nicht. Es ist durchaus möglich, diese Informationen beim ersten Eindruck wahrzunehmen und sie auch für das spätere Meeting oder Gespräch zu nutzen. Sie können aus diesen Informationen zudem zahlreiche Vorteile ziehen: Im aktuellen Beispiel kann sich Anke Grün den gesamten Gesprächsverlauf vorstellen und kennt die Fallstricke, die sie erwarten. Sie wird also mit den Personen entsprechend umgehen und hat damit die Möglichkeit, das Gespräch zu einem guten Abschluss zu führen. Denn solche Gespräche scheitern selten am Inhalt, doch sehr oft genau an den zwischenmenschlichen Problemen, wie sie hier vielleicht auftreten können.

Ein Vertriebsmitarbeiter kann mit diesen Informationen seine Kunden sehr viel besser einschätzen. Wenn die drei hier geschilderten Gäste Kunden wären, würde er jeden der drei anders behandeln und damit wahrscheinlich einen erfolgreichen Abschluss erreichen. Wie das geht, erläutern wir später.

Warum Körpersprache verstehen?

Welchen Nutzen haben wir davon, wenn wir Körpersprache lesen können? Schauen wir uns dazu das obige Beispiel noch einmal genauer an.

 Was wäre wenn ... Herr Rot auf Herrn Klein träfe?

Stellen wir uns vor, dass Michael Rot alleine auf Herrn Klein träfe. Die Begrüßung fiele gleich aus und Herr Rot wollte Herrn Klein etwas verkaufen. Er würde nicht auf den Handschlag und den weit ausgestreckten Arm achten.

Michael Rot wird im Gespräch wahrscheinlich schnell die Führung übernehmen und zielstrebig auf das zentrales Thema des Gesprächs zusteuern. Weil er vielleicht glaubt, dass in den Vorgesprächen alles Wesentliche erledigt wurde und er selbst ein forscher Typ ist, drängt er Herrn Klein zum Abschluss. Ganz am Rande schaut er vielleicht noch auf die Füße seines Gegenübers und wundert sich kurz, dass diese so merkwürdig von ihm weggedreht sind und zur Tür zeigen.

Das Gespräch misslingt. Irgendwann blockiert Herr Klein den weiteren Ablauf, und Michael Rot ist gezwungen, den Termin abzubrechen und zu vertagen.

Was ist passiert? Er kann es sich nicht erklären. Doch hätte er stärker auf die Körpersprache seines Gegenübers geachtet, dann wüsste er ganz genau, was passiert ist. Denn von dort kamen deutliche Signale: Herr Klein war noch nicht warm mit ihm, er hätte mehr Zeit und Fakten gebraucht und wollte sich langsam an das Thema annähern. Doch Rot hat Klein einfach überfahren und dieser war irgendwann überfordert und hat sich zurückgezogen. Wäre es Herrn Rot gelungen, dies vorher zu erkennen, dann hätte er den Gesprächsverlauf daran anpassen und das Gespräch vermutlich zu einem erfolgreichen Abschluss führen können.

Was wäre wenn ... Herr Rot auf Herrn Löwe träfe?
Ganz anders, wenn Michael Rot als Vertriebler auf Herrn Löwe getroffen wäre. Beide sind zwar dominant, doch sie ticken ähnlich. Ihr Händedruck wäre kräftig gewesen, vielleicht hätten sie beide kurz ihre Handflächen gedreht, um auszuprobieren, wer „die Oberhand" gewinnt, doch wahrscheinlich hätten sie es sportlich gelöst, und wären spontan und herzlich aufeinander zugegangen. Die forsche Vorgehensweise von Rot wäre hier genau das Richtige. Löwe würde sich darauf einlassen, weil er die Situation dennoch kontrolliert und Einwände gut formulieren kann. Die beiden wären vermutlich zu einem schnellen und guten Ergebnis gekommen.

Das alles lässt sich aus einem Händedruck ablesen! Natürlich ist das noch keine Gewähr dafür, dass man seine Strategie wirklich so detailliert planen kann und damit ein positives Gesprächsergebnis erzielt. Doch Sie können grobe Fehler vermeiden. Und diese Fehler passieren immer wieder und führen häufig zu persönlichen Konflikten, zu gescheiterten Verhandlungen und zu Frust auf beiden Seiten.

Das Lesen von Körpersprache ist deshalb so wichtig, weil wir daraus Informationen erhalten, die wir auf der verbalen Ebene, also durch das, was der andere in einem Gespräch sagt, nicht bekommen. Diese Informationen können von entscheidender Bedeutung für uns sein. Gerade im Business führen wir oft tagtäglich Gespräche, von denen viel abhängt. Als Führungskraft muss ich meinen Mitarbeiter verstehen und überzeugen, damit mein Team oder meine Abteilung reibungslos funktioniert. Als Vertriebsmitarbeiter muss ich Kunden überzeugen und zu einem Kauf bringen. Als Mitarbeiter und Kollege muss ich täglich mit Kollegen umgehen und für einen reibungslosen Ablauf in den täglichen Anforderungen des Jobs sorgen. Bei all diesen Situationen bin ich darauf angewiesen, so viele Informationen wie möglich über meinen Gesprächspartner zu erhalten. Denn nur, wenn ich alle relevanten Informationen nutze, werde ich auch auf Dauer erfolgreich sein. Und Körpersprache bietet uns sehr viele relevante und sehr nützliche Informationen.

Körpersprache verschafft einen direkten Zugang zu den Gefühlen eines Menschen. Sie verrät, was der andere wirklich denkt, wenn wir mit ihm reden. Oder wir erfahren, wenn der Gesprächspartner im Laufe des Gesprächs Unbehagen verspürt. Wenn dieses Unbehagen ganz unvermittelt auftritt, kann es durch eine aktuelle Wendung im Gespräch verursacht worden sein. Wenn es die ganze Zeit über vorherrscht, kann es auch andere Ursachen haben und entweder beim Gesprächspartner selbst liegen. Oder es hat mit der Situation überhaupt nichts zu tun, weil der Gesprächspartner ein schwerwiegendes Problem mit sich herumträgt.

Wie fühlt sich ein Händedruck an?
Achten Sie in den nächsten Tagen bewusst auf den Händedruck von Menschen, die Sie neu treffen. Was fällt Ihnen alles auf? Wie wird die Hand gehalten? Wie reagieren Sie auf die verschiedenen Menschen? Wer wirkt angenehm, wer unangenehm? Weiter hinten im Buch finden Sie dann ausführliche Erläuterungen zum Thema Handschlag.

Doch auch wenn Sie die Ursache nicht kennen, können Sie darauf reagieren. Sie können bei Störungen, die Sie an der Körpersprache erkennen, mit verschiedenen Varianten reagieren und sehen, wie der andere sich dann verhält. Zeigt seine Körpersprache weiterhin Stresssymptome, so war Ihr Versuch, das Problem zu beheben, nicht erfolgreich. Doch wenn er sich auf einmal entspannt und deutliche Zeichen von Wohlbehagen zeigt, liegen Sie richtig und können diese Gesprächsstrategie erfolgreich fortsetzen.

Nachfolgend führen wir einige Beispiele von Situationen auf, in denen Sie mit einer profunden Kenntnis von Körpersprache sehr deutliche Vorteile erreichen können.

Das Vorstellungsgespräch

Als Mitarbeiter einer Personalabteilung oder als Führungskraft gehören Vorstellungsgespräche zu Ihren regelmäßigen Aufgaben. Das Problem dabei ist komplex. Sie treffen einen Menschen, den Sie vorher meist noch nie gesehen haben, und wissen über ihn nur, was in der Bewerbung steht oder was Sie in telefonischen Vorgesprächen erfahren haben. Sie sollen diesen Menschen jetzt innerhalb von 60 Minuten darauf hin überprüfen, ob er in Ihr Unternehmen oder in Ihr Team passt. Eine Fehleinschätzung kann folgenreich und auch teuer werden. Auf der verbalen Ebene wird sich diese Person vielleicht einigermaßen gut schlagen und Ihnen viele positive Dinge erzählen. Doch stimmt das auch alles?

Hier kommt Ihr Wissen um Körpersprache ins Spiel. Zwar können Sie nicht herausfinden, ob der andere wirklich lügt. Denn das Thema „Lüge" ist sehr komplex. Aber Sie können herausfinden, wie sich der andere bei seinen Aussagen fühlt. Wenn Sie Ihren Probanden zum

Beispiel fragen, wie dessen Verhältnis zu seinem letzten Arbeitgeber war, und Sie auf einmal Stresssymptome feststellen, ist allerhöchste Vorsicht angebracht. Dies gilt insbesondere dann, wenn Ihnen der Bewerber dazu schöne Geschichten von seiner letzten Arbeitsstelle erzählt, die überhaupt nicht mit den körpersprachlichen Zeichen zusammenpassen. Wenn Ihr Verdacht nun geweckt ist, können Sie durch gezieltes Nachfragen die volle Wahrheit erfahren. Doch wenn Sie die Zeichen ignorieren, fallen Sie vielleicht auf eine konstruierte Geschichte des Bewerbers herein.

Das Verkaufsgespräch

Im Verkaufsgespräch geht es darum, einen Kunden davon zu überzeugen, Produkte oder Dienstleistungen zu kaufen. Das ist eine komplexe Aufgabe, weil sich Kunden vor allem aus emotionalen Beweggründen entscheiden, auch wenn sich das Gespräch in vielen Fällen vor allem auf der Ebene der Fakten bewegt. Ein Vertriebsmitarbeiter, der die Körpersprache seines Kunden lesen kann, ist dabei deutlich im Vorteil. Denn er sieht, wie das Gespräch läuft, wie sich sein Kunde fühlt, ob es Störungen oder unausgesprochene Einwände gibt oder ob der Kunde bereit zum Abschluss und zum Kauf ist. Er kann seine Gesprächsführung daran anpassen, was ihn viel erfolgreicher machen wird als seine Kollegen, die sich nur auf das gesprochene Wort verlassen.

Das Mitarbeitergespräch

Mitarbeitergespräche sind ein regelmäßiges Ritual, von dem mitunter viel abhängt. Häufig geht es um Bewertungen von Mitarbeiterleistungen oder ein Konfliktgespräch muss geführt werden. Hier ist die Führungskraft meist in der stärkeren Position. Doch in vielen Fällen will die Führungskraft auch etwas vom Mitarbeiter – und sei es nur eine weiterhin gute Motivation im Job. In diesem Fall ist die Führungskraft auf Kooperation angewiesen, beide verhandeln meist auf Augenhöhe. Doch auch für einen Mitarbeiter kann es um viel gehen. Er will vielleicht mehr Gehalt, verbesserte Arbeitszeiten, will seinen Chef von einer guten Idee überzeugen oder hat ein anderes Anliegen. Somit sind Mitarbeitergespräche mitunter heikle und schwierige Situationen.

Abb. 2: Die beiden Gesprächspartner sitzen entspannt und einander zugewandt. Der Partner rechts hat eine neutrale Haltung eingenommen. Die Oberschenkel und das Gesäß ruhen fest auf dem Stuhl, die Füße stehen mit den ganzen Sohlen auf dem Boden. Die Partnerin links ist leicht vorgebeugt, ihr oberes Knie zeigt auf den Gesprächspartner und nicht von ihm weg. Unbewusst sucht sie damit den Kontakt zum Gesprächspartner.

Wie kann das Wissen um Körpersprachen hier nützlich sein? Sie ahnen es wahrscheinlich bereits: Wie in den vorangegangenen Beispielen erfahren Sie auch hier eine Menge über Befindlichkeiten und die Gedanken Ihres Gesprächspartners. Daraus können Sie dann sehr nützliche Hinweise zur Steuerung des Gesprächs entnehmen. Ein kleines Beispiel:

Ein Gespräch mit dem gestressten Chef

Sie kommen zu Ihrem Chef und wollen ihn von einer Änderung im Arbeitsablauf überzeugen. Ihr Chef wirkt sehr gestresst, sitzt angespannt vorne auf seinem Stuhl, schaut ständig zur Tür und wirkt unkonzentriert. Das ist kein guter Zeitpunkt für ein solches Gespräch.

Wenn Sie das sehen, haben Sie zwei Möglichkeiten. Entweder schaffen Sie es, die Situation zu verändern und Ihren Chef sichtbar zu entspannen. Sichtbar, weil Sie diese Entspannung sehr deutlich an einer Veränderung in der Körperhaltung sehen können. Oder Sie vertagen das Gespräch unter einem Vorwand oder indem Sie die Situation direkt ansprechen.

Die dritte Variante, das Gespräch mit Ihrem tollen Vorschlag auf Biegen und Brechen dennoch zu führen, wird ziemlich sicher danebengehen, weil Ihr Chef im Augenblick deutlich signalisiert, dass er nicht bereit und in der Lage ist, Ihnen in Ruhe zuzuhören.

Vielleicht denken Sie, dass Sie in den drei genannten Situationen sowieso merken würden, wenn etwas nicht stimmt und schon wüssten, wie Sie reagieren würden. Unsere Erfahrung sieht allerdings anders aus: Die meisten Menschen nehmen zwar intuitiv die körpersprachlichen Signale des Gegenübers wahr. Doch sie haben in der Regel verlernt, dieser Intuition zu vertrauen und sie zu nutzen. Häufig ist vielmehr zu beobachten, dass Menschen zwar ein leises Unbehagen verspüren, wenn etwas im Gespräch nicht stimmt, sich dann aber doch durch die Worte des Gesprächspartners überzeugen lassen – und das dann später vielleicht bereuen. Das liegt daran, dass wir seit der frühesten Jugend und auch in der Schule darauf getrimmt werden, auf sachliche Argumente und nicht auf emotionale Signale und Argumente zu vertrauen. Das ist ein Fehler.

Wer Körpersprache lesen kann, der kann seine Intuition in eine rationale und für das Bewusstsein verständliche Sprache übersetzen. Er kann die Zeichen, die von einem anderen Menschen ausgehen, wirklich deuten und bewusst darauf regieren. Das ist ein großer Vorteil, den die meisten Menschen nicht für sich nutzen.

2. Wie entsteht Körpersprache?

Steinzeit im Büro

Bestimmen wir unser Verhalten wirklich selbst? Sind wir immer Herr der Lage und haben uns ständig im Griff? Seit der Philosoph René Descartes im 17. Jahrhundert die Zeit der Aufklärung begründet hat, setzte sich die Ansicht durch, dass der Mensch ein durch und durch vernunftbegabtes Wesen ist. Wir bestimmen mit unserer Ratio, die in unserer Großhirnrinde sitzt, was wir tun und sagen.

Erste Zweifel an dieser Ansicht äußerte bereits der Wiener Psychoanalytiker Sigmund Freud zu Beginn des zwanzigsten Jahrhunderts. Er brachte das sogenannte „Unbewusste" ins Spiel, ohne es allerdings noch richtig deuten zu können. Für ihn blieb es geheimnisvoll und schwer verständlich. Bis heute glauben viele Psychologen, dass das Unterbewusste höchstens eine untergeordnete Rolle bei dem spielt, was wir tun und wie wir uns verhalten.

Diese Vorstellung stellen moderne Hirnforscher gründlich infrage. Inzwischen gehen Wissenschaftler davon aus, dass das limbische System, ein Teil unseres Gehirns, der unter der Großhirnrinde verborgen und stammesgeschichtlich sehr viel älter als diese ist, zentralen Einfluss auf uns hat. Dieses „Reptiliengehirn", wie es die Anatomen auch nennen, steuert und beeinflusst uns weit mehr, als uns das bewusst und vielen auch lieb ist. Doch wir bekommen das meist nicht mit, weil uns vieles von unserem täglichen Verhalten so normal und natürlich erscheint, dass wir einfach nicht mehr darüber nachdenken.

Das Reptiliengehirn rettet Ihr Leben

Stellen Sie sich dazu vor, dass Sie in Gedanken versunken eine Straße überqueren. Plötzlich rast ein großer, schwerer LKW auf Sie zu, den Sie einfach übersehen haben. Wenn Sie über ein normales Reaktionsvermögen verfügen, werden Sie wahrscheinlich innerhalb einer drittel bis halben Sekunde zur Seite springen und damit wahrscheinlich Ihr Leben retten. Der LKW rast an Ihnen vorbei.

Doch bis Ihr Bewusstsein diesen Vorgang registriert hat und Sie so richtig Angst bekommen, vergehen weitere drei Sekunden. Denn so lange dauert es, bis ein Außenreiz, hier der optische Eindruck des LKW, Ihre Großhirnrinde erreicht hat, dort einen Denk- und Analyseprozess durchläuft und sich das Großhirn zu einer Reaktion entschließt.

Wenn wir wirklich so vernunftbegabt wären, wie das Descartes postulierte, lägen Sie inzwischen unter dem LKW. Gerettet hat Sie das Reptiliengehirn. Es reagiert unmittelbar und fragt nicht lange nach Begründungen. In diesem Fall hat es das lebenserhaltende System „Flucht" aktiviert. Nach Ihrer Rettung werden Sie jedoch kaum darüber nachdenken, sondern wie selbstverständlich davon ausgehen, dass Sie Ihr schnelles Reaktionsvermögen gerettet hat. Eine Heuschrecke ganz ohne Großhirn hätte sich jedoch genau mit demselben System im Gehirn und demselben Fluchtprogramm gerettet. In diesen Sekunden waren Sie hinsichtlich der Leistung Ihres Gehirns von der Heuschrecke nicht sehr weit entfernt.

Dazu noch ein weiteres Beispiel, das Ihnen den Einfluss Ihrer „alten" Gehirnteile noch stärker verdeutlichen wird:

Michael Rot greift an

Stellen Sie sich vor, dass Michael Rot, die selbstbewusste Führungskraft, die wir Ihnen weiter oben bereits vorgestellt haben, morgens voller Schwung sein Büro betritt. Auf seinem Schreibtischstuhl lümmelt der neue Lehrling, der ihn so früh noch nicht erwartet hat.

Michael Rots spontane Reaktion wird vermutlich darin bestehen, dass er sich vor dem Lehrling aufbaut, die Arme in die Seiten stemmt und ihn mit lauter Stimme zurechtweist. Diese Reaktion erfolgt sehr spontan innerhalb von einer halben bis ganzen Sekunde. Das Großhirn ist dabei eindeutig nicht beteiligt. Denn die spontane Reaktion erfolgt aus dem Reptiliengehirn. Dieses reagiert mit dem Programm „Angriff". Denn es sieht die Position von Michael Rot im Unternehmen bereits bedroht und entscheidet, den Störenfried sofort auszuschalten.

Diese Reaktion hat sich vermutlich in 100.000 Jahren Menschheitsgeschichte bewährt und bestimmt das unbewusste Denken noch immer, auch wenn sie im vorliegenden Fall sicher übertrieben ist. Hätte Michael Rot das Problem nur mit dem Großhirn analysiert, wäre die Reaktion sicher sehr viel moderater ausgefallen. Denn die Sache lohnt ja kaum den Aufwand.

Das Programm „Angriff" ist in diesem Fall mit Aufplustern, sich größer machen – die Hände in die Hüften stemmen – und einer lauten Stimme hinterlegt. Diese körperliche Verhaltensweise kann Michael Rot sofort und wie auf Knopfdruck aktivieren, ohne dass er darüber nachdenken muss. Kommt Ihnen das bekannt vor?

Auch beim Lehrling könnte Sie jetzt vermutlich ein interessantes Ur-programm beobachten:

Der Lehrling duckt sich weg
Wenn Michael Rot ihn anbrüllt, wird sich der Lehrling ducken und den Kopf einziehen. Das Programm dazu heißt „sich klein machen und verstecken". Denn mit dem Chef wird er sich nicht anlegen, und der Fluchtweg ist ihm ebenfalls versperrt. Also bleibt als dritte Variante nur, sich möglichst unsichtbar zu machen.

Was bei einem aus dem Nest gefallenen Vogelküken vielleicht noch funktioniert, wenn eine Katze in der Nähe herumstreicht, ist natürlich in diesem Fall relativ wirkungslos. Dennoch erfüllt es vielleicht einen anderen Zweck, weil es auch eine Unterwerfungs- und Besänfti-gungsgeste darstellt und Michael Rot signalisiert, dass vom Lehrling nun wirklich keine Gefahr ausgeht. Er wird sich also wieder beruhi-gen und der Tag kann endlich mit den wichtigen Tätigkeiten beginn-nen.

Wie Sie bereits bei dieser kurzen Sequenz sehen können, läuft hier eine fein abgestimmte Reihenfolge von Verhaltensweisen, begleitet von zahlreichen komplexen körpersprachlichen Signalen ab. Hier findet bereits ein kommunikativer Prozess statt, der ausschließlich über die unbewussten Gehirnteile gesteuert ist. Das Bewusstsein ist innerhalb der ersten drei Sekunden überhaupt nicht beteiligt.

Das beantwortet auch die Frage, ob diese Art von Körpersprache willentlich beeinflusst werden kann. Die Antwort ist ein klares Nein. Zumindest wenn plötzlich ein starker Außenreiz auftritt oder wenn sich ein Mensch nicht auf seine Körpersprache konzentriert, kann er sie praktisch nicht beeinflussen. Das macht die Beobachtung von Körpersprache auch so wertvoll, denn sie erlaubt einen ungefilterten Blick auf die Gefühle unserer Mitmenschen.

Warum reagieren moderne Büromenschen, die im Web 2.0 zu Hause sind, Smartphones, Tablets und den Laptop stets parat haben und alle Informationen dieser Welt in einer halben Minute abrufen kön-nen, nach solchen steinzeitlichen Programmen? Die Antwort liegt in unseren Genen begründet. Die Urmuster des Verhaltens sind fest in uns einprogrammiert. Unsere Gene tragen diese Informationen und geben sie an die nächste Generation weiter. Denn nur so weiß bereits ein Kleinkind, dass es sich bei Gefahr ducken muss und nicht schrei-en darf, während es bei Hunger hingegen sehr laut nach seiner Mutter ruft.

Doch genetische Eigenschaften ändern sich nur sehr langsam. Es dauert oft Dutzende bis Hunderte von Generationen, bis sich wirklich neue Eigenschaften ausbilden. Solche Veränderungen passieren zudem nur, wenn ein starker Selektionsdruck herrscht. Doch beim menschlichen Verhalten gab es seit der Steinzeit weder einen starken Selektionsdruck noch den Zwang, die grundlegenden Überlebensmuster zu ändern. Somit blieben diese und viele andere angeborene Verhaltensweisen erhalten. Evolutionsbiologisch befinden sich die Menschen noch in der Steinzeit. Im Büro leben die Menschen nach Verhaltensweisen, die vor 12.000 Jahren in der Jungsteinzeit auch nicht so viel anders waren.

Das erklärt auch, warum Menschen in massiven Ausnahmesituationen, zum Beispiel im Krieg oder in Notzeiten so schnell in „archaische" Muster zurückfallen. Das sind in Wirklichkeit keine archaischen Muster, sondern es ist unser primäres Verhalten, wenn es nicht durch Normen oder durch gesellschaftliche Kontrolle dominiert wird. Denn diese Kontrolle funktioniert über das Großhirn und versagt, wenn das limbische System das Ruder übernimmt, weil man in bestimmten Situationen ohne störendes Nachdenken besser überleben kann.

Menschen und Gorillas

Körpersprache funktioniert auch im Tierreich bzw. zwischen Menschen und Tieren. So fanden Forscher heraus, dass sie sich problemlos in einem Gorillarudel aufhalten konnten, solange sie sich dort unterwürfig verhielten. Wer mit eingezogenem Kopf und gesenkten Blick umherlief, signalisierte Unterwürfigkeit und beruhigte damit den Rudelführer, meist ein altes Alphamännchen mit silberner Rückenbehaarung. Doch wehe, wenn man sich zu sehr aufrichtete, dem Silberrücken direkt in die Augen schaute oder gar – das ist jetzt Gorillakörpersprache – mit beiden Fäusten gegen die Brust trommelte. Der Chef reagierte sofort mit Gegenaggression und der Forscher war angesichts der deutlichen körperlichen Überlegenheit des Gorillas gut beraten, sofort wieder eine unterwürfige Pose einzunehmen.

Welche Arten von Körpersprache gibt es?

Wenn wir beginnen, die Körpersprache unseres Gegenübers zu lesen und zu interpretieren, sollten wir zuerst wissen, wie Körpersprache überhaupt entsteht und was wir beim Lesen beachten sollten. Wir teilen die sichtbare Körpersprache daher in drei Gruppen ein, die Sie gut erkennen können.

Spontane oder primäre Körpersprache

Jeder Mensch hat feststehende Verhaltensmuster, die durch ein bestimmtes Kommunikationsverhalten und durch bestimmte Charaktereigenschaften festgelegt sind. Hierbei gibt es bestimmte Grundtypen, die immer wieder auftreten. Die moderne Gehirnforschung belegt sehr deutlich, dass diese Grundtypen im Menschen sehr früh entstehen und sich im Verlauf eines Lebens kaum noch ändern. Sie unterscheidet dabei drei Grundtypen des Verhaltens. Mit Herrn Rot, Frau Grün und Herrn Blau haben wir Ihnen diese drei Typen bereits vorgestellt, alle in ihrer extremen Ausprägung. Die meisten Menschen stellen in Ihrem Verhalten jedoch Mischformen aus zwei oder gar allen drei Ausprägungen dar, was das Erkennen erschwert.

Beim ersten Eindruck sowie im weiteren Gespräch verhalten sich Menschen meist so, wie es ihr Verhaltenstyp ihnen vorgibt. Die dazu passende Körpersprache ist fest in uns verankert und kann kaum verändert werden. Selbst wenn wir uns darauf konzentrieren, einen anderen Typ darzustellen, wird uns das nur kurz gelingen. Sobald eine stressige oder fordernde Situation entsteht, werden wir ganz schnell wieder in unser ursprüngliches Verhalten zurückfallen. Michael Rot wird stets dynamisch laufen und Menschen kräftig die Hand schütteln, selbst wenn er mal keinen guten Tag hat. Carsten Blau hingegen wird eine neue Situation immer sehr viel vorsichtiger angehen, langsamer und bedächtiger laufen und Hände viel schwächer schütteln. Beide können nicht aus ihrer Haut heraus. Blau wird nie der dynamische Herausforderer und Rot wird sich nie richtig ängstlich und defensiv verhalten.

Zur spontanen Körpersprache zählen tief in uns verankerte Verhaltensweisen wie Angriff, Flucht, Ducken oder Schutzreflexe. Diese sind im nachfolgenden Kapitel beschrieben und gleichen sich bei allen Menschen. Daher sind sie einfach zu interpretieren. Allerdings gibt es natürlich auch hier individuelle Unterschiede, weil nicht jeder Mensch auf dieselbe Situation gleich reagiert.

Die spontane Körpersprache ist in allen Kulturen gleich. Ein dominanter Japaner wird sich genauso verhalten wie ein dominanter Amerikaner und Sie werden diesen Typus anhand der hier genannten Merkmale sofort erkennen. Daher können Sie anhand der spontanen Körpersprache in vielen Lebenssituationen einen ersten treffenden Eindruck von einem fremden Menschen bekommen.

Situationsbezogene oder sekundäre Körpersprache

Ganz anders verhält es sich mit der situationsbezogenen Körpersprache. Wenn wir uns in einem Gespräch befinden oder eine Arbeit durchführen, steuert das Gehirn alle dazugehörenden Prozesse. Doch es ist ein komplexes Organ. Mit einem Teil seiner Aufmerksamkeit ist es mit der unmittelbaren Tätigkeit beschäftigt. Dieser Teil ist darauf konzentriert, das Gespräch sinnvoll zu führen oder den Job erfolgreich zu erledigen. Doch unser Gehirn kann noch viel mehr: Außerdem arbeitet es noch sehr intensiv mit seinen unbewussten Bereichen. Es ist permanent damit beschäftigt, die Umgebung zu scannen und auf potenzielle Gefahren zu überprüfen.

Immer aufmerksam für potenzielle Gefahren

Das kennen Sie vielleicht, wenn Sie schon einmal einem Pferd beim Grasen zugesehen haben. Die Ohren des Tieres drehen sich ständig hin und her und scannen wie eine kleine Radaranlage permanent die Umgebung. Wenn ein lauter Knall ertönt, wird das Pferd spontan losrennen und die potenzielle Gefahr erst aus sicherer Entfernung betrachten und bewerten. Dieser Impuls zum Losrennen kommt genauso wie der Impuls zum Drehen der Ohren aus dem Reptiliengehirn des Pferdes und läuft vollständig unbewusst ab. Scheuen ist daher ein ganz natürlicher Reflex, den Sie auch dem besten Dressurpferd nicht abgewöhnen können.

Genauso ist es auch bei uns. Auch unser Unterbewusstsein ist ständig mit der Prüfung der Umgebung beschäftigt, ohne dass wir das mitbekommen. Es sucht nicht nur nach Gefahren, sondern ermittelt auch Nahrungsquellen (die leckeren Kekse auf dem Tisch), kümmert sich um die Fortpflanzung (der große muskulöse Marketingmanager oder die sexy Assistentin, die mit am Tisch sitzen) und lenkt einen Teil der Aufmerksamkeit ständig auf diese Eindrücke. Und nicht nur das: Das limbische System ist gleichzeitig mit zahlreichen Muskelgruppen verknüpft, steuert diese und löst Handlungsimpulse aus. Wir beugen uns vor, weil wir näher an den Keksen oder bei der Assistentin sein möchten. Wir weichen vor Angst zurück und möchten am liebsten aus dem Raum fliehen, wenn der Chef ein Disziplinargespräch mit uns führt.

Doch es gibt einen Gegenspieler: Unsere Großhirnrinde kontrolliert unser bewusstes Verhalten. Sie sagt uns: „Du darfst die Kekse noch nicht essen. Warte, bis sie dir angeboten werden." Oder: „Du darfst die Assistentin nicht angrapschen. Das gehört sich nicht." Selbst in angstbelasteter Stimmung beim Chef hat es einen Teil der Kontrolle und sagt: „Du darfst nicht aus dem Raum fliehen, sondern musst dir das jetzt anhören. Bleib also ruhig sitzen und setze ein Pokerface auf, damit er dir nichts anmerkt."

Doch genau dieses Ungleichgewicht zwischen den Kommandos des Großhirns und des Reptiliengehirns ist in der Körpersprache sichtbar. Denn Letzteres reagiert unmittelbar, das Großhirn hingegen benötigt bis zu drei Sekunden, um zu reagieren. Zwischen diesen beiden Reaktionen gibt es eine kurze Phase, die sehr aufschlussreich für das wirkliche Gefühlsleben des Gesprächspartners sind. Denn hier können die unmittelbaren Gedanken gelesen werden, die das Großhirn nicht kontrolliert.

Von früh an lernen wir, unser Gesicht nicht zu verziehen und uns keine Regung anmerken zu lassen. „Kind, jetzt freu dich doch und lächle, wenn nachher die Tante Erna kommt!" ist eine klassische Erziehungssituation. Das Kind mag Tante Erna nicht, doch es lernt, sich regelkonform zu verhalten. Also lächelt es. Doch der übrigen Körper wird weiterhin vom Reptiliengehirn kontrolliert. Das stellt die Zeichen auf Flucht, auf Abwehr oder auf Schockstarre. Je weiter wir an einem Menschen nach unten schauen, desto leichter erkennen wir seine wahren Gefühle.

Anhand dieser teilweise sehr versteckten, doch teilweise auch völlig offen liegenden Signale haben wir nun die Möglichkeit, die Gefühle des anderen zu sehen und zu deuten. Wir lesen seine wahren Gedanken. Über Tante Erna, über die Assistentin oder die Kekse. Doch der Chef kann uns natürlich auch ansehen, was wir wirklich über seinen tollen Vorschlag denken, die Arbeitsprozesse neu zu organisieren.

Wer je mit Naturvölkern zu tun hatte oder Dokumentarfilme über solche Völker sieht, dem wird die ausgefeilte und unmittelbare Mimik solcher Menschen vielleicht aufgefallen sein. Sie haben nicht gelernt, sich zu verstellen, sondern reagieren unmittelbar auf alle Reize. Somit ist ihr Umgang miteinander auch sehr unverkrampft, weil sie meist wissen, woran sie beim anderen sind. Vielleicht kommt der Begriff „unschuldiger Wilder" daher. Auch Kinder zeigen ihre wahren Gefühle noch völlig frei und unverkrampft. Doch sobald ihre Sozialisierung beginnt und sie sich an die Regeln unseres Lebens anpassen, lernen sie auch, ihre Gefühle nicht mehr zu zeigen, sich zu verstellen und später auch zu lügen. Das heißt nicht, dass Naturvölker nicht auch lügen können. Aber sie tun es deutlich seltener und viel weniger gekonnt als viele Vertreter unserer Kultur.

Die Kunst der Verstellung beginnt mit der Sprache. Diese ist entwicklungsgeschichtlich noch relativ jung und kaum mit dem limbischen System vernetzt. Daher fällt es uns leicht, falsche Dinge zu sagen, ohne dass es das Gegenüber merkt. Ohne Sprache könnten wir daher auch nicht lügen. Oder können Sie sich vorstellen, dass Ihr Hund Sie anlügt?

Verstellung setzt sich wie oben erwähnt in der Kontrolle der Mimik fort. Das liegt nicht daran, dass das Gesicht mit seinen zahlreichen für die Mimik zuständigen Muskeln besonders leicht zu beherrschen wäre. Ganz im Gegenteil. Doch unser Gesicht ist für die Kommunikation sehr wichtig, weil wir uns beim Sprechen ständig ins Gesicht schauen. Daher konzentrieren sich schon Kinder sehr schnell darauf, ihre Gesichtszüge unter Kontrolle zu bringen und sich nichts anzumerken zu lassen. Menschen, die sich gut verstellen können, profitieren daher einfach von lebenslangem Training.

Mit dem übrigen Körper klappt die Verstellung nicht so leicht. Das liegt vor allem daran, dass kaum ein Mensch weiß, wie die Körpersprache unterhalb des Halses wirklich aussieht. Daher wird dieser Bereich nicht in die „Erziehung zur Verstellung" mit einbezogen und bewahrt seine ursprüngliche Ausdrucksweise meist bei.

Unser Expertentipp

Wenn Sie Menschen wirklich „lesen" lernen wollen, dann konzentrieren Sie sich anfangs vor allem auf den Körper. Dort sehen Sie erstaunlich viel. Messen Sie der Mimik weniger Bedeutung bei. Wenn jemand ein Pokerface aufsetzt, sehen Sie einfach nichts, wenn Sie nicht viel Übung besitzen.

Die Mimik wird immer dann interessant, wenn die Person vor Ihnen in Stress gerät oder müde wird. Dann sinkt die Konzentration und das Reptiliengehirn gewinnt die Kommandogewalt über die Gesichtsmuskeln zurück. Auch bei starken emotionalen Ereignissen, egal ob bedrohlich oder freudig, können sich die meisten Menschen nicht beherrschen. Dann „entgleisen" die Gesichtszüge, manchmal auch nur für einen kurzen Moment. Doch das reicht dem erfahrenen Beobachter oft schon aus, um einen entscheidenden Hinweis zu erhalten.

Die Preisverhandlung

Unser Lieblingsbeispiel aus dem Business sind schwierige Preisverhandlungen. In den Vorphasen spielen beide Verhandlungspartner häufig noch den harten Mann und schauen sich selbstsicher lächelnd in die Augen. Doch sobald es zur eigentlichen Preisverhandlung kommt und die erste Zahl fällt, wird es spannend. Sehr oft können wir im Training selbst in simulierten Übungen beobachten, dass einer der beiden dann einknickt und die Kontrolle über sein Gesicht verliert. Er zeigt dann Erschrecken oder Unsicherheit. Das dauert oftmals nur eine oder zwei Sekunden, doch es reicht dem anderen oft schon aus, um das Ruder herumzureißen. Gerade erfahrene Verhandler spüren intuitiv, wie stark der andere wirklich ist. Und wenn er Schwäche zeigt, wird sich der Erfahrenere in der Preisverhandlung durchsetzen. Diesen kurzen Moment kann man jedoch trainieren und hier anders auftreten. Wie, das schreiben wir weiter unten.

Kulturbedingte oder tertiäre Körpersprache

Kennen Sie noch die Tramper, die früher häufig am Straßenrand standen und auf eine kostenlose Mitfahrgelegenheit in die nächste Stadt oder an den Strand des Mittelmeers hofften, oder haben Sie diese Fortbewegungsart in Ihrer Sturm- und Drangzeit selbst benutzt? Dann werden Sie sicherlich auch noch die typische Geste aus dieser Zeit kennen. Diese bestand aus einem ausgestrecktem Arm und einer Faust, bei der nur der Daumen nach oben gereckt war. Das signalisierte dem Autofahrer „Nimm mich bitte kostenlos mit".

Wer mit dieser Technik weiter als nur bis zur nächsten Großstadt kam und vielleicht damit sogar in Israel oder in Südostasien landete, erlebte dort jedoch sein blaues Wunder. Anstelle anzuhalten, hupten die Autofahrer nur oder beschimpften einen aus dem offenen Autofenster heraus. Was war passiert? Die Trampergeste hatte ihre Bedeutung gewechselt: In den genannten Regionen bedeutet sie auf einmal dasselbe wie bei uns eine ausgestreckte Hand mit einer Faust, bei der nur der Mittelfinger nach oben gestreckt ist. Es ist offensichtlich, dass dieses Bedeutungsänderung zu peinlichen Missverständnissen führen muss. Oder würden Sie einen Tramper mitnehmen, wenn Ihnen dieser den Stinkefinger zeigt?

Ein ähnlich schwerwiegendes Missverständnis kann dem einen oder anderen Griechenlandurlauber passieren, wenn er der Landessprache nicht mächtig ist und sich auf seine Körpersprache verlässt. Auf die Frage: „Haben Sie Briefmarken?" kann er nämlich eine Art Nicken ernten. Dieses besteht darin, dass der Kopf aus einer Grundhaltung heraus kurz und ruckartig nach oben gezogen wird. Im Deutschen würden wir das als Nicken und damit als „Ja" interpretieren. Im Griechischen heißt es jedoch „Nein". „Ja" gibt es dort in der Körpersprache auch, doch es besteht in einem ruckartigen Drehen des Kopfes nach rechts. Das wiederum würden wir als Verneinung interpretieren. Nicht gerade erleichtert wird diese körpersprachliche Verwirrung übrigens dadurch, dass das griechische Wort „Nee" auf Deutsch „Ja" bedeutet.

Dann möchten wir Ihnen noch ein drittes Beispiel darstellen, das auch in der Businesswelt schnell zu Missverständnissen führen kann. Wenn Sie in arabischen Ländern unterwegs sind, werden Sie von den dortigen Menschen traditionell mit einer würdevollen Verbeugung begrüßt. Die rechte Hand wird dabei zum Herz geführt. Wenn Sie als Europäer Ihrem arabischen Geschäftspartner nun die Hand hinhalten, wird dieser sie aus Höflichkeit natürlich ergreifen. Doch da das deutsche Händeschütteln nicht zum arabischen Körperspracheinventar zählt, wird sich dieser Händedruck vielleicht sehr merkwürdig anfühlen. Es kann sein, dass Ihr Partner Ihre Hand überhaupt nicht ergreift, sondern sich die Handflächen nur berühren. Er ist unseren Händedruck einfach nicht gewöhnt. Und, ein ganz wichtiger Tipp: Strecken Sie Ihrem arabischen Gast oder Partner nie die linke Hand hin. Das ist ein ganz schlimmer Fauxpas, weil die linke Hand als unrein gilt.

Auch in Japan und anderen ostasiatischen Ländern ist der europäische Händedruck unüblich, wurde in den letzten Jahrzehnten jedoch adaptiert.

Gerade im Umgang mit Menschen aus anderen Kulturen ist es wichtig, deren individuelle und kulturbedingte Körpersprache schnell zu verstehen. Denn sonst sind Missverständnisse vorprogrammiert. Lesen Sie also unbedingt vor Ihrem nächsten Auslandsaufenthalt ein Buch über die dortige Kultur und Gepflogenheiten. Doch selbst in Deutschland ist Körpersprache nicht in allen Regionen gleich, sondern kann abweichen. Daher sollten Sie beim Beobachten und Interpretieren von Körpersprache stets große Vorsicht walten lassen.

Die Grundmuster der Körpersprache

In diesem Kapitel gehen wir darauf ein, wie die spontane und die situationsbezogene Körpersprache entstehen. Dabei ist es wichtig zu verstehen, dass Körpersprache stets aus natürlichen Anteilen, die bei allen Menschen mehr oder weniger gleich sind, sowie aus erlernten Anteilen besteht. Diese sollten wir sorgfältig trennen.

Die spontane oder situationsbezogene Körpersprache entsteht nicht zufällig. Ganz im Gegenteil – sie folgt festen Grundmustern. Das erleichtert das Lesen und Deuten sehr. Das wohl wichtigste Grundmuster der Körpersprache besteht aus einer Reaktion auf akute Bedrohungen. Denn in früheren Zeiten waren wir vielen körperlichen Gefahren ausgesetzt, die vor allem von Raubtieren, aber auch von feindlich gesinnten Artgenossen ausging. Nur wer hier langfristig erfolgreiche Strategien entwickelte, überlebte und konnte seine Gene an die Nachkommen weitergeben. Somit stammen wir alle von Überlebensexperten ab.

Die Grundmuster gegen Bedrohungen bestehen aus einer einfachen Abfolge von Verhaltensmustern. Diese laufen in der Reihenfolge *Angriff – Flucht – Ducken* ab. Diese Reihenfolge wird immer eingehalten. Ein bedrohter Mensch hat nicht die freie Wahl, was er macht, sondern er wird immer abwägen, wie er seine Interessen und vor allem sein Überleben schützt.

Angriff

Angriff ist die beste Verteidigung und wird daher stets als erste Option gewählt. Allerdings beurteilt unser Unterbewusstsein in Sekundenbruchteilen, wie seine Chancen stehen zu gewinnen oder zu verlieren. Wenn die Risiken zu hoch sind, zum Beispiel weil der Gegner ein LKW ist, entscheidet es sich für Flucht. Doch sobald die Chancen gut stehen, zum Beispiel wenn der Gegner einen Kopf kleiner ist als man selbst oder er in der Rangordnung weit unten steht, so wie im Falle des bedauernswerten Lehrlings, dann ruft das limbische System zu den Waffen.

Ein Angriff besteht jedoch in den meisten Fällen nicht aus blindem Drauflosdreschen. Denn auch hier hat die Natur vorgesorgt. Jeder Kampf ist mit dem Risiko verbunden, selbst verletzt zu werden. Das hätte in der Steinzeit leicht tödlich ausgehen können. Daher beginnen Kämpfe in der Regel mit Droh- und Imponiergesten.

Abb. 3: Dieses Foto zeigt eine typische Angriffshaltung (links). Der Körper bewegt sich auf den vermeintlichen Gegner zu, die Füße machen bereits eine aktive Schrittbewegung und die Hände gehen ebenfalls auf Konfrontation. Das Kinn ist weit nach oben gereckt. Der Angegriffene (rechts) weicht dabei unwillkürlich zurück und verliert an Standfestigkeit.

Diese Gesten sind sehr wichtig für das Verständnis von Körpersprache. Droh- und Imponiergesten als Vorstufen des Kampfes sind gerade im Geschäftsleben sehr häufig. Dort treffen viele Alpha-Männchen und zunehmend auch Alpha-Weibchen aufeinander, die ständig in Kämpfe verwickelt sind. Dies beginnt bei einfachen Drohgesten wie dem Reden mit lauter Stimme, dem Sich-Aufplustern oder damit, den vermeintlichen Gegner mit anderen Drohgebärden einzuschüchtern, und setzt sich in zum Teil komplexen Ritualen des Macht- und Statuserhalts fort. Ein Chefbüro in der 15. Etage mit schweren Ledermöbeln und weitem Blick über die Stadt wird vor allem vom Reptiliengehirn gefordert und eingerichtet, auch wenn das jeder Chef sofort bestreiten würde.

Testen Sie Ihre Angriffshaltung

Suchen Sie sich einen ruhigen Raum mit einem großen Spiegel an der Wand, in dem Sie ungestört sind. Nehmen Sie dort bewusst eine Angriffshaltung ein. Drohen Sie dem Kleiderschrank oder dem Spiegel. Probieren Sie aus, wie sich das anfühlt. Fällt es Ihnen schwer oder leicht, eine solche Pose einzunehmen? Wenn es Ihnen schwerfällt, dann fühlen Sie in sich hinein, warum. Gegebenenfalls helfen Ihnen hier die Übungen am Ende des Buches zur Selbstsicherheit weiter. Nehmen Sie auch Demuts- und Unterwerfungsgesten an. Wenn Sie diese Posen selbst erlebt und erfühlt haben, dann können Sie diese Haltung

> auch im realen Leben schneller einnehmen beziehungsweise auch vermeiden. Das erweitert Ihren Handlungsspielraum deutlich

Echte Kämpfe sind in unserer Gesellschaft zum Glück selten geworden. Sie finden immer nur dann statt, wenn Menschen über sehr wenig eigene Steuerung verfügen oder wenn sie sich in unmittelbarer Gefahr befinden. Wenn gesellschaftliche Begrenzungen außer Kraft gesetzt werden, wie im Falle eines Krieges, werden solche Steuerungsmechanismen ebenfalls leicht außer Kraft gesetzt.

Doch ganz so bedeutungslos ist die Großhirnrinde beim Menschen dann doch nicht. In den ersten drei Sekunden einer Stresssituation handelt das limbische System und sichert vielfach das Überleben. Doch dann setzt das Denken wieder ein. Ein normaler Mensch kann also sein Tun selbst in einer Aggression sehr wohl steuern, außer der Druck von außen ist zu groß. Auch aus diesem Grund hat die Natur nämlich die Drohgebärden als erste Reaktion auf einen Aggressor erfunden. Sie verschaffen dem Mensch Gelegenheit, sich auf das zu besinnen, was Descartes im 17. Jahrhundert als den aufgeklärten Menschen bezeichnet hat. Daher ist das Steinzeitverhalten auch keine Entschuldigung für fortwährende Aggression am Arbeitsplatz.

Flucht

Die Flucht folgt, wenn ein Angriff aussichtslos erscheint. Das Reptiliengehirn zieht dann vor, den Ort der Gefahr zu verlassen. Der Fluchtreflex ist bei uns sehr ausgeprägt und schützt uns permanent vor verschiedenen kleinen und großen Gefahren. Auch in der Deutung von Körpersprache ist er sehr wichtig, weil er vieles an unserem Verhalten erklärt. Menschen, die sich in unangenehmen Situationen befinden, wollen fliehen.

Das können Sie von außen leicht sehen: Ein Kind, das Sie wegen einer Verfehlung zur Rede stellen, wird sehnsüchtig zur Tür blicken und irgendwann erst seine Fußspitzen und später seinen ganzen Körper in Richtung eines möglichen Fluchtwegs ausrichten. Ein Mitarbeiter in einem Disziplinargespräch wird genau dasselbe tun.

Abb. 4: Hier erkennen Sie eine typische Fluchthaltung (rechts). während der Gesprächspartner den Oberkörper noch seiner Partnerin zuwendet, zeigen seine Fußspitzen bereits zur Tür. Er bereitet sich damit unbewusst auf eine schnelle Flucht vor. Die Hände werden als Schutzhaltung eng am Körper geführt.

Doch aufgepasst: So, wie sich ein in die Enge getriebenes Tier dennoch zu einem Angriff entscheidet, kann auch ein in die Enge getriebener Mensch plötzlich aggressiv werden. Das passiert immer dann, wenn das limbische System die Flucht verbaut sieht. Dann nimmt es eine neue Risikobewertung zwischen den beiden Optionen Angriff und Wegducken vor. Nur werden diesmal die Kosten – das Verletzungsrisiko – anders bewertet und auch vermeintlich schwache Gegner greifen an. Diesmal wird jedoch nicht mehr geblufft und aus der Drohgebärde wird schnell Ernst. Das erklärt, warum manche Gespräche plötzlich eskalieren, laut werden und im Extremfall auch in Handgreiflichkeiten enden.

Ducken oder sich verstecken

Sich-Verstecken oder Weckducken ist die letzte Option, die das Reptiliengehirn in seinen Grundprogrammen im Falle eines plötzlichen Angriffs für uns bereithält. Wenn ein Gegenangriff erfolglos scheint und der Fluchtweg verbaut ist, hilft nur noch, sich klein zu machen und sich zu verstecken. Dieses Grundprogramm lässt sich auch bei Tieren beobachten. Junge Antilopen zum Beispiel ducken sich ins Gras und bleiben oft stundenlang reglos liegen, wenn die Mutter auf Futterjagd ist.

Um Körpersprache zu verstehen, ist dieses Verhalten sehr wichtig. Wenn sich Menschen zum Beispiel in einem Gespräch unwohl fühlen, machen sie sich häufig klein. Sie fallen in sich zusammen, ziehen die Schultern und den Kopf ein und versuchen, unsichtbar zu werden. Wenn Sie bei Ihrem Gegenüber oder in einer anderen Gesprächssituation so etwas beobachten, können Sie stets davon ausgehen, dass mit dem anderen etwas nicht stimmt oder er sich höchst unwohl fühlt. Oft hat er auch schon aufgegeben, weil er andernfalls Fluchtsymptome zeigen würde. Auch wer die Hände vor das Gesicht schlägt, will sich in Wirklichkeit verstecken.

Schockstarre

Die Schockstarre, nicht zu verwechseln mit der gleichnamigen Krankheit, ist eine extreme Form des Wegduckens. Menschen fallen quasi automatisch in einen Schock und können sich nicht mehr bewegen. Dadurch vermeidet es der Körper, sich unwillkürlich von selbst zu bewegen und den Feind damit auf sich aufmerksam zu machen. Eine solche Schockstarre kann natürlich auch passieren, wenn kein Säbelzahntiger oder Höhlenbär umherläuft, sondern wenn der Chef seine Wut am Lehrling auslässt. Dieser ist dann ebenfalls nicht in der Lage, sich zu bewegen und beispielsweise der Anordnung „Jetzt bewegen Sie Ihren A… mal ganz schnell hier raus" zu gehorchen. Geben Sie ihm einfach etwas Zeit, dann erholt er sich wieder und tut sehr gerne, was Sie ihm sagen.

Weitere ursprüngliche Verhaltensweisen

Neben den erwähnten Verhaltensweisen, die uns vor akuten oder vermeintlichen Bedrohungen schützen, hält das limbische System weitere Grundmuster für uns bereit, die in akuten Situationen automatisch aktiviert werden.

Schutzreflexe

Sehr ausgeprägt sind Schutzreflexe. Wir kennen das alle. Bevor wir uns stoßen, halten wir noch schnell die Arme vor den Körper. Das geht ganz von alleine und kann von uns nicht aktiv kontrolliert werden. Doch unser Unterbewusstsein unterscheidet nicht zwischen echten und eingebildeten Gefahren. Wenn wir eine Strafpredigt vom Chef erwarten, schützen wir uns ebenfalls, indem wir uns zusammenziehen und die Arme vor den Körper nehmen.

Es gibt verschiedene Schutzhaltungen. Üblicherweise schlagen wir die Beine übereinander, verschränken die Arme vor der Brust, nehmen die Hände vor das Gesicht oder drehen den Körper zur Seite, damit er weniger Angriffsfläche bietet. In einem Gespräch lässt sich leicht beobachten, dass Menschen eine Schutzhaltung einnehmen, wenn sie sich angegriffen fühlen. Nicht immer muss das jedoch mit Ihnen oder mit der aktuellen Situation zusammenhängen. Auch bei einer unangenehmen Erinnerung kann das limbische System mit einer Schutzhaltung reagieren.

Freude und Sympathie

Auch Freude drücken wir sehr spontan aus. Evolutionsbiologisch steht dahinter die Absicht, sich einer sozialen Gemeinschaft mitzuteilen und vor allem deeskalieren zu können. Am deutlichsten wird das beim Lächeln: Wir lächeln unwillkürlich, wenn uns etwas gefällt, wenn wir an etwas Schönes denken oder wenn wir selbst angelächelt werden. Wir können natürlich auch bewusst lächeln. Doch es wirkt nur echt, wenn wir uns dabei auch positiv fühlen.

Lächeln gehört dabei zum universellen Code der Menschheit. Jeder versteht, was ein Lächeln bedeutet. Wenn Sie also bei der nächsten Dschungeltour im Urwald von Papua-Neuguinea vom Weg abkommen und bei einem der letzten kannibalischen Urvölker auf diesem Planeten landen, tun Sie gut daran zu lächeln. Wenn die Ureinwohner dann zurücklächeln, steigen Ihre Chancen, lebend zu Ihren Liebsten zurückzukehren. Doch aufgepasst: Wie jede körpersprachliche Äußerung muss auch Lächeln im Kontext gesehen werden. Vielleicht stellen sich die Stammeskrieger ja gerade nur vor, wie Sie schmecken, und lächeln aus genussvoller Vorfreude.

Ganz im Ernst: Lächeln ist wirklich ein spannendes Signal, weil es immer ein Zeichen von guter Stimmung ist. Wenn Sie viel beruflich im Ausland unterwegs sind, können Sie sich darauf immer verlassen. Wenn Ihr Gesprächspartner lächelt, ist er Ihnen wohlgesonnen. Wenn sich seine Miene jedoch plötzlich verfinstert, ist etwas schiefgelaufen, und Sie sollten gegensteuern. Natürlich findet man in manchen Ländern auch ein aufgesetztes Dauerlächeln vor. Doch dieses können Sie mühelos von einem echten Lächeln an den nicht vorhandenen Augenfältchen unterscheiden, wenn Sie geübt im Erkennen von Körpersprache sind. Gerade an Kindern kann man das sehr gut sehen, weil diese im Verstellen noch nicht so trainiert sind.

Andere Symphathiezeichen sind Nähe und körperliche Zuwendung. Wenn ein Gesprächspartner näher rückt und damit seine Distanz verringert, sind Sie ihm sympathisch. Im anderen Fall gilt natürlich auch, dass jemand, der auffällig von Ihnen abrückt, in diesem Moment keine Nähe zu Ihnen sucht. Das könnte Ihnen bei Ihrem nächsten Date auch helfen, die Körpersprache Ihres Gegenübers besser zu interpretieren. Wenn sie oder er im Verlauf des Abends die Distanz wieder vergrößert, können Sie die Sache getrost vergessen.

Etwas subtiler ist die Zuwendung. Ist die Körperachse, zum Beispiele die Beine oder der Rumpf Ihnen zugewandt, sind Sie Ihrem Gegenüber sympathisch. Dreht sich die Person jedoch auffällig weg und sind die Füße Richtung Tür gerichtet, stimmt etwas nicht. Die Person will weg von Ihnen. Das können Sie ganz einfach selbst testen, indem Sie sich beobachten, wie Sie sich bei Personen verhalten, die Ihnen unangenehm sind. Sie werden genau das tun, was wir hier beschreiben. Doch meistens achten Sie vermutlich nicht darauf, weil das kaum ein Mensch tut. Doch wenn Sie Ihre Aufmerksamkeit Ihrem eigenen Verhalten widmen, können Sie daraus hervorragende Schlüsse über Körpersprache ziehen. Denn bei sich selbst kennen Sie meist auch das Motiv für Ihr Handeln.

Ein Exkurs in Verhalten

Wie wir bisher beschrieben haben, entsteht Körpersprache unwillkürlich und wird weitgehend von einem Teil des Gehirns gesteuert, der als „limbisches System" bezeichnet wird. Dort sind Verhaltensweisen fest einprogrammiert, die unser Überleben auf einer sehr basalen Stufe sichern. Wenn etwas Großes und Unbekanntes auf uns zu rennt, rennen wir weg. Dafür brauchen wir nicht nachzudenken, denn in 99 von 100 Fällen wird diese Entscheidung richtig sein.

Doch natürlich wird nicht unser gesamtes Verhalten auf dieser Ebene gesteuert. Unser Gehirn ist ja extrem lernfähig. Und auch diese Lernfähigkeit wird zum Teil vom Reptiliengehirn gesteuert und auch genutzt, weil eine flexible Reaktion auf unterschiedliche Umweltbedingungen ebenfalls unser Überleben fördert. Das bedeutet, dass wir jedes Schockerlebnis gleichzeitig als Lernerfahrung nutzen. Wenn ein kleines Kind vielleicht noch vor jedem ängstigenden Ereignis wegrennt, lernt es im Laufe des Lebens zu unterscheiden: Fahrende Autos, große Hunde und laute männliche Erwachsene mit Drohgebärden lösen vielleicht weiter den Fluchtreflex aus. Verwandte Personen, lächelnde Menschen oder Pferde werden irgendwann als positiv abgespeichert.

Das limbische System durchläuft also noch eine Kontrollschleife, bevor es sich zwischen Angriff, Flucht oder Verstecken entscheidet. Es durchforstet seine Datenbanken nach einer Referenzerfahrung. Diese Referenzerfahrung ist mit einer Bewertung, also gut oder böse, sowie einer zugehörigen körpersprachlichen Reaktion abgespeichert. Sobald eine passende Erfahrung gefunden wurde, die mit dem neuen Ereignis übereinstimmt, reagiert es und führt die Reaktion aus. Das passiert innerhalb von Zehntelsekunden. Unser Großhirn, das für die rationale, die vernunftgesteuerte Bewertung von Aktionen verantwortlich ist, wird als Entscheidungszentrum dabei nicht hinzugezogen. Es fungiert lediglich als Datenspeicher und liefert dem limbischen System Informationen. Wie unser Gehirn diese gigantische Leistung in einer solch kurzen Zeit schafft, wissen die Forscher noch nicht.

Das Reptiliengehirn legt sich nach und nach eine Sammlung von Zehn- bis Hunderttausenden von Referenzerfahrungen zu, die alle mit Handlungsanweisungen gekoppelt sind. Sie führen zu teils sehr individuellen Reaktionen auf dieselbe Erfahrung. Derselbe Kinofilm wird daher bei den Besuchern je nach Vorerfahrung sehr unterschiedliche körpersprachliche und emotionale Reaktionen hervorrufen. Doch in bestimmten sehr spannenden oder sehr emotionalen Szenen wie bei einer packenden Liebeszene werden wiederum fast alle Zuschauer gleich reagieren, weil die Basisfunktionen des limbischen Systems angesprochen sind.

Doch das ist noch nicht alles: Wir lernen körpersprachliches Verhalten auch von unseren Eltern oder von anderen Menschen in unserer Umgebung. So entsteht eine individuelle und kulturell unterschiedliche Körpersprache, die von Vertretern einer anderen Kultur nicht immer verstanden wird und die wir oben bereits geschildert haben. Auch dieses Programm ist Teil des unbewussten Systems, das mit dieser Anpassung erreicht, dass sich soziale Gemeinschaften erkennen und untereinander harmonieren. Der evolutionsbiologische Nutzen dahinter ist klar: Wer sich in eine Gemeinschaft integriert, wird von ihr beschützt und überlebt damit besser bzw. sichert damit auch das Überleben seiner Nachkommen.

Wir können das leicht feststellen, wenn wir Dokumentationen über Naturvölker sehen. Dort gibt es viele körpersprachliche Rituale und Abläufe, die auf uns völlig fremdartig wirken. Wenn wir dort leben müssten, bekämen wir nicht nur auf der sprachlichen, sondern auch auf der körpersprachlichen Ebene große Verständnisprobleme.

Mittel für die Übernahme der stammes- oder kulturinternen Körpersprache sind die Spiegelneuronen. Diese besonderen Nervenzellen wurden erst 1995 entdeckt und versetzen uns in die Lage, den komplexen Gesichtsausdruck und eine Vielzahl von Körperhaltungen eines Gegenübers emotional zu verstehen und nachzuahmen. Schon Neugeborene imitieren den Gesichtsausdruck der Mutter oder des Vaters. Strecken Sie Ihrem Baby also nicht zu oft die Zunge heraus.

Doch diese körpersprachlichen Unterschiede bestehen nicht nur zwischen Völkern, sondern bereits zwischen Bewohnern verschiedener Landstriche oder sogar zwischen zwei einzelnen Menschen. Jeder Mensch besitzt ein einzigartiges Repertoire an Körpersprache, die von sehr unterschiedlichen Ebenen gesteuert wird. Ganz innen liegen die Grundverhaltensmuster, die bei allen Menschen gleich sind. Je weiter wir auf den Schalen der Psyche nach außen kommen, desto individueller ist die Körpersprache. Dieser Aspekt erschwert das Verständnis von Körpersprache.

Denn neben den hier erwähnten interkulturellen körpersprachlichen „Barrieren" entwickeln Menschen auch sehr individuelle Reaktionsmuster. Gerade bei komplexen Verhaltensweisen zeigt jeder Mensch seine eigene Variante. Bei Nervosität zum Beispiel kratzt sich der eine an der Nase, der andere am Kinn, der dritte reibt seinen Ringfinger, der vierte seinen Daumen. Alle meinen dasselbe und drücken es anders aus, weil sie irgendwann in ihrer Entwicklung so geprägt wurden.

Diese individuellen Muster erkennen Sie nur, wenn Sie einen Menschen aufmerksam beobachten und nach und nach sein Verhalten in speziellen Situationen kennenlernen.

Welche Rolle spielt die Sprache?

Wie bereits erwähnt, haben Forscher herausgefunden, dass unsere Kommunikation nur zu 20 Prozent verbal, also über die Sprache läuft. Der verbleibende Anteil von 80 Prozent wird nonverbal, also über die Körpersprache übertragen. Wie passt das in den aktuellen Zusammenhang?

Den meisten Menschen ist die geringe Bedeutung der verbalen Kommunikation nicht bewusst. Doch diese Tatsache ist elementar für das Verständnis von Kommunikation, auch wenn im Land von Goethe, Schiller und Schopenhauer gerne noch am Bild des vernunftgesteuerten Menschen festgehalten wird.

Wir denken auch deswegen fast nie darüber nach, weil der nonverbale, der körpersprachliche Aspekt von Kommunikation in den meisten Fällen unbewusst abläuft. Das bedeutet im Klartext, dass wir ein Gespräch führen und meinen, wir würden rational auf alles in diesem Gespräch reagieren. Doch in Wirklichkeit kommen die meisten Impulse in diesem Gespräch sowie weiterführende Handlungen aus dem limbischen System. Es entscheidet, ob wir ein Produkt kaufen, ob wir mit unserem Kind schimpfen oder es gut sein lassen, wenn es einen Teller auf den Boden wirft, ob wir uns mit dem Kollegen herumstreiten oder nicht und ob wir lieber mit einem Freund ins Kino gehen oder den Abend faul vor dem Fernseher verbringen.

Woher kommt die starke Dominanz der Körpersprache im Gespräch? Ganz einfach: Wie wir oben bereits erläutert haben, sind wir in gewisser Weise immer noch Steinzeitmenschen. Den Steinzeitmenschen einschließlich seiner Frühformen gibt es bereits seit mehreren Jahrtausenden, und unsere Vorfahren, Säugetiere, die in Rudeln lebten und auch irgendwie kommunizieren mussten, sind mehrere Millionen Jahre alt.

Doch die Sprache ist eine relativ neue Entwicklung. Sie ist zwischen 40.000 und 100.000 Jahren alt, so genau wissen das die Forscher noch nicht. Unser Kommunikationssystem ist jedoch sehr konservativ und noch immer auf Körpersprache ausgerichtet, während die sprachliche Entwicklung noch recht neu ist. Natürlich hat die Sprache all das ermöglicht, was uns Menschen vom Affen und anderen Tieren unterscheidet: Sehr erfolgreiche Jagd in Rudeln, gesellige Runden am Lagerfeuer, die Mondfahrt und Schulen. Doch ein Kleinkind schaut immer noch auf die Mutter, wenn es lernt, und hört kaum hin. Vielen Eltern ist das leidvoll bewusst. Sie könnten es sich in der Erziehung sehr viel einfacher machen, wenn sie ihrem Kind das richtige Verhalten vorleben und nicht vorsagen würden.

Dazu kommt ein weiterer sehr interessanter Aspekt, über den sich Menschen kaum Gedanken machen: Sprache ist sehr fehleranfällig. Manche kennen von Kindergeburtstagen noch das Spiel „Stille Post", bei dem jedes Kind dem nächsten reihum immer den gleichen Satz ins Ohr flüstern soll. Am Ende kommt aber stets etwas völlig anderes heraus, weil wir kaum in der Lage sind, gesprochene Informationen zu hundert Prozent zu verstehen und weiterzugeben.

Ein weiterer Aspekt der Sprache ist noch viel gravierender. Wir können lügen. Lügen passiert ausschließlich verbal. Dazu benutzen wir unsere Großhirnrinde. Denn Lügen ist eine Fähigkeit, die nur der moderne Mensch mit einem zur Abstraktion fähigen Gehirn und mit der sehr jungen Eigenschaft „Sprache" beherrscht. Körpersprachlich können wir nicht lügen. Lügner ertappen wir meist dadurch, dass die verbale Aussage und der nonverbale Ausdruck, also die Körpersprache, nicht zusammenpassen.

Die Bedeutung der Körpersprache möchten wir Ihnen noch einmal am Beispiel unseres Vorfahren, des Steinzeitmenschen, klarmachen:

Zeichenlesen bei der Jagd

Bei unseren Vorfahren hing buchstäblich das Leben davon ab, Körpersprache lesen zu können. Ein Aspekt war die Jagd. Wenn ein Tier in die Enge getrieben wurde und nicht mehr fliehen konnte, schaltete es entweder auf Gegenangriff oder auf Ducken. Sobald ein Gegenangriff anstand, wurde es für den Jäger selbst lebensgefährlich, und er musste doppelt aufpassen, wenn er das Tier noch erlegen wollte. Ein Tier, das sich duckt und verstecken will, hatte sich aufgegeben. Es konnte relativ gefahrlos erlegt werden. Gute Jäger erkannten diesen Unterschied und überlebten so leichter.

Freund oder Feind?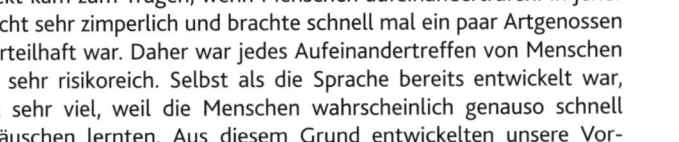

Der zweite Aspekt kam zum Tragen, wenn Menschen aufeinandertrafen. In jener Zeit war man nicht sehr zimperlich und brachte schnell mal ein paar Artgenossen um, wenn es vorteilhaft war. Daher war jedes Aufeinandertreffen von Menschen in der Steinzeit sehr risikoreich. Selbst als die Sprache bereits entwickelt war, nützte es nicht sehr viel, weil die Menschen wahrscheinlich genauso schnell sprechen wie täuschen lernten. Aus diesem Grund entwickelten unsere Vorfahren einen sehr feinen Sinn für das Erkennen von Stimmungen und die Frage, ob Freund oder Feind vor einem stand oder wann die fremde Gruppe ihre Aggressivität abgelegt hatte und harmlos war.

Dieses Verhalten lässt sich im Übrigen noch heute sehr anschaulich zum Beispiel in Dokumentationen über die Ureinwohner des südamerikanischen Regenwaldes beobachten. Dort läuft Kommunikation schwerpunktmäßig über Körpersprache ab, und es gibt eine Reihe festgelegter körpersprachlicher Rituale, um Konflikte zu deeskalieren.

Diejenigen unserer Vorfahren, die lange genug überlebten, um Kinder zu zeugen und diese großzuziehen, waren daher alle Experten im Verständnis von Körpersprache und gaben diese Eigenschaften an uns weiter. Wir können es daher noch heute.

Wie Sie Körpersprache lesen lernen

Wie können wir nun Körpersprache lesen und verstehen? Dazu einige wichtige Übungshinweise und Vorbemerkungen.

Lernen Sie beobachten

Im ersten Schritt müssen Sie Ihre Fähigkeit zur Beobachtung aktivieren. Wir alle können Menschen beobachten, weil unsere evolutionsbiologischen Programme darauf eingerichtet sind, ständig die Körpersprache unseres Gegenübers zu scannen. Doch bei vielen Menschen ist diese Fähigkeit in Vergessenheit geraten, weil wir sie kaum noch nutzen. Wir sind nicht trainiert. Zwar beobachten wir Menschen immer unbewusst, doch wir achten und reagieren nicht mehr bewusst darauf.

Gewöhnen Sie sich also an, Ihre Mitmenschen zu beobachten. Beobachten Sie Menschen, wann immer Sie unterwegs sind. Im Café, im Zug, auf Partys, bei der Arbeit, beim Einkaufen. Besonders spannend wird es, wenn sich zwei oder mehr Menschen unterhalten. Beobachten Sie hier, wie sich die Gesprächspartner verhalten, was sie tun und wie sie sich geben.

Achten Sie dabei auf die gesamte Körperhaltung. Alles ist wichtig: Mimik und Gestik, die Körperhaltung, die Beine, die Füße sowie die Position zweier Menschen zueinander. Wie ist der Abstand? Sind sie eher zu- oder abgewandt? All das verrät uns viel über das Gespräch.

Schauen Sie auch Talkshows im Fernsehen an. Dort können Sie meist eine ausgefeilte Körpersprache beobachten, weil viele Themen von den Fernsehsendern absichtlich stark polarisiert werden. Viele Teilnehmer solcher Fernsehdebatten geraten dann in emotionale Ausnahmesituationen und zeigen in diesen häufig eine sehr unkontrollierte und sehr aufschlussreiche Körpersprache.

Sehr spannend wird es auch, wenn Sie dabei einfach mal den Ton ausstellen und sich nur auf das Bild konzentrieren. Sie werden erstaunt sein, was Sie auf einmal alles mitbekommen. Wie setzen sich Menschen durch? Wie reagieren Gesprächspartner, die nicht zu Wort kommen? Wie werden Konflikte ausgetragen? Hier können Sie sehr viel beobachten und lernen.

Die Adlerposition

Menschen von außen zu beobachten ist noch relativ einfach. Doch schwieriger wird es, wenn Sie selbst Teil des Gesprächs oder der Interaktion sind. Doch genau das brauchen Sie, wenn Sie Ihr Wissen über Körpersprache einsetzen möchten. Denn dann sind Sie ja Teil des Gesprächs und wollen es vielleicht zu Ihren Gunsten beeinflussen.

Hierfür gibt es die „Adlerposition". Diese meint, dass Sie mit einem Teil Ihrer Aufmerksamkeit aus dem Gespräch heraustreten und sich sowie Ihren Gesprächspartner von außen und oben betrachten. Sie schweben quasi wie ein Adler über allem und beobachten nur. Das funktioniert mit etwas Übung relativ gut. Versuchen Sie es einfach einmal.

Die Fähigkeit, sich von außen zu betrachten, ist enorm wichtig, um erfolgreich Gespräche führen zu können. In wichtigen Kunden- oder Mitarbeitergesprächen beispielsweise sollte man stets das Gegenüber im Blick haben, dessen Körpersprache beobachten und sich die Frage stellen, was diese jeweils aussagt.

Trainieren Sie Ihre Beobachtungsgabe
Achten Sie eine Weile bewusst auf die Mimik Ihrer Gesprächspartner. Gleichen Sie ab, ob die Mimik mit der Situation oder dem Inhalt des Gesprächs übereinstimmt. Konzentrieren Sie sich auch auf Veränderungen, die Ihnen auffallen, und versuchen Sie herauszufinden, was wirklich dahintersteckt. Sie werden feststellen, dass Ihnen bei bewusster Beobachtung schon nach kurzer Zeit sehr viel mehr auffällt als bisher und Sie bald wirklich Emotionen lesen können.

Ihr Reptiliengehirn tut das sowieso. Es zweigt ständig Informationen, die über das Auge, das Ohr oder die anderen Sinnesorgane hereinkommen, ab und bewertet diese parallel zum Großhirn. Mit der Technik der Adlerposition tricksen Sie Ihr limbisches System jedoch aus, weil Sie Ihrem Großhirn genug Zeit geben, zu reflektieren und alternative Handlungsvarianten vorzuschlagen. Sie verhalten sich so wie ein bewusster moderner Mensch und nicht wie ein Steinzeitmensch.

Dazu ein kleines Beispiel:

Eskalierendes Gespräch

In einem Kundengespräch entsteht eine kritische Situation. Durch eine unbedachte Aussage von Ihnen fühlt sich Ihr Kunde bedroht. Sein Reptiliengehirn signalisiert ihm Gefahr und rät zum Gegenangriff. Der bisher recht friedliche Kunde wird auf einmal ausfallend, macht sich größer, seine Stimme wird lauter und er greift Sie auch verbal an. Sie verspüren unbewusst ebenfalls Gefahr und reagieren mit Gegenangriff. Wenn Sie dem ungebremst nachgeben, eskaliert das Gespräch und wird wahrscheinlich scheitern.

Als Spezialist für Körpersprache würden Sie sich in dieser Situation in die Adlerposition begeben. Sie ignorieren Ihre ersten impulsiven Gedanken und analysieren die Situation. Sie sehen den anderen in seiner Angriffspose, sich selbst eher entspannt und beschließen bewusst, dass ein Missverständnis vorliegt und Sie jetzt besser deeskalieren. Sie machen sich also ein bisschen kleiner, lehnen sich zurück, öffnen die Handflächen und sprechen leiser. Der andere wird wahrscheinlich darauf eingehen, die Situation entspannt sich und das Gespräch geht erfolgreich weiter.

Bewerten Sie Körpersprache nur im Kontext

Die jetzt folgenden Hinweise sind sicher die wichtigsten, wenn Sie Körpersprache richtig deuten und verstehen wollen:

Sie können Körpersprache nur im Zusammenhang mit der übrigen Situation deuten!

Wie wir oben bereits beschrieben haben, gibt es die spontane Körpersprache, die bei fast allen Menschen gleich ist. Dazu gehört zum Beispiel Lächeln als Ausdruck von Sympathie, die Arme eng um den Körper legen bei Kälte oder Drohgebärden bei einer Bedrohung. Doch die weitaus meisten körpersprachlichen Ausdrucksweisen sind situationsbezogen und können daher sowohl kulturell als auch individuell geprägt sein.

Ein Beispiel dafür ist die Begrüßung, die wir oben bereits angesprochen haben. In unserer Kultur schüttelt man sich meist die Hände. In vielen asiatischen Ländern und arabischen Ländern hingegen ist das unüblich, dort verbeugen sich die Menschen voreinander. Doch auch beim Händeschütteln gibt es große Unterschiede. Während in den USA ein rasches und obligates Händeschütteln überall dazugehört, wird Händeschütteln in Deutschland zumindest im privaten Bereich oftmals als „uncool" empfunden, ist aber im Businessbereich immer noch üblich.

Komplizierter wird es hingegen, wenn man nach Frankreich oder nach Südeuropa kommt. Dort ist es vielfach üblich, sich mit Küsschen links und (oder) rechts zu begrüßen. Manchmal sind es auch drei Küsschen, manchmal nur eines. Im Geschäftsbereich schüttelt man sich zwar auch noch die Hände, doch schon im halbprivaten Bereich begrüßt man sich schnell mit Küsschen – dieses Begrüßungsritual hat ja auch in Deutschland bereits Einzug gefunden. Beim hohen internationalen Vernetzungsgrad der Kulturen und der raschen Veränderung solcher Rituale auch in unserer Kultur sind Missverständnisse daher vorprogrammiert.

Wenn Sie also anhand der Innigkeit einer Begrüßung auf Ihre Beziehung zum Gegenüber schließen wollen, müssen Sie all diese Besonderheiten berücksichtigen. Daher sollten Sie immer alle körpersprachlichen Informationen mit einbeziehen und nie vorschnell Rückschlüsse ziehen. Dies gilt insbesondere beim ersten Eindruck, auf den wir noch getrennt eingehen werden.

Wirklichen Nutzen aus Ihrem Körpersprachewissen ziehen Sie dann, wenn Sie Menschen in bestimmten Situation beobachten und dabei vor allem auf Veränderungen achten. Wenn Sie zum Beispiel einem neuen Geschäftskontakt oder neuen Kollegen zum ersten Mal gegenübersitzen, wissen Sie in der Regel noch wenig oder gar nichts über ihn. Betrachten Sie ihn daher als ein weißes Blatt Papier und beobachten Sie einfach nur.

Im Verlauf eines Gesprächs werden Sie zahlreiche Veränderungen bei Ihrem Gegenüber feststellen. Am Anfang ist er vielleicht nervös. Das merken Sie an vielen kleinen Zeichen: Er rutscht auf dem Stuhl hin und her, die Hände sind unruhig, der Blick geht oft zur Tür. Im Verlauf des Gesprächs entspannt er sich jedoch zunehmend und nimmt irgendwann eine ruhige und ausgeglichene Körperhaltung ein. Aus den übrigen Rahmenbedingungen wie dem Gesprächsverlauf und der Art, wie er sich einbringt, können Sie die Haltung Ihres Gegenübers besser verstehen und einordnen. Sie kennen jetzt schon zwei Grundhaltungen Ihres Gesprächspartners: seine nervöse Haltung und seine entspannte Haltung. Wenn Sie genau beobachten, werden Sie diese an vielen kleinen Zeichen festmachen können.

Doch plötzlich passiert etwas. Sie wechseln das Thema und auf einmal spannt sich Ihr Gegenüber an. Er richtet sich merklich auf, seine Augen werden schmaler, seine Füße suchen Kontakt zum Boden. Sie nehmen Stress wahr, auch wenn Ihnen das aus dem Gesprächsverlauf vielleicht nicht erklärlich ist. Selbst wenn Sie jetzt noch überhaupt nicht wissen, was passiert ist, können Sie allein aufgrund Ihrer Beobachtungen darauf schließen, dass der andere alarmiert ist. Nun geht es darum, durch Fragen oder andere Mittel herauszufinden, was passiert ist. Auf diese Weise kennen Sie bereits ein drittes körpersprachliches Verhaltensmuster Ihres Kunden oder Kollegen: Seine Reaktion auf Stress und/oder Bedrohung. Dieses Verhalten ist zwar individuell, doch es wird bei diesem Menschen stets in jeder ähnlichen Situation gleich sein.

Mit diesem Wissen können Sie das Gespräch führen und steuern. Immer wenn der andere im entspannten Zustand ist, läuft alles gut. Zeigt er Stress- und Alarmsignale, sollten Sie herausfinden, was los ist, und gegensteuern. Wird er irgendwann wieder nervös, ist es vielleicht an der Zeit, eine Pause einzulegen oder das Gespräch zum Abschluss zu bringen.

Wenn Sie am nächsten Tag den nächsten Kunden treffen, können Sie wieder genauso verfahren. Doch dort nehmen Sie vielleicht in einer identischen Situation völlig andere Signale wahr, die Sie erst wieder neu kennenlernen müssen. Allerdings können Sie davon ausgehen, dass sowohl der erste als auch der zweite Kunde seine individuellen Signale in einer entsprechenden Situation immer wieder zeigen wird.

Wie Coaches arbeiten

Verschiedene Berufsgruppen sind darauf angewiesen, einen Zugang zu den unbewussten Ebenen ihrer Kunden zu bekommen. Besonders heikel ist das beim Coaching, denn dort geht es genau darum, diese unbewussten Muster zu erkennen und für die Entwicklung des Klienten zu nutzen. Unter Coaches gibt es daher ein Standardverfahren, wie man seine Klienten auch körpersprachlich kennenlernt. Wenn also ein Kunde zum ersten Mal beim Coach ist, wird dieser das Gespräch zuerst auf ein entspanntes Thema lenken. Er fragt zum Beispiel nach dem letzten Urlaub. Wenn der Urlaub wirklich schön war, wird der Klient davon erzählen und dabei eine entspannte Körpersprache zeigen. Der Coach beobachtet diese und prägt sie sich ein.

Im zweiten Schritt lenkt er das Gespräch auf ein unangenehmes Thema. Dies kann zum Beispiel ein Streitfall in der Familie sein. Der Klient wird sofort die Körpersprache wechseln und Anzeichen von Stress zeigen. Er wirkt vielleicht angespannter, zieht die Beine zusammen, die ganze Haltung und die Mimik verändern sich. Auch diese Symptome wird sich der Coach merken,

Dann beginnt das eigentliche Coaching. In dessen Verlauf stellt der Coach vielleicht die Frage: „Hängt Ihr aktuelles Problem mit Ihrem Chef zusammen?". Häufig passiert jetzt das Folgende: Der Klient wird mit Nein antworten und betonen, wie gut sein Verhältnis zu seinem Chef ist. Mit seinem bewussten Ich glaubt er das auch. Doch das Reptiliengehirn kennt die Wahrheit und reagiert auf die Frage nach dem Chef mit Stress. Es sendet deutliche Stresssymptome aus. Der Coach nimmt diese wahr und kann seine weitere Vorgehensweise daran ausrichten.

Mit dieser Technik können Sie künftig Gespräche besser führen. Merken Sie sich die verschiedenen Ausdrucksweisen Ihrer Gesprächspartner oder lenken Sie das Gespräch in der Anfangsphase gezielt auf angenehme und unangenehme Themen. So lernen Sie Ihr Gegenüber kennen und spüren bzw. sehen sofort, wenn sich das Gespräch in die falsche Richtung entwickelt. Positive Themen finden Sie vor allem im privaten Bereich: Kinder, Familie, Urlaub und Hobbys sind bei fast allen Menschen positiv belegt. Negative Themen finden sich, wie oben angesprochen, häufig im Job. Doch auch die Erinnerung an die schwierige Anreise (verspäteter Flieger oder Stau auf der Autobahn) kann bei Ihrem Gesprächspartner schnell negative Emotionen und entsprechende körpersprachliche Zeichen auslösen.

Erkennen Sie Stimmungen

Probieren Sie die im letzten Beispiel geschilderte Technik selbst aus. Nehmen Sie sich dazu einen Mitspieler, am besten aus Ihrem privaten Umfeld, und bitten Sie ihn, nacheinander an eine positiv und an eine negativ besetzte Person zu denken. Achten Sie auf die Unterschiede in Mimik, Haltung und bei der Atmung. Wenn Sie die Unterschiede erkennen, dann bitten Sie Ihren Mitspieler, an einen der beiden Personen zu denken, ohne dass er Ihnen sagt, an welche. Finden Sie jetzt heraus, welche es ist.

Selbst „angeborene" Verhaltensweisen müssen nicht bei jedem Menschen gleich aussehen. Es gibt Menschen, die kaum Emotionen zeigen. Carsten Blau ist ein solcher Mensch. Er lächelt niemals oder nur, wenn es sich nicht mehr vermeiden lässt. Alle seine Reaktionen sind überlegt und kontrolliert. Bei ihm fällt die Einordnung von Körpersprache schwer. Doch es funktioniert trotzdem. Allerdings sind die Zeichen hier schwerer feststellbar.

Im gegenteiligen Fall gibt es Menschen, denen man wirklich jedes Gefühl sofort vom Gesicht ablesen kann, so wie bei Anke Grün. Sie trägt Ihre Gefühle stets sehr offen vor sich her und kann sie oft gar nicht verbergen. Fast jeder kann sie „lesen". Die meisten von uns bewegen sich irgendwo zwischen diesen Polen.

Achten Sie auf Zeichenfolgen

Was bedeutet es, wenn Ihr Gesprächspartner die Arme vor dem Körper verschränkt? Nach gängiger Volksmeinung zeigt dieser Mensch seine Ablehnung. Doch stimmt das auch? Was, wenn es draußen kalt und das Fenster offen ist? Dann werden wahrscheinlich alle Menschen in Ihrem Umfeld die Arme um den Körper legen – auch Sie. Es ist eine typische Reaktion auf Kälte, bei der Sie Ihren Körper schützen. Und wenn Sie sich in einem langweiligen Meeting befinden, können Sie zum Beispiel am frühen Nachmittag feststellen, dass die meisten Teilnehmer zurückgelehnt und mit verschlossenen Armen dasitzen. Damit lehnen sie nicht den Moderator ab, sondern schaffen sich einen inneren Ruheraum, um das Mittagessen zu verdauen und den eigenen Gedanken nachzuhängen.

Dieses Beispiel verdeutlicht ein Problem beim Deuten von Körpersprache. Ein einzelnes Zeichen kann etwas aussagen, muss es aber nicht. Denn das Zeichen kann einfach zufällig auftreten und/oder es hat einfach nichts zu bedeuten.

Sie können die Bedeutung von körpersprachlichen Zeichen jedoch herausfinden, indem Sie auf Zeichenfolgen achten. Zeichenfolgen sind mehrere Merkmale, die auf das Gleiche hinweisen und dann meist eindeutig zu interpretieren sind.

Bleiben wir beim Arme-vor-der-Brust-Verschränken. Hierfür haben wir Ihnen oben alleine drei Deutungen aufgezählt. Die Grundbedeutung ist sicher eine Schutzhaltung, weil man damit sein Innerstes vor äußeren Einflüssen schützen will. Doch der Grund für diese Körperhaltung kann sehr unterschiedlich sein.

Arme verschränken bei Ablehnung. Wenn Ihr Gesprächspartner Sie ablehnt oder sich in einer bestimmten Gesprächssituation plötzlich von Ihnen zurückzieht, merken Sie das an der folgenden körpersprachlichen Zeichenfolge:

- Verschränken der Arme vor der Brust
- Zurückweichen oder Zurücklehnen des Oberkörpers
- Heben des Kopfes
- Verengung der Augen
- stechender Blick
- Drehen der Füße zur Seite
- breitbeiniger Stand

Diese Zeichen müssen nicht alle zusammen auftreten, doch schon drei oder vier reichen aus, um sicher zu wissen, dass Sie gerade abgelehnt werden oder Ihr Gesprächspartner sehr deutlich auf Distanz zu Ihnen geht.

Abb. 5: Hier bedeuten die verschränkten Arme Ablehnung. Das wird erkennbar an der verspannten Oberkörperhaltung und dem kritischen Blick. Das Kinn ist zusätzlich zum Hals gezogen und schützt damit die Kehle.

Arme verschränken bei Kälte. Wenn im Raum Minusgrade herrschen, werden Sie auch ohne Körpersprachebuch wissen, dass alle frieren. Kritisch wird es jedoch bei kühleren Raumtemperaturen, bei denen Sie vielleicht noch nicht frieren, aber empfindlichere Naturen durchaus. Sie können dann auf den ersten Blick aussehen wie Menschen, die Sie ablehnen. Doch die Zeichenfolge ist anders:

- Arme vor der Brust verschränken
- nach vorne beugen und die Schultern nach oben ziehen

- Beine eng aneinanderdrücken oder beim Sitzen übereinanderschlagen
- unruhig hin und her gehen oder zumindest die Füße bewegen
- unruhiger Blick, doch die Aufmerksamkeit ist noch bei Ihnen

Diese Zeichen weisen darauf hin, dass jemand seinen Körper vor weiterem Wärmeverlust schützen will und versucht, eigene Wärme zu erzeugen.

Abb. 6: So sieht ein Mensch aus, der friert. Er verschränkt die Arme vor dem Körper und zieht sich zusammen, um die Angriffsfläche für die Kälte möglichst klein zu halten.

Arme verschränken bei vorübergehender Passivität. In längeren Gesprächen, Meetings, Vorträgen, Kinoveranstaltungen oder bei anderen Anlässen wechseln wir ständig zwischen Phasen der Aktivität und der Passivität. Wenn wir aktiv sind, wollen wir nach außen gehen, haben eine offene und lebhafte Körpersprache und nehmen aktiv am Geschehen teil. Doch manchmal braucht unser Gehirn eine Ruhephase. Dann ziehen wir uns leicht in uns zurück und verschränken dabei meist die Arme. Das hängt nicht mit Ihnen als Gesprächspartner zusammen, sondern entspringt einem individuellen Bedürfnis Ihres Gegenübers, das vielleicht seine Gedanken ordnen oder sonst wie kurz entspannen will. Die zugehörige Zeichenfolge sieht so aus:

- Arme vor der Brust verschränken
- beim Sitzen nach hinten lehnen und Beine übereinander legen oder lang ausstrecken

- bei Stehen etwas nach vorne beugen
- entspannter Gesichtsausdruck
- Aufmerksamkeit weiterhin auf den Gesprächspartner gerichtet

Dieser Anlass ist der weitaus häufigste Grund, warum Menschen die Arme verschränken. Sie können in solchen Momenten auch weiter mit ihnen sprechen. Allerdings sollten Sie vielleicht Ihr Tempo etwas herunterfahren oder zumindest nicht zu viel Aktivität von Ihrem Gesprächspartner erwarten. Doch manche Menschen hören in dieser Stellung auch gerne mal zu.

Abb. 7: Hier sitzt die Person in einer eindeutigen Ruhe- und Nachdenkhaltung, erkennbar am entspannten Gesicht sowie an der ansonsten offenen Körperhaltung.

Gedanken lesen

Wie wir weiter oben bereits geschildert haben, scannt unser limbisches System ständig die Umgebung auf Gefahren. Dieses Grundprogramm ist permanent aktiv, wir können es nicht abschalten. Es hält uns ja seit Jahrmillionen am Leben und sieht auch in der geregelten Bürowelt keinen Grund, sich in seiner Aufmerksamkeit ablenken zu lassen. Der Chef, der Kunde, der neue Kollege, alle könnten eine potenzielle Gefahr darstellen – denkt das Unterbewusstsein.

Doch wir leben ja nicht mehr in der Steinzeit, in der ständige Flucht-bereitschaft überlebenswichtig war. Wenn der neue Kollege also zu laut wird oder uns mit unerfüllbaren Forderungen konfrontiert, möchte ein Teil von uns sofort flüchten. Wir zeigen Fluchtbereit-schaft. Doch die Flucht wird nicht in die Tat umgesetzt, weil ein anderer Teil in uns, der „vernünftige" Teil, schnell die Oberhand gewinnt und uns daran hindert. Also fliehen wir nicht, sondern wir bleiben, zaubern ein Lächeln auf unser Gesicht, das vielleicht ein bisschen künstlich wirkt, und reden weiter freundlich mit dem Kolle-gen.

Der Fluchtreflex besteht darin, dass wir die Füße zur Tür ausrichten, den Oberkörper dorthin drehen und uns an diesem möglichen Fluchtweg orientieren. Außerdem spannen wir den Körper kurzzeitig an, damit die Muskeln schneller aktiv werden können. Vielleicht schauen wir sogar kurz zur Tür. Diese reflexartige Reaktion war vielleicht eine Sekunde zu sehen und hätte einem aufmerksamen Beobachter Ihre wirklichen Gedanken über den Ausbruch des Kolle-gen verraten.

In einer solchen Situation ist es zudem sehr wahrscheinlich, dass Ihr „bewusstes" Ich zwar das Lächeln, den Blick und den Oberkörper auf „verbindlich" zurückgeschaltet hat, aber dabei die Füße verges-sen hat. Es ist nämlich ziemlich schwer, alle Glieder und Muskel-gruppen bewusst zu bewegen. Somit bleiben vielleicht die Füße auf Fluchtposition und verraten dem aufmerksamen Beobachter auch noch einige Minuten später, wie die Ideen des Kollegen bei Ihnen ankommen. Ihr Lächeln in einem solchen Moment ist künstlich und erstreckt sich nicht auf die Augenpartie. Hoffen wir mal, dass Ihr Kollege Körpersprache nicht so gut deuten kann.

Unser Expertentipp

Wenn die Beine und Füße Ihrer Auserwählten oder Ihres Traummann beim ersten Date permanent zur Tür zeigen, läuft etwas gar nicht gut. Zeigen sie hingegen zu Ihnen oder berühren sich Ihre Beine unter dem Tisch sogar, sieht es sehr viel besser aus. Doch aufgepasst, achten Sie dabei auch mal auf Ihre eigenen Füße. Sollten Sie nämlich leise Zweifel haben, weil er schon seit einer halben Stunde erzählt, wie toll er ist, oder sie schon zum fünften Mal ihr Smartphone checkt, Sie diesen Zweifeln aber nicht glauben wollen, haben Ihre Beine oder Füße vielleicht die passende Antwort für Sie.

Realität und Fiktion

Eine zweite Besonderheit des limbischen Systems ist, dass es nicht zwischen Realität und Fiktion unterscheiden kann. Mit „Fiktion" meinen wir in diesem Fall Ihre Gedanken. Wenn Sie also sehr fest an eine wirklich entspannte Situation aus Ihrem letzten Urlaub denken, hält Ihr „limbisches Ich" diese Gedanken für real. Es wird Ihre Gedanken an Ihren Urlaub in Ihrer Körpersprache ausdrücken. Sie entspannen sich, Sie lehnen sich zurück, Ihre Gesichtszüge werden weicher, ja wenn Ihr Urlaub in einem warmen Land stattfand und Sie sich gerade in einem kalten Raum befinden, kann es sogar sein, dass Sie Ihre Arme öffnen, die sie zuvor noch als Kälteschutz vor der Brust verschränkt hatten.

Wenn Sie dieses Wissen nutzen, können Sie bei Ihrem Gegenüber Gedanken lesen. Sie fragen zum Beispiel, was er von Ihrem neuen Produkt hält und bitten ihn, sich noch einmal genau vorzustellen, wie die Benutzung gewesen ist. Jetzt beobachten Sie ihn. Wenn seine Gesichtszüge und seine Körpersprache eindeutige Zeichen von Abwehr und Flucht zeigen, sollten Sie Ihre Entwicklungsabteilung bitten, das Produkt noch einmal zu überarbeiten. Doch wenn sich seine Haltung öffnet, sich sein Gesicht entspannt und er vielleicht sogar lächelt, passt alles. Dabei ist völlig egal, was Ihnen Ihr Kunde dabei erzählt, denn wir haben ja weiter oben erfahren, dass wir seit frühester Kindheit darauf konditioniert werden, die Dinge zu sagen, die gerade opportun sind. Unangenehme Dinge sind nie opportun und die meisten Menschen scheuen sich zudem davor, sie auszusprechen. Daher lügen sie. Doch die Körpersprache kann nicht lügen, und Sie können so Gedanken lesen.

Kinder sind übrigens wunderbare Lehrmeister, wenn es um Körpersprache geht. Sie sind noch nicht darauf trainiert, ihr Gesicht zu wahren, ein Pokerface aufzusetzen und die Umgebung über ihre wahren Gedanken zu täuschen. Doch natürlich bekommen sie unter Umständen schon früh Handlungsanweisungen mit auf den Weg, sich über ihre primären Empfindungen und Impulse hinwegzusetzen. „Jetzt mach doch mal ein fröhliches Gesicht!" oder „Warum schaust du denn so grimmig?" sind solche Sätze. Ihr Kind hat aber vielleicht gute Gründe, kein fröhliches Gesicht zu zeigen.

Beobachten Sie Kinder, Ihre eigenen oder die von Verwandten oder Freunden, dabei, wie sie sich in solchen Situationen verhalten. Hier können Sie elementare Körpersprache beobachten und verstehen, wie diese wirklich funktioniert. Das Kind wird sehr widerwillig zu Tante Erna gehen, wenn es sie nicht mag, sich bei der unvermeidlichen Umarmung am üppigen Busen so weit wie möglich wegdrehen und sofort wieder aus der unmittelbaren Nähe der Tante flüchten. Sein Gesichtsausdruck wird überhaupt nicht fröhlich sein. Es ist im Übrigen auch sehr aufschlussreich, wie sich Kinder gegenüber neuen Freunden oder Geschäftspartnern von Ihnen verhalten. Wenn sich Ihr Kind beim ersten Kontakt auffällig ablehnend verhält und auch nach einer bei Kindern üblichen Warmwerde-Phase nicht mit dem Gast beschäftigt oder ihn sehr offensichtlich meidet, sollten Sie selbst Ihr Verhältnis zu dieser Person überprüfen. Denn Kinder verlassen sich noch sehr unmittelbar auf die Impulse ihres limbischen Systems, da sie noch nicht gelernt haben, mir ihrer Großhirnrinde zu denken. Diese arbeitet jedoch in der Beurteilung anderer Menschen sehr fehlerhaft, weswegen nicht alle Menschen über eine gute Menschenkenntnis verfügen oder die Gedanken ihres Gegenübers lesen und verstehen können.

Abschließend geben wir Ihnen noch einen Tipp, wie Sie Ihr Kind wieder zu einer fröhlichen Körpersprache veranlassen können. Dazu ein Beispiel:

Vor Kurzem lief einer von uns mit einem Freund und dessen achtjährigen Sohn Max durch ein Kaufhaus. Wir durchquerten die Spielzeugabteilung, wo Max seine Chance nutzte und in der Lego-Ecke verschwand. Kurze Zeit später kam er an und meinte, er habe für sich ein wunderbares Geschenk entdeckt, ein neues Fahrzeug aus der Star-Wars-Reihe, und es würde nur 27 Euro kosten. Er wolle es gleich mitnehmen. Sein Gesicht strahlte. Der Vater, darum bemüht, dem Kind den Wert von Geld und die besondere Bedeutung von Geschenken zu vermitteln, lehnte ab. Max versuchte weiter zu verhandeln, musste dann aber nachgeben. Sein Gesichtsausdruck schaltete in Sekunden von Freude auf Missmut um, seine Schultern sackten zusammen und sein Gang wurde schleppend und langsam. Er war sauer und enttäuscht, wie es nur Kinder in einer solchen Situation sein können.

Doch die Situation konnte gerettet werden. Kurz zuvor hatte der Vater Max ein Eis versprochen, und da war ja auch schon die Eisdiele. Anfangs suchte sich Max noch mit dem Missmut-Gesicht sein Eis aus, doch sobald er den süßen Geschmack des Vanilleeises auf der Zunge spürte, verwandelte sich sein Gesicht wieder zurück zu Freude. Auch die übrige Körpersprache zog nach und hielt sich zum Glück bis zum Ende des Shopping-Tages.

Bei Kindern ist das sehr einfach. Anstelle des Eises hätte eine gute Geschichte oder der Gang zur benachbarten Zooabteilung mit den Kaninchen dasselbe bewirkt. Man kann Kinder recht schnell ablenken – sie lassen sich sofort auf das Neue ein. Und sobald sie ihre

Aufmerksamkeit wieder auf etwas Angenehmes gerichtet haben, folgt die übrige Stimmung nach. An der Körpersprache können Sie es überprüfen.

Doch manche Eltern wählen den harten Weg. Sie wollen ihr Kind überzeugen und beginnen eine ausführliche Diskussion darüber, warum die Legofigur jetzt nicht gekauft wird. Was passiert? Die Eltern führen das Kind immer tiefer ins Problem. Das limbische System nimmt immer stärker die Ablehnung und den (imaginierten) Verlust wahr. Aus der Mücke wird so ein Elefant. Das Kind ist noch enttäuschter, baut Widerstand gegen die Eltern auf und wird richtig sauer. So haben die Eltern für den restlichen Tag ein zorniges Kind dabei. Wie gesagt, es liegt an Ihnen und nicht an Ihrem Kind.

Was hat diese Geschichte mit dem Thema dieses Buchs und Ihrem Job zu tun? Eine ganze Menge. Denn Kunden oder Mitarbeiter reagieren genauso wie das geschilderte Kind. Auch deren limbisches System kennt nur wenige Grundstimmungen, die schnell an- und ausgeschaltet werden können. Wenn Sie also künftig den Wunsch einen Kunden nicht erfüllen können, dann verwenden Sie nicht allzu viel Zeit darauf, ihm zu erklären, warum es nicht klappt. Denn dann kann es passieren, dass Sie ihn immer tiefer in seinen schlechten Zustand führen. Schildern Sie ihm lieber, was sie ihm stattdessen bieten können oder wie Sie den Fehler beheben. Das wird seine Laune bessern und ihn zu einem guten Zustand zurückführen. An der Köpersprache können Sie sehen, wie erfolgreich Ihre Bemühungen sind.

Unser Expertentipp [i]
Verweilen Sie nur kurz bei negativen Themen. Sie lösen bei Menschen stets starke emotionale Reaktionen aus und vermindern die Denk- und Leistungsfähigkeit. Lenken Sie das Gespräch vielmehr schnell wieder zurück auf positive Themen. Nur in einer solchen Atmosphäre werden Sie gute Ergebnisse erzielen.

Eine Typenlehre

Anfangs haben wir Ihnen ja unsere drei Protagonisten Michael Rot, Anke Grün und Carsten Blau vorgestellt. Warum diese drei Personen? Die drei stehen für drei unterschiedliche Persönlichkeiten.

Dahinter steckt eine Typenlehre des Menschen mit sehr langer Tradition, die bis zu den alten Griechen und Aristoteles zurückreicht. Die moderne Typenlehre orientiert sich vor allem an Erkenntnissen der aktuellen Gehirnforschung. Basierend auf diesen Forschungsergebnissen haben Wissenschaftler in den letzten Jahren völlig neue Vorstellungen von unseren Antriebskräften und den Grundmustern unseres Verhaltens entwickelt.

Danach werden wir Menschen von drei zentralen Antriebskräften bewegt, die alle vom limbischen System gesteuert werden. Diese Antriebskräfte sind bei jedem Menschen unterschiedlich stark ausgeprägt und führen zu verschiedenen Grundtypen des Verhaltens. Diese Antriebskräfte haben großen Einfluss auch auf die individuelle Körpersprache. Für Sie hat das zwei Vorteile, wenn Sie Körpersprache deuten und lesen können:

• Zum einen erfahren Sie, welcher Grundtyp hinter Ihrem Gesprächspartner steckt und können sein Verhalten in anderen Bereichen und Situationen vorhersehen.

• Zum anderen können Sie die Körpersprache Ihres Gegenübers besser im Kontext bewerten und wundern sich dann zum Beispiel nicht, wenn Sie bei bestimmten Menschen selbst in extremen Situationen nur ganz schwache Körpersignale erhalten.

• Außerdem erfahren Sie, ob Sie es bei den einzelnen Typen mit (potenziell) guten Pokerspielern zu tun haben.

Bisher finden Sie die Verbindung zwischen Körpersprache und Verhaltenstypen noch in keinem der uns bekannten Körpersprachebücher oder -konzepte. Doch wir halten die sichtbaren Unterschiede der drei Typen für so deutlich, dass wir Ihnen diesen Aspekt gerne vorstellen möchten. Wir beziehen uns dabei auf die Darstellung der Typenlehre in „Think Limbic!" von Hans-Georg Häusel sowie auf ähnliche Modelle. Die hier vorgestellten Grundtypen sind natürlich von uns bewusst überzeichnet, damit Sie besser verstehen, was die unterschiedlichen Typen genau ausmacht und voneinander unterscheidet.

Anke Grün – der stimulanz- und gefühlsbetonte Typ

Für Anke Grün ist Stimulanz sehr wichtig. Sie sucht in ihrem Leben ständig Abwechslung, neue Anregungen und spannende Erlebnisse. Diese Eigenschaft ist eng verbunden mit einem ausgeprägten Gefühlsleben, das Anke Grün manchmal wie ein Tablett vor sich herträgt. Sie ist außerdem offen, neugierig, gesellig und teamorientiert. Wenn Sie Anke Grün näher kennen würden, könnten Sie ihre Gedanken und Gefühle problemlos an ihrer Mimik ablesen. Sie hat eine ausgeprägte und sehr unmittelbare Körpersprache.

Anke Grün kann sich kaum verstellen, Lügen fällt ihr sehr schwer. Sie sucht die Nähe zu anderen Menschen, legt Wert auf körperlichen Kontakt und Berührung auch bei fremden Personen und sucht sehr deutlich Anerkennung auch auf der körpersprachlichen Ebene. Mit gefühlsarmen Menschen tut sie sich schwer. Sie ist nahe am Wasser gebaut und bricht schon mal in eigentlich unverfänglichen Situationen in Tränen aus. Doch ihre Stimmung kann sich auch sehr schnell wieder zum Positiven wenden. Ihre herausragenden Eigenschaften sind die Suche nach neuen Reizen und das Umsetzen neuer Ideen. Sie sucht stets Abwechslung in ihrem Leben, ist offen für Neues und geht gerne auf fremde Menschen zu. Im Personalbereich ist sie genau richtig aufgehoben.

Ihre Schwäche ist mangelnde Durchsetzungsfähigkeit – zudem kann sie leicht manipuliert werden. Doch in der Realität sind Menschen, die in einer vergleichbaren Position wie Anke Grün zu finden sind, meist Mischtypen mit einem ausreichend hohen Anteil an Dominanz, um sich durchsetzen zu können. Dennoch überwiegen im Verhalten die gefühlsbetonten Anteile.

Anke Grüns Körpersprache und Mimik sind ausgeprägt, aktiv, weich und deutlich. Sie lässt ihre Umgebung gerne und ausführlich an ihrem Gefühlsleben teilhaben und verstellt sich kaum. Sie kann leicht gedeutet und gelesen werden, doch es macht ihr nichts aus. Bei ihr wissen Sie meist, woran Sie sind. Pokern wäre daher nicht die große Stärke von Anke Grün.

Unser Expertentipp im Umgang mit dem gefühlsbetonten Typ
Diesen Typ können Sie sehr leicht lesen und verstehen. Wenn Sie ihn für sich gewinnen möchten, sollten Sie auf seine Gefühlswelt einsteigen und Nähe zulassen. Im Job sind gefühlsbetonte Menschen wertvolle Ressourcen in allen zwischenmenschlichen Bereichen. So halten sie Teams zusammen und pflegen gute Kontakte zu jedermann. Oft sind sie die gute Seele des Büros. Doch meist fehlt ihnen die Entschlusskraft und Härte, um sich durchzusetzen, zu führen oder Karriere zu machen.

Michael Rot – der dominante Typ

Sie ahnen es schon, Michael Rot ist Chef. In seinem limbischen System hat sein Dominanzzentrum das Sagen. Michael Rot richtet einen Großteil seiner Aufmerksamkeit darauf, wie er seinen Status halten oder verbessern kann. In anderen dominanten Menschen sieht er schnell Konkurrenten. Seinen Status zeigt er gerne durch Statussymbole. Dazu gehört sein Porsche Cayenne, sein teuer eingerichtetes Chefzimmer, sein extravagantes Haus und seine aufwendigen Urlaube. Dominante Typen wie Michael Rot finden sich häufig in Führungspositionen. Er weiß, was er will, ist zielstrebig, setzt sich gerne durch, treibt Dinge voran und nimmt manchmal wenig Rücksicht auf andere Menschen.

In der Körpersprache fällt Michael Rot vor allem durch seine aktive Gestik aus, während in seinem Gesicht wenig zu beobachten ist. Seine Mimik bleibt häufig starr. Darin unterscheidet er sich deutlich von Anke Grün. Seine Gestik ist jedoch ausgreifend, häufig mit harten Bewegungen durchsetzt und energisch. Michael Rot hat einen zielstrebigen Gang, läuft schnell und erledigt Dinge rasch. Unter Druck verstärkt er seine Gestik und wird schnell laut. Besonders über die Stimme werden schnell Emotionen bei Michael Rot erkennbar. Sobald ihm Widerstand entgegengesetzt wird, neigt er zu dominanten und einschüchternden Gesten und greift auch mal an, natürlich vor allem verbal. Denn so weit hat er sich natürlich schon unter Kontrolle. Im Umgang mit Mitarbeitern will der dominante Typ Ergebnisse und interessiert sich nicht für weitschweifige Fakten und Analysen. Da kann er schnell ungeduldig werden. Das können Sie mühelos an der Körpersprache erkennen. Michael Rot fängt sofort an, mit seinem Smartphone zu spielen, seine E-Mails zu checken oder in seinen Papieren zu wühlen, wenn Sie ihn langweilen.

Unser Expertentipp im Umgang mit dem dominanten Typ

Seine Körpersprache können Sie relativ einfach deuten, wenn Sie sich auf die Gestik und die sonstige Körperhaltung konzentrieren. Auch die Stimme und der Tonfall sagen viel aus. Doch an der Mimik werden Sie nicht allzu viel erkennen. Beim dominanten Typ werden Sie vor allem dann etwas erreichen, wenn Sie selbst klar sind und Dinge auf den Punkt bringen. Fassen Sie sich kurz, beschränken Sie sich auf Ergebnisse, Schlussfolgerungen und auf das, was Sie unmittelbar erreichen möchten. Achten Sie auf Ihre eigene Körpersprache und seien Sie dabei zurückhaltend mit Dominanzgesten. Wenn Sie selbst zu dominant auftreten, riskieren Sie einen Machtkampf, der Ihren Gesprächsverlauf stören wird. Doch natürlich sollten Sie selbstsicher auftreten und wissen, was Sie wollen. Sonst werden Sie vom dominanten Typ nicht ernst genommen.

Carsten Blau – der balanceorientierte Typ

Mit Carsten Blau stellen wir Ihnen den dritten Typus vor, der zu unserer kurzen Typenlehre gehört. Auch er stellt wieder die extreme Ausprägung einer Persönlichkeit dar, die sich von den beiden anderen sehr grundlegend unterscheidet. Carsten Blau ist der ausbalancierte und analytische Typ.

Sein Streben ist darauf gerichtet, sein Leben stets in Balance zu halten. Risiken, Innovationen oder neue Erfahrungen braucht er nicht. Innovationen lehnt er häufig sogar ab. Damit verbunden ist seine Fähigkeit zur Analyse und zum Umgang mit Fakten. Carsten Blau kann große Datenmengen in seinem Kopf verarbeiten und sieht auch in unübersichtlichen Fakten sofort die Struktur und Ordnung. Das prädestiniert ihn für seinen Job als Controller. Er könnte auch in der Finanzbuchhaltung arbeiten oder in einer Rechtsabteilung. Auch als Ingenieur wäre er vielleicht erfolgreich geworden. In allem, was mit Zahlen, mit Fakten und mit Ordnung zu tun hat, liegen seine wahren Stärken.

Doch natürlich gibt es auch eine Kehrseite. Carsten Blau ist menschenscheu. Er ist kein Partygänger und lockerer Small-Talk stresst ihn. Daher kommt er früh in die Firma, drückt sich am Pförtner irgendwie vorbei und verschwindet schnell in seinem Büro. Dort in seiner geordneten Umgebung fühlt er sich sicher.

Alle Jobs, die mit Menschen zu tun haben, sollte er unbedingt vermeiden. Vertrieb, Marketing oder Personal läge ihm überhaupt nicht. Doch das muss er ja auch nicht machen, weil das zum Beispiel Anke Grün viel besser kann. Sie wiederum würde im Controlling sehr unglücklich werden und dort auch niemals gute Ergebnisse produzieren können.

Wie ist es nun um die Körpersprache von Carsten Blau bestellt? Wenn Sie an ihm lernen möchten, Körpersprache zu verstehen, haben Sie sich eine schwierige Aufgabe herausgesucht. Denn er setzt meist ein Pokerface auf und lässt sich nichts anmerken. Auch Gestik und

Körperhaltung lassen kaum Rückschlüsse auf sein Innenleben zu. Denn bei ihm bleibt vieles in den analytischen Zentren des Gehirns hängen und findet nur sehr kontrolliert einen Weg nach außen. Zum Glück nur fast. Denn auch bei Carsten Blau können Sie vieles erkennen. Doch Sie sollten nicht auf sein Gesicht schauen, sondern vor allem auf seine übrige Körpersprache achten: Die Haltung oder Stellung des Oberkörpers sowie der Beine und Füße geben sehr wohl Aufschluss über sein Innenleben.

Unser Expertentipp im Umgang mit dem ausbalancierten Typ
Seine Körpersprache können Sie nur schwer erkennen. Im Gesicht sehen Sie fast nichts und müssen wirklich nach sehr kleinen Zeichen suchen. Aufschlussreicher sind seine Körperhaltung und die Haltung im Gespräch. Auch die Beobachtung der Fußstellung hilft oftmals weiter. Gute Pokerspieler sind meist ausbalancierte Typen, weil nur diese es schaffen, sich auch ein perfektes Blatt nicht anmerken zu lassen. Im Umgang mit den ausbalancierten Typen sollten Sie vor allem auf das Bewährte setzen, neue Ideen nur langsam einbringen und vor allem viele Fakten und Details bieten. Hier fühlt sich der ausbalancierte Typ wohl. Wenn er zum Beispiel ein Kunde von Ihnen ist, wird er nur kaufen, wenn er das Produkt in allen Details verstanden hat und es seine gewohnten Abläufe nicht allzu sehr durcheinanderbringt.

So nutzen Sie Ihr Wissen über die Typenlehre

Wenn Sie die Menschen künftig genauer beobachten und nach und nach feststellen, wie Sie die oben geschilderten Typen erkennen, können Sie dieses Wissen auf verschiedene Weise nutzen:
- Die erste wichtige Information ist, dass Menschen je nach Typ, auch wenn sie in derselben Situation sind, unterschiedliche Körpersprache zeigen. Dieses Wissen hilft Ihnen, Menschen besser zu deuten. Wenn Sie also jemanden eine wirklich wichtige und positive Botschaft überbringen und dieser noch nicht einmal mit der Wimper zuckt, haben Sie vielleicht einen extrem ausbalancierten Typ vor sich sitzen. Denn sowohl der dominante rote als auch der stimulanzbetonte grüne Typ würde eine erkennbare Reaktion zeigen, auch wenn er die Botschaft als negativ empfinden würde. Achten Sie hier also auf die körpersprachlichen Feinheiten besonders unterhalb des Gesichts.
- Wenn Sie den Typus eines Menschen aufgrund der Körpersprache und anderer Verhaltensweisen, die wir oben bereits geschildert

haben, erkennen, können Sie diesen Menschen viel besser einschätzen. Sie wissen, wie er sich im Gespräch verhalten wird, welche Probleme Sie mit ihm vielleicht zu erwarten haben und wie Sie ihn ködern oder überzeugen können. Das ist ein unschätzbarer Vorteil im Umgang mit Menschen.

• Last, but not least können Sie mit diesem Schema auch sich selbst erkennen. Was für ein Typ sind Sie? Eher wie Frau Grün, wie Herr Rot oder wie Herr Blau? Seien Sie hier gleich beruhigt: Sie sind in Ordnung, so wie Sie sind. Jeder Typus hat Stärken und Schwächen, hat liebenswerte und kritische Seiten. Es gibt keine guten oder schlechten Verhaltensweisen. Doch entscheidend aus unserer Sicht ist, dass Sie Ihr Potenzial im Job und auch im privaten Bereich ausleben. Wenn Ihnen die dominante Ader fehlt, sollten Sie sich überlegen, wie weit Sie in Ihrer Karriere wirklich gehen möchten. Denn irgendwann geht Ihnen sonst unter lauter Dominanten die Puste aus. Wenn Sie nicht von Natur aus gerne auf Menschen zugehen, dann sollten Sie nicht im Vertrieb arbeiten. Das bringt niemandem etwas. Und wenn Ihnen die ausbalanciert-strukturierte Sicht auf die Dinge fehlt, sollten Sie sich von allen Jobs fernhalten, die diese Eigenschaften erfordern. Leider arbeiten nach unserer Erfahrung immer noch viel zu viele Menschen in Bereichen, die ihren Verhaltensweisen nicht entsprechen, und werden dort auf Dauer unzufrieden und unglücklich.

Abschließend möchten wir noch auf die Mischtypen eingehen. Viele Menschen entsprechen nicht dem Modelltyp von Anke Grün, Michael Rot oder Carsten Blau. Sie sind Mischtypen, bei denen zwei oder manchmal auch alle drei der genannten Typen und ihren Verhaltensweisen sehr nahe beieinander liegen. Wie gehen Sie damit um?

Erstens: Auch Mischtypen zeigen meist eine maßgebliche Eigenschaft, doch sie können sehr schnell zur zweiten wechseln. Ein dominant-gefühlsbetonter Typ wird Sie im Erstgespräch sehr herzlich begrüßen, Small-Talk über Urlaub und Familie machen, doch dann sehr rasch auf das Thema des Treffens kommen und Sie auch im weiteren Gespräch führen. Doch seine Schwäche ist vielleicht der strukturierte Part. Bei Zahlen und Fakten wird er schnell gestresst sein. In der Körpersprache werden Sie wahrscheinlich zuerst die Zeichen von Frau Grün entdecken, die aus verbindlichen Gesten und einer offenen Körperhaltung bestehen. Doch sobald Sie Ihrem Gesprächspartner Widerstand entgegensetzen, wird er auf dominant schalten und Ihrem Widerstand mit Dominanzgesten begegnen. Er wird sich im Stuhl aufrichten, um größer zu erscheinen, sich nach vorne beugen und damit seine Präsenz erhöhen. Seine Körperspannung wird zunehmen, sein Blick herausfordernder werden. Wenn Sie beide stehen, wird er sich breitbeiniger hinstellen und sich aufrichten.

Erkennen Sie die Verhaltenstypen

Nehmen Sie Ihr Blatt Papier aus der eingangs gestellten Übung, bei der Sie verschiedene Personen beschreiben sollten. Ordnen Sie diese jetzt einem der drei Typen zu, die wir hier geschildert haben. Vielleicht finden Sie auch zwei Eigenschaften, die das Verhalten dominieren. Wenn Sie eine ausreichend große Anzahl von Personen beobachtet haben, werden Sie höchstwahrscheinlich feststellen, dass zwei oder drei von ihnen ganz deutlich einem der hier geschilderten Typen entsprechen. Die übrigen stellen vermutlich Mischtypen dar, die sich Ihnen nicht so leicht erschließen. Das ist ganz normal. Wenn Sie nun in Zukunft Menschen weiter beobachten, werden Sie feststellen, dass Sie bei immer mehr Menschen die Hauptantriebskraft feststellen können.

Wenn Ihr Gegenüber jedoch nur gefühlsbetont ist mit einer schwachen Ausprägung seiner Dominanz, wird er auch körpersprachlich nachgeben. Er macht sich kleiner, weicht zurück, legt den Kopf schief, die verbindlichen Gesten nehmen zu. Jetzt dominieren Sie. Diese Beobachtung ist für Ihre weitere Gesprächsführung sehr wichtig. Wenn Sie beim dominanten Typ die Situation weiter eskalieren lassen, geht das Gespräch vielleicht schief, weil Sie in einen Konflikt steuern. Und wenn Sie den gefühlsbetonten Typ zu sehr dominieren, kann es sein, dass er irgendwann flüchtet und das Gespräch abbricht.

Diese Unterschiede können Sie auch bei Mischtypen feststellen und Ihre eigene Gesprächsführung danach ausrichten.

Zweitens: Lernen können Sie vor allem an Menschen mit extremer Ausprägung eines der Typen. Sie erkennen sie auch als Einsteiger in die Körpersprache sehr leicht – sie zu beobachten hilft Ihnen, die typischen Merkmale zu erkennen und zu deuten. Testen Sie solche Menschen ruhig auch mal etwas aus. Setzen Sie einen dominanten, einen gefühlsbetonten und einen ausbalancierten Typ einfach etwas unter Druck und beobachten Sie genau, was passiert. Das ist sehr aufschlussreich. Doch tun Sie das lieber im Bekannten- und Kollegenkreis als in einem Kundengespräch, wenn Sie noch üben.

Eigenschaften sind wertfrei!

Die typischen Eigenschaften der hier vorgestellten Verhaltenstypen sind weder gut noch schlecht. Sie beinhalten für den Träger sowohl Stärken als auch Schwächen. Daher sollte man einen „Typ" keinesfalls abwerten. Erfahrungsgemäß bekommen Menschen jedoch schnell Probleme mit Menschen, die dem Gegenteil des eigenen Verhaltenstyps entsprechen. So lehnt ein Blauer eher einen Roten oder Grünen ab als einen anderen Blauen. Und ein Grüner tut sich sowohl mit einem Roten als auch mit einem Blauen schwerer als mit einem anderen Grünen. Daher ist es wichtig, die Andersartigkeit des anderen anzuerkennen und die wirklichen Stärken eines Menschen mit einem abweichenden Profil zu erkennen und zu schätzen. Denn gerade Hochleistungsteams sind nur erfolgreich, wenn alle Eigenschaften – Farben – vertreten sind und gut kooperieren können. Mit unseren Ausführungen wollen wir Sie dabei unterstützen, diese Andersartigkeit zu erkennen und vor allem zu verstehen. Gleichzeitig möchten wir Sie dazu ermuntern, sich in Zukunft bewusst mit Menschen anderer Verhaltensmuster auseinanderzusetzen und diese zu schätzen. Denn wir stellen immer wieder fest, dass viele Konflikte im Büro gerade aus diesem Unverständnis heraus entstehen. Und das muss nicht sein.

Der Check: Welcher Typ bin ich?

Mit der folgenden Analyse können Sie herausfinden, welchem der drei genannten Verhaltenstypen Sie entsprechen. Diese Analyse ist einfach gehalten und gibt Ihnen erste Hinweise auf Ihr vorherrschendes Muster. Das Ergebnis können Sie überprüfen, indem Sie Ihr Verhalten in Zukunft genauer beobachten.

Um Ihren Typ herauszufinden, entscheiden Sie bei den nachfolgenden Aussagen einfach, wie sehr diese auf Sie zutrifft. Tragen Sie in die Tabelle jeweils ein, ob die Aussage für Sie zutrifft oder nicht. Dabei gelten die folgenden Werte:

5 = Stimmt absolut.

4 = Stimmt bedingt

3 = Trifft nur gelegentlich zu

2 = Trifft selten zu

1 = Trifft nie zu

Fragenblock A	Ihre Bewertung
Ich komme mit fremden Menschen schnell ins Gespräch.	3
Mir ist wichtig, dass es Menschen in meinem Umfeld gut geht.	4
Ich liebe riskante Sportarten und würde gerne mal Bungee-Jumping ausprobieren.	3
Wenn mich ein Buch langweilt, lege ich es recht schnell weg.	5
Ich probiere gerne neue Speisen oder neue Restaurants aus.	2
Im Urlaub mache ich lieber eine Erlebnisreise als vier Wochen am Strand zu liegen.	4
Ich ertappe mich immer wieder dabei, dass ich im Gespräch mit Menschen schnell mal die Zeit vergesse und dabei auch über Unwichtiges rede.	2
Ich muss mindestens einmal die Woche abends weg und etwas erleben.	2
Mein Freundeskreis wechselt häufig. Ich integriere immer wieder neue Menschen darin.	1
Ich trage schon mal ein unkonventionelles Outfit oder eine ausgefallene Frisur.	1
Ihre Summe	27

Fragenblock B	Ihre Bewertung
Wenn ich ein Ziel erreicht habe, treibt es mich sofort weiter.	4
Sport ist mir wichtig. Im Fitnessstudio oder im Verein habe ich den Ehrgeiz, mehr als die anderen zu machen oder besser zu sein.	4
Wenn ich ein Ziel vor Augen habe, marschiere ich los. Ob die anderen mitziehen, interessiert mich wenig.	3
Im Meeting oder in Gesprächen langweilen mich Menschen, die nicht auf den Punkt kommen. Ich brauche vor allem Fakten und Schlussfolgerungen.	3
Bei Fachartikeln lese ich meist nur die Zusammenfassung.	4
Ich zeige gerne, was ich erreicht habe. Auto, Büro oder Urlaub müssen etwas hermachen.	2
Wenn mich ein einflussreicher Freund für eine Woche zusammen mit anderen wichtigen Leuten auf seine Jacht einladen würde, käme ich sofort mit.	3
Wenn mir jemand Konkurrenz macht oder mich herausfordert, drehe ich erst so richtig voll auf.	5
Ich finde es gut, wenn ein Topmanager in einem großen Unternehmen fünf Millionen Euro Jahresgehalt bekommt.	2
Ich fahre oft zu schnell Auto.	5
Ihre Summe	35

Fragenblock C	Ihre Bewertung
Ordnung und Übersicht sind mir sehr wichtig.	4
Wenn ich einen Text von Kollegen Korrektur lese, fallen mir vor allem Komma- und Rechtschreibfehler auf.	3
Gruppen unbekannter Menschen verursachen Unbehagen in mir.	̶3̶ 4
Im Urlaub fahre ich am liebsten an Stellen, die ich schon kenne.	2
Ich nehme Vorsorgeuntersuchungen aller Art sehr ernst.	1
Mir fällt es leicht, in komplexen Sachverhalten eine Struktur zu erkennen.	3
Mit Projekten werde ich oft nicht fertig, weil ich das Gefühl habe, dass das Ergebnis noch nicht perfekt ist.	3
Menschen, die starke Gefühlsregungen zeigen, stressen mich.	2
Konflikten gehe ich am liebsten aus dem Weg.	3
Meine Tagesabläufe sind gut strukturiert und weitgehend gleich.	4
Ihre Summe	29

So werten Sie Ihre Analyse aus:

1. Zählen Sie für jeden Fragenblock alle Punkte zusammen. Für A. B und C ergibt sich die Stärke Ihrer Ausprägung aus dem folgenden Schema:

> 35–50 Punkte = hohe Ausprägung
> 21–35 Punkte = mittlere Ausprägung
> 10–20 Punkte = geringe Ausprägung

2. Tragen Sie Ihr Ergebnis jetzt in das folgende Schema ein, zum Beispiel:

Hoch	x	X	
Mittel	X	x	X
Niedrig			x
	A	B	C

3. Aus diesem Schema können Sie nun ersehen, zu welchem Verhaltenstyp Sie tendieren. A steht dabei für Grün, B für Rot und C für Blau. Natürlich ist das nur ein einfacher Test. Für eine genaue Analyse arbeiten wir normalerweise mit einem fundierten und praxiserprobten Persönlichkeitstest, der ein genaues Ergebnis ergibt.

Viele Menschen sind Mischtypen, bei denen auch zwei oder gar drei Farben im mittleren oder auch hohen Bereich angesiedelt sein können. Diese Mischtypen sind meist gute Allrounder, die vieles können, doch in keinem Bereich eine Spitzenleistung erbringen. Menschen, bei denen hingegen eine Eigenschaft deutlich dominiert, besitzen hier eine eindeutige Begabung, während sie in den übrigen Farbbereichen nicht über herausragenden Fähigkeiten verfügen. Diese Bereiche sollten Sie im Job daher lieber meiden.

Eine ausführliche Persönlichkeitsanalyse ist natürlich noch um einiges komplexer und sollte nur zusammen mit einem darauf spezialisierten Coach vorgenommen werden. Dieser kann auch die verschiedenen Wechselwirkungen zwischen den Farbverteilungen erläutern.

3. Was Körpersprache wirklich bedeutet

Wenn Sie einen Menschen zum ersten Mal treffen, gibt es den berühmten ersten Eindruck. Eingangs haben wir bereits erzählt, was im Unternehmen von Michael Rot morgens alles passiert, wenn Besucher eintreffen und sich begrüßen.

Der erste Eindruck ist ganz entscheidend. Denn wie wir oben geschildert haben, scannen wir einen fremden Menschen innerhalb weniger Sekunden und bilden uns eine Meinung über ihn. Ursprünglich entwickelten unsere Vorfahren diesen Mechanismus als ein Freund-Feind-Erkennungssystem. Genauso wie militärische Radaranlagen bei einem Flugzeug erkennen, ob es dem Feind gehört oder ein eigenes ist, wollen wir herausfinden, ob uns unser Gegenüber freundlich oder feindlich gesinnt ist. Das war in früheren Zeiten einmal überlebenswichtig. Doch wir können noch viel mehr: Wir bewerten Dutzende kleiner Zeichen, vergleichen sie mit abgespeicherten Sinneseindrücken und erhalten so von unserem Gehirn eine schnelle Rückmeldung. Ist das Gegenüber nett und harmlos, entspannen wir uns, ist es undurchsichtig oder wirkt es gefährlich, spannen wir uns an und werden vorsichtig.

Diese Prozesse laufen alle unbewusst ab. Falls eine Warnung kommt, schickt Sie uns das limbische System. Doch häufig ignorieren wir diese Warnung, weil unser Großhirn inzwischen eine eigene Analyse vorgenommen hat. Es achtet nicht auf die Hinweise, die uns seit der Steinzeit oder länger am Leben gehalten haben, sondern bewertet zum Beispiel die Worte des Gegenübers höher als die übrigen Sinneseindrücke. Allerdings ist das Großhirn relativ leicht durch Lügen zu täuschen. Dem können Sie entgehen, wenn Sie wieder lernen, auf Ihr limbisches System zu achten. Man nennt das auch „Bauchgefühl". Der Begriff stammt daher, weil Ihr unbewusstes Informationssystem nicht mit Ihnen reden kann, sondern Ihnen nur Gefühle schickt. Bauchweh zum Beispiel. Oder ein komisches Gefühl in der Magengegend. Meist ziehen sich bei Gefahr die Bauchmuskeln zusammen, weil sie die Eingeweide schützen wollen. Das spüren wir dann. Bei sehr großer Gefahr hält es ihr Unterbewusstes für sinnvoller, wenn Sie einem Feind möglichst unbelastet gegenübertreten. Die Folge ist dann vielleicht, dass Sie vor einem extrem unangenehmen Gespräch noch mal schnell auf die Toilette müssen. Auch das ist Körpersprache. Bauchgefühl eben.

Hören Sie auf Ihr Bauchgefühl! Um es zu verstehen, können Sie Ihre Analysefähigkeit gerne wieder nutzen. Dazu erläutern wir Ihnen in den nachfolgenden Abschnitten, was die einzelnen körpersprachlichen Zeichen genau bedeuten.

Nutzen Sie Ihre Intuition

Intuition sind einfach nur Informationen aus Ihrem Gehirn, die über Ihre unbewussten Gehirnteile aufgenommen, verarbeitet und bewertet werden. Ihre Intuition ist um einiges leistungsfähiger als Ihr bewusster Gehirnteil. Untersuchungen haben gezeigt, dass Menschen, die ihm uneingeschränkt vertrauen, selbst bei geschäftlichen Entscheidungen erfolgreicher sind als Menschen, die alles nur rational lösen. Um Ihrer Intuition wieder zu vertrauen, sollten Sie in drei Schritten vorgehen:

1. Werden Sie hellhörig, welche Signale Ihnen Ihr Unterbewusstsein zum Beispiel bei unbekannten Menschen schickt. Die meisten Menschen überhören sie nämlich.

2. Analysieren Sie Ihr Bauchgefühl. Versuchen Sie herauszufinden, warum Ihr limbisches System Sie warnt. Alle Zeichen können Sie auch mit Ihrem Bewusstsein wahrnehmen und bewerten.

3. Wenn Sie die Entscheidungen Ihres Unterbewussten immer wieder überprüft haben und für nachvollziehbar und richtig halten, sollten Sie sich angewöhnen, Ihrem Unterbewussten blind zu vertrauen. Es zahlt sich aus.

Häufig werden wir gefragt, ob der erste Eindruck feststeht oder noch verändert werden kann. Der erste Eindruck besteht aus zwei Aspekten:

Zuerst checken Sie die grundlegenden Charaktereigenschaften eines Menschen ab. Ist er vertrauenswürdig oder nicht? Ist er uns sympathisch oder nicht? Wirkt er bedrohlich oder nicht? Diese Eindrücke stehen nach den ersten Sekunden fest. Sie werden sich bei der Person auch nicht mehr ändern und bleiben daher bestehen. Hier arbeitet das limbische System sehr präzise.

Allerdings ist es wichtig, dass Sie mindestens drei eindeutige Signale erhalten haben, die Sie einer Ihnen bekannten Zeichenfolge zuordnen können, um Ihr Gegenüber vollständig einzuschätzen. Wenn die Zeichen widersprüchlich sind oder die Zeichenfolge nicht in sich schlüssig ist, sind Sie irritiert. Doch in diesem Fall sendet Ihnen Ihr Unterbewusstsein eine Warnung, und Sie werden diesen Menschen so lange aufmerksam beobachten, bis Sie sich eine umfassende Meinung gebildet haben.

Menschen, die Betrügern oder Hochstapler aufgesessen sind, hatten beim ersten Kontakt häufig ein merkwürdiges Gefühl. Doch sie haben dem nicht nachgegeben, weil die Person „so nette Sachen gesagt hat" oder „einen so schicken Anzug getragen hat". Das limbische System lässt sich durch Kleidung oder Worte nicht austricksen.

Der zweite Aspekt besteht aus weiteren Eindrücken: Kleidung, Ausdruck, Manieren, Inhalte bei der Begrüßung beeinflussen uns natürlich dennoch. Diese Faktoren bilden quasi die zweite Welle des ersten Eindruckes. Sie wirken sowohl im bewussten als im unbewussten Teil des Gehirns. Diesen Eindruck können wir sehr wohl wieder ändern, wenn wir die Person ein zweites Mal in einer anderen Umgebung treffen oder im Verlauf der Zeit besser kennenlernen. Dann schärft sich unser Eindruck und wir bekommen ein immer besseres Bild von der Person. Doch in der Regel wird es nicht wesentlich vom ersten Eindruck abweichen.

Aus diesem Grund sollten Sie natürlich immer den bestmöglichen Eindruck bei einem Erstkontakt hinterlassen und hierbei sehr auf Kleidung, Manieren, Ihr Äußeres und Ihre Worte achten.

Der Händedruck

Wenn wir Menschen kennenlernen, schütteln wir Ihnen die Hand. Das ist unser wichtigstes Begrüßungsritual und stellt auch gleich den ersten körperlichen Kontakt zum Gegenüber her. Auf diese Weise haben Sie die einmalige Gelegenheit, gleich eine ganze Menge über Ihr Gegenüber zur erfahren.

Wie das, werden Sie fragen? Was soll ich aus dem Händedruck denn erfahren können? Eine ganze Menge, können wir Ihnen versichern. Nutzen Sie diese Chance, Ihren neuen Kontakt im wahrsten Sinne des Wortes zu begreifen, bevor Sie ihn näher kennenlernen. Vielleicht können Sie damit sogar der einen oder anderen Gesprächsfalle gleich zu Beginn entkommen.

Was sagt ein Händedruck aus?

Dazu erst einmal eine Frage: Sie kennen bestimmt den Händedruck, der sich wie ein toter Fisch anfühlt? Kalt, vielleicht auch noch feucht bis nass, schlapp und ohne Kraft. Wie geht es Ihnen, wenn Sie so eine Hand schütteln müssen? Wahrscheinlich schütteln Sie sich schon alleine beim Leser dieser Zeilen vor Schreck. Nicht anders ergeht es Ihnen, wenn Ihnen das in echt passiert. Sie werden mit diesem Menschen wohl nur schwer warm werden. Auf einer Party werden Sie ihn links liegen lassen und im Geschäftsleben nehmen Sie ihn vielleicht nicht ernst. Dieser Eindruck entsteht aus einem vielleicht zwei Sekunden dauerndem Handkontakt.

Auch das Gegenteil kann Ihnen passieren. Sie treffen auf einen Menschen, der Ihnen beim Händedruck fast die Hand zerquetscht. Was löst das bei Ihnen aus? Entweder lassen Sie sich einschüchtern oder Sie halten dagegen. Menschen, die sich davon einschüchtern lassen, geben ihrem unbewussten Duckreflex aus dem limbischen System nach, weil sie Angst vor dem Gegenüber haben. Andere Menschen aktivieren ihre Dominanzstruktur und schalten auf Angriff. Sie werden dieser Person im weiteren Gespräch aggressiv begegnen, um sich nicht unterbuttern zu lassen. Beide Verhaltensweisen sind ungünstig, wenn sie das spätere Gespräch belasten.

Wie Sie sehen können, lohnt es also auf jeden Fall, sich den Händedruck näher anzusehen. Zum einen erfährt man damit sehr viel über einen unbekannten Menschen, zum anderen bewahrt es einen selbst davor, sich beim Erstkontakt mit anderen Menschen durch einen ungünstigen Händedruck Nachteile zu verschaffen.

Die folgenden Varianten im Händedruck lassen sich beobachten:

Am ausgestreckten Arm verhungern lassen

Die ersten Informationen erhalten wir aus der Armhaltung. Wenn Ihnen ein Mensch die Hand gibt und dabei den Arm lang ausstreckt, hält er Sie damit auf Distanz. In diesem Fall können Sie davon ausgehen, dass auch Ihr spontanes gegenseitiges Gefühl erst einmal distanziert sein wird. Wenn Sie jemand so begrüßt, tut er das unbewusst. Irgendetwas stört die Person an Ihnen, und darauf reagiert sie. Oder es handelt sich um einen Menschen, der grundsätzlich erst einmal Distanz benötigt. Er will die Situation zuerst analysieren, bevor er sich auf etwas einlässt.

Abb. 8: Wer die Hand mit dem ausgestreckten Arm so gibt wie auf dem Foto (rechts), der signalisiert Distanz. Lassen Sie einem solchem Gesprächspartner im Gespräch viel Raum, sonst wird er sich noch mehr zurückziehen.

Wenn Ihnen das passiert, dann achten Sie vor allem darauf, wie der Händedruck nach dem Gespräch ausfällt. Wenn der Arm immer noch ausgestreckt ist, ist auch die Distanz geblieben. Wenn es ein Kunde war, wird er vermutlich nicht kaufen. Doch wenn die Person beim Abschieds den Arm anwinkelt und Sie näher an sich heran lässt, haben Sie die Person „geknackt" und für sich gewonnen.

Diese Regel können Sie natürlich auch auf Ihr nächstes Date übertragen. Wenn Ihnen Ihr Traumprinz oder Ihre Traumprinzessin beim Abschied die Hand am langen Arm gibt, wird es Sie jetzt hoffentlich nicht schmerzen, wenn wir Ihnen sagen müssen, dass Sie nicht landen konnten und die Sache lieber abhaken sollten.

Unser Expertentipp

Wenn Ihnen ein Geschäftspartner oder Kunde die Hand mit ausgestrecktem Arm gibt, sollten Sie dieses Gespräch sehr behutsam angehen. Lassen Sie Ihrem Gesprächspartner viel Freiraum, zwingen Sie ihn zu nichts und gehen Sie äußerst behutsam vor. Beobachten Sie im Gespräch die weitere Entwicklung der Körpersprache und achten Sie vor allem auf Zeichen von Nähe. Sobald diese auftreten, können Sie zur Sache kommen. Vorher nicht. Spannend ist in diesem Zusammenhang auch, wie zum Beispiel ein Kollege von Ihnen begrüßt wird. Fällt die Begrüßung hier weniger distanziert aus, liegt es vielleicht an

Ihnen, und Sie sollten es dem Kollegen überlassen, mit dem Kunden warm zu werden. Reagiert der Kunde auf Sie beide mit Distanz, so ist es ein distanzierter Mensch, der seine Zeit braucht, um sich auf Sie einzustellen.

Nähe pur

Das Gegenteil vom distanzierten Typ ist der joviale Gesprächspartner, der Sie mit seinem Händedruck gleich so richtig an sich heranzieht. Der Arm ist dabei angewinkelt, der Oberarm liegt am Körper an. Solche Menschen vertrauen Ihnen von Anfang an, das limbische System hat überhaupt keine Einwände und Sie können gleich zur Sache kommen. Die Gefahr ist hier natürlich, dass Ihnen diese Offenheit zu vertraut ist, weil Sie selbst mehr Distanz brauchen. Doch wenn Sie sich darauf einlassen können, werden Sie mit solchen Menschen vermutlich keine Probleme auf der Beziehungsebene bekommen.

Abb. 9: Hier begrüßen sich zwei Menschen, die Nähe suchen. Das Gespräch kann ohne großen Vorlauf beginnen, wichtige Themen können sofort angeschnitten werden.

Unser Expertentipp

Wenn Sie selbst offen sind und Ihrem Gegenüber ebenfalls vertrauen, ist alles in Ordnung. Doch wenn Sie selbst das Gefühl haben, mehr Abstand zu benötigen, sollten Sie dabei sehr behutsam vorgehen. Denn wenn Sie auf Abstand wertlegen, bekommt Ihr Gesprächspartner das (unbewusst) mit. Er wird vielleicht ebenfalls auf Abstand gehen und im Gespräch entsteht Distanz. Das zweite Problem bei solchen Gesprächspartner besteht unter Umständen darin, dass solche Personen vielleicht gleich viel von Ihnen verlangen, da sie ja von einer vertrauensvollen Atmosphäre zwischen Ihnen ausgehen. Passen Sie also auf, dass Sie sich nicht zu vorschnellen Zugeständnissen hinreißen lassen, sondern Ihren eigenen Standpunkt gut im Auge behalten.

Die hohle Hand

Manchmal geben Sie einem Menschen die Hand und spüren einen Zwischenraum zwischen den Handflächen. Die Handfläche ist gerundet. Diese Geste bedeutet, dass Ihr Gegenüber Informationen zurückhält oder sich nicht auf Sie einlassen möchte. Durch seine Handhaltung signalisiert er, dass er die Berührung (= Emotion) mit Ihnen auf ein Minimum reduzieren will.

Unser Expertentipp
Gehen Sie mit Menschen vorsichtig um, die Ihnen die Hand auf diese Weise geben. Halten Sie sich vor allem mit vertraulichen Informationen zurück, bis Sie ganz genau wissen, woran Sie sind.

Die unterordnende Hand

Kennen Sie den Händedruck, bei denen Ihr Gegenüber die Hand so dreht, dass die Handinnenfläche schräg oder ganz nach oben zeigt? Dieser Mensch akzeptiert Sie als sein Alphamännchen oder -weibchen! Wirklich! Die Lage der Handfläche signalisiert sehr deutlich, wer im Gespräch dominiert und wer eher dominiert werden will. Manchmal können Sie auch noch beobachten, dass die Person außerdem die Augen nach unten abwendet, wenn Sie dieser direkt in die Augen schauen.

Das bedeutet nicht unbedingt, dass diese Person insgesamt schwach ist. Diese Variante des Händedrucks ist immer situationsbezogen und kann beim nächsten Menschen schon wieder anders sein. Doch im aktuellen Moment hat sie Gültigkeit und Sie können Ihre Schlüsse daraus ziehen.

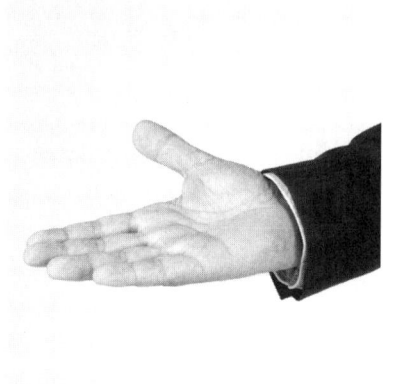

*Abb. 10: Wer die Hand auf diese Weise gibt,
signalisiert damit, dass er sich dem Partner
unterordnen wird.*

Unser Expertentipp

Wenn Ihnen eine Person auf diese Weise die Führung anbietet, sollten Sie das zumindest im geschäftlichen Kontakt nutzen. Übernehmen Sie in diesem Gespräch die Führung. Wenn es zum Beispiel ein Kunde ist, will er von Ihnen durch den Verkaufsprozess geführt werden. Er will überredet oder überzeugt werden. Manchmal wollen solche Menschen auch hören, was sie tun sollen. Übernehmen Sie diese Führungsrolle nicht, sondern wollen Sie sie zurückgeben, wird das Gespräch wahrscheinlich erschwert oder es wird gar misslingen. Doch natürlich können Sie mit dieser Person nicht alles machen, was Sie wollen. Gehen Sie also mit der Führung behutsam um und achten Sie darauf, dass Sie nirgends einen Widerstand hervorrufen, weil Sie unpassende oder unerfüllbare Forderungen vorbringen.

Der dominante Händedruck

Natürlich gibt es auch das Gegenteil des unterordnenden Händedrucks. Klar, wer sich unterordnet, fordert sowieso heraus, dass der andere die Hand ebenfalls dreht, und zwar mit der Handfläche nach unten. Er zwingt den anderen damit praktisch in die dominante Haltung.

Doch manche Zeitgenossen reichen Ihnen die Hand gleich auf diese Weise. Der Handrücken zeigt nach oben, der oder die Betreffenden greift sich Ihre Hand, dreht diese so um, dass Ihre Hand unten liegt und drückt die Hand bei der Begrüßung gleich noch ein bisschen weiter nach unten. Das sind starke Signale für Ihr Unterbewusstsein. Hier meldet jemand schon bei der Begrüßung seine Dominanz und seinen Willen zur Führung an. Dieser Mensch wird es Ihnen im kommenden Gespräch nicht leicht machen. Häufig ist diese Handhaltung zudem mit einem kräftigen und manchmal sogar schmerzhaften Händedruck verbunden. Auch damit signalisiert diese Person ihre Dominanz.

Abb. 11: Die linke Person hält beim Handschlag den Handrücken nach oben und zwingt die rechte Person dazu, sich ihr unterzuordnen.

Dieser Händedruck ruft zwei mögliche Reaktionen hervor: Die meisten Gesprächspartner werden sich der Dominanz beugen und eingeschüchtert sein. Denn das Unterbewusstsein checkt in Sekundenbruchteilen ab, ob eine Auseinandersetzung erfolgreich sein wird oder nicht. Da es nur wenige von Natur aus dominante Menschen gibt, „gewinnen" diese die Begrüßung meistens. Sind Sie jedoch selbst dominant veranlagt, werden Sie wahrscheinlich den Kampf aufnehmen und sofort beginnen, den anderen herauszufordern. Das fängt mit einem selbstbewussten Blick in die Augen des anderen an und setzt sich meist in verschiedenen Machtdemonstrationen und Machtspielchen im Laufe des weiteren Gesprächs fort. Bei fast allen Menschen läuft dieser Prozess dabei völlig unbewusst ab. Sie merken wirklich nicht, dass Sie unter Umständen gerade auf eine Konfrontation im Gespräch hinsteuern.

Was tun bei einem dominanten Händedruck? Die Botschaft hinter diesem Händedruck ist unmissverständlich. Hier will jemand führen und sich durchsetzen. Die Frage ist jetzt, wie Sie damit umgehen.

Verbessern Sie Ihren Händedruck

Achten Sie in Zukunft ganz bewusst auf Ihren Händedruck. Sammeln Sie kurz Ihre Gedanken, bevor Sie jemanden begrüßen, gehen Sie dann zielsicher auf ihn zu, drücken Sie seine Hand kurz und fest, schauen Sie der Person dabei in die Augen und lächeln Sie. Machen Sie das drei Tage ganz bewusst. Sie werden schnell feststellen, dass sich Ihr Gefühl für den Händedruck stark verbessern wird.

Sie haben mehrere Möglichkeiten, darauf zu reagieren. Wenn es ein wichtiges Gespräch ist, bei dem Sie unbedingt die Oberhand behalten wollen, zum Beispiel ein Mitarbeiter- oder Konfliktgespräch, bei dem Sie die Führungskraft sind, sollten Sie möglichst sofort klarmachen, dass Sie in puncto Dominanz mitreden können. Wenn Sie die Geistesgegenwart besitzen, können Sie zum Beispiel bereits bei der Begrüßung die Hand Ihres Gegenübers wieder gerade drehen, sodass beide Handflächen parallel sind. Dann stellen Sie Gleichheit her. Diese Botschaft kommt meist auch an oder setzt zumindest ein unbewusstes Signal. Oder Sie übernehmen im folgenden Gespräch sofort die Gesprächsführung und geben diese nicht wieder ab. Natürlich wird das nur funktionieren, wenn Sie auch über die mentale Stärke verfügen, um der Dominanz Ihres Gegenübers etwas entgegenzusetzen.

Die zweite Variante besteht darin, dass Sie erst einmal gar nichts tun, die Dinge laufen lassen, gut beobachten und nur gegensteuern, um Ihre eigenen Interessen zu wahren. Nicht jeder, der sich dominant verhält, ist ja gleichzeitig ein geschickter Verhandler und vielleicht ist das Verhalten des anderen überhaupt kein Nachteil für Sie. Insbesondere in Fällen, in denen es nicht unbedingt auf Ihre Dominanz ankommt, sollten Sie diese Variante wählen. Wenn Sie dann für den Hinterkopf abgespeichert haben, wie der andere tickt, ist das vielleicht ausreichend.

Die dritte Variante besteht daran, dass Sie sich darauf einlassen. Wenn der andere Ihr Chef ist, sollten Sie zum Beispiel nicht versuchen, diesen zu dominieren. Selbst wenn Ihnen das gelänge, würde es ihr Verhältnis nachhaltig stören und Sie bekämen mit diesem

Chef schnell Probleme. Prüfen Sie also, ob Sie vielleicht damit auch gut leben können. Viele Menschen sind ja zudem auch froh, wenn Sie jemanden im Umfeld haben, der freiwillig die Führung übernimmt.

Kritisch wird es im Vertrieb. Wenn der Kunde dominant ist, benötigen Sie als Verkäufer viel Fingerspitzengefühl, um diesen Kunden dennoch zu führen. Doch versuchen Sie bitte niemals, einen solchen Kunden selbst zu dominieren, das wird misslingen. Das Erfolgsrezept besteht vielmehr darin, diesen Kunden selbst den Takt vorgeben zu lassen. Dominante Kunden benötigen meist nicht sehr lange für Entscheidungen und kommen schnell auf den Punkt. Das können Sie gut nutzen, indem Sie dem Kunden vor allem entscheidungsrelevante Fakten anbieten.

Wenn Sie als Vertriebler jemand sind, der seine Kunden schnell dominiert, ist das nicht unbedingt ein Vorteil. Wenn sich der Kunde freiwillig unterordnet, werden Sie davon vielleicht profitieren, weil Sie den Kunden gut führen können. Doch das Risiko besteht darin, dass Sie den Kunden schnell abschrecken. Er wird Sie vielleicht als zu forsch wahrnehmen und sich nicht auf das Verkaufsgespräch einlassen. Daher können wir hier nur empfehlen, darauf zu achten, auf Dominanzgesten im Verkaufsgespräch zu verzichten.

Der Kraftprotz

Manchmal kann ein Händedruck richtig schmerzen. Es gibt Menschen, die vor Kraft offensichtlich nicht anders können und deren Händedruck an den Griff eines Schraubstocks erinnert. Das kann wehtun.

Eine solche Begrüßungsgeste ist fatal, denn diese Person fällt negativ auf. Entweder schüchtert sie ihr Gegenüber ein oder die Menschen im Umfeld meiden die Person anschließend unbewusst, weil sie eine zweite schmerzhafte Begegnung dieser Art vermeiden möchten. Was steckt dahinter?

Menschen mit Schraubstockhand besitzen meist zu wenig Sensibilität, um sich in den anderen hineinfühlen zu können. Sie spüren oft überhaupt nicht, was sie da anrichten. Das kann kombiniert sein mit einem gering ausgeprägten Selbstwertgefühl. Solche Menschen verspüren daher das Bedürfnis, der Welt zumindest körperlich ein starkes Signal zu geben. Doch manchmal ist es einfach auch nur fehlendes Feingefühl. Mit Dominanz hat es in der Regel nichts zu tun.

Menschen mit dem Schraubstockgriff sind ansonsten meist freundlich, offen und ohne weitere Auffälligkeiten. Im Gespräch kann sich die mangelnde Sensibilität allerdings bemerkbar machen, indem die betreffende Person mit Worten genauso wenig zurückhaltend umgeht wie mit ihrer Kraft in der Hand.

Unser Expertentipp

Was tun, wenn Sie auf diese Weise begrüßt werden und Ihnen erst einmal die Luft nach der Begrüßung wegbleibt? Wenn Ihre verbale Schlagkraft nach dem Händedruck noch vorhanden ist, dürfen Sie die Stärke Ihres Gegenübers ruhig ansprechen: „Sie haben aber einen kräftigen Händedruck" wäre eine solche harmlose Bemerkung, mit der Sie vielleicht eine kleine Chance haben, dass der andere sein Verhalten bemerkt und ändert.

Wenn Sie jedoch eine Frau sind und das zu einem Mann sagen, dann begreift er diese Anspielung manchmal nicht, sondern fühlt sich wie ein starker Kerl und bleibt bei seinem starken Händedruck.

Wenn Sie mit einer solchen Person häufiger zu tun haben, kann man das Thema vielleicht auch mal am Rande ansprechen, in der Hoffnung, es damit abzustellen. Denn eine solche Person erzeugt jedes Mal bei der Begrüßung eine Störung und schadet sich damit letztendlich selbst. Wenn der Betreffende zum Beispiel in Ihrem Vertriebsteam arbeitet oder häufiger mit Kunden zu tun hat, dann müssen Sie es sogar ansprechen. Denn sonst gefährdet dieser Kollege auf Dauer und im Extremfall sogar den Kundenkontakt.

Der schlaffe Händedruck

Während der Kraftprotz wenigstens noch eine gewisse Art der Anerkennung erntet, weil er ja offensichtlich gut entwickelte Muskeln besitzt und diese auch einsetzen kann, wird es bei seinem Gegenpart, dem schlaffen Händedrücker, wirklich kritisch.

Jemand, der Ihnen die Hand so schüttelt, als wäre seine Hand ein toter Fisch, der löst beim Gegenüber stark negative Gefühle aus. Ekel, Ablehnung, inneres Schütteln und vor allem fehlende Achtung sind die spontanen Reaktionen.

Abb. 12: Wer die Hand nur halb oder nur vorne umgreift, signalisiert damit, dass er nur an einem flüchtigen Kontakt interessiert ist.

Was fehlt hier? Menschen, die keine Kraft in einen Händedruck legen können, bringen auch sonst keine Kraft zustande. Dieser Händedruck spricht meist für eine starke innere Zerrissenheit oder für Menschen, die in einen langfristigen inneren Dialog verstrickt sind. Im Gespräch mit solchen Menschen werden Sie eine ähnliche Erfahrung machen: Solche Gesprächspartner sind schwer auf den Punkt zu bringen oder kaum auf eine Lösung oder Entscheidung festzulegen. Sie übernehmen im Gespräch ungern die Führung oder sie lassen sie sich leicht abnehmen. Falls diese Menschen in einer wichtigen Position sind, können leicht Konflikte entstehen, wenn Sie selbst klar wissen, was sie wollen und auf diese Weise bedrängend wirken.

Der schlaffe Händedruck korreliert übrigens nicht unbedingt mit dem Äußeren. Wir erinnern uns beide noch gut an einen Menschen von der Größe und Statur eines Holzfällers, dem wir kürzlich begegneten. Er fiel durch einen extrem schlaffen und unbestimmten Händedruck auf, der im extremen Kontrast zur Körpergröße und zum Umfang der Arme stand. Man bekam den Eindruck, als ob dieser Mensch Angst davor hatte, mit seiner sicher überdurchschnittlichen Kraft andere zu verletzen.

Unser Expertentipp

Wenn sich in einer geschäftlichen Besprechung mit mehreren Menschen ein Partner mit schlaffem Händedruck befindet, sollten Sie sich im Gespräch vor allem auf die anderen Gesprächsteilnehmer konzentrieren, besonders die mit einem festen Händedruck. Denn die Person mit dem schwachen Händedruck wird Ihnen kaum Probleme machen oder Widerstände entgegensetzen. Falls Ihr Kunde einen solchen Händedruck hat, sollten Sie mit ihm sehr behutsam umgehen und ihn nicht überfordern oder überfahren. Auf der anderen Seite müssen Sie hier führen, damit das Gespräch vorangeht.

Falls Sie einen Mitarbeiter haben, der einen solchen Händedruck hat, wird es natürlich schwierig. Sie können ihm natürlich kaum sagen, was Sie von ihm und seinem Händedruck halten. Doch Sie sollten zumindest dafür sorgen, dass diese Person keinen oder so wenig wie möglich Kundenkontakt hat. Denn ein solcher Händedruck schafft eine nachhaltige Störung im weiteren Gesprächsverlauf, die eine Kundenbeziehung stark belasten kann.

Der Fürsorgliche

Mit dem fürsorglichen Händedruck steigen wir schon tief in die Deutung des Händedrucks ein. Sie alle werden den fürsorglichen Händedruck kennen, wenn Sie an einen gütigen Priester denken, der einen Kirchenbesucher verabschiedet. Er legt die rechte Hand des Besuchers in seine linke und packt dann seine rechte Hand obendrauf. Die Hand des Besuchers ist fest umschlossen, die Geste signalisiert Güte, Fürsorge und viel Herzenswärme. Wirklich?

Wo können Sie diese Geste noch beobachten? Denken Sie an die abendliche Tagesschau. Richtig, bei Machtpolitikern. Diese lieben den fürsorglichen Händedruck. Denn er sagt noch etwas ganz anderes aus. Er bedeutet in Wirklichkeit: Ich umschließe dich, ich habe dich fest in meiner Gewalt, ich lasse dir weder nach oben noch nach unten eine Ausweg, ich gebe hier den Ton an. Dieser Händedruck ist eine ganz starke Botschaft der Macht an den anderen und auch an Umstehende.

Wenn Sie also auf diese Weise von einem Menschen begrüßt oder verabschiedet werden, können Sie noch einiges erwarten, was nachkommt. Selbst die Großtante, die Sie so begrüßt, verbindet damit allumfassende Machtansprüche an Sie und gibt Ihnen das unmissverständlich zu verstehen. Sie können sich ja noch nicht einmal ohne beträchtlichen Kraftaufwand aus diesem Griff befreien, wenn Sie es möchten.

Wie geht der Profi mit diesem Händedruck um? Auch das können Sie im Fernsehen gut beobachten. Der Profimachtpolitiker oder Profikirchenfunktionär rüstet selbst auf. Er legt seine zweite Hand noch mal obenauf (Dominanz!), sodass sich dann auf einmal vier Hände fürsorglich schütteln. Beobachten Sie das einmal im Fernsehen! Es sieht gelegentlich kurios aus, stellt aber einen erstklassigen Machtkampf dar, bei dem zwei Alpha-Charaktere ausprobieren, wer der Stärkere ist.

Unser Expertentipp
Lassen Sie sich nicht vom fürsorglichen Händedruck täuschen. Es ist eine Art Wolf im Schafspelz. Natürlich müssen Sie ihn im Kontext bewerten und sehen, ob Ihr Gegenüber überhaupt in der Lage ist, Sie zu dominieren. Doch Sie können stets davon ausgehen, dass jemand, der Ihre beiden Hände umschließt, viel von Ihnen will. Gerade im öffentlichen Bereich ist es auch stets eine starke Geste an die Umgebung. Seien Sie also auf der Hut. Am besten ist es, Ihrem Gegenüber die Hand schnell wieder zu entziehen und so Ihre Distanz zu wahren. Oder Sie drehen den Spieß einfach um, deckeln mit Ihrer linken Hand und gehen auch verbal in die Offensive. Wenn Sie dann noch einen Schritt auf den anderen zugehen, ist Ihre Botschaft ebenfalls klar: „Mit mir nicht, sonst schlucke ich dich." Dann wird der andere seinen Klammergriff vielleicht auch freiwillig ganz schnell aufgeben.

Der Dauerschüttler

„Schütteln, bis der Arzt kommt" halten manche Zeitgenossen für eine passende Methode, Sie zu begrüßen. Diese Menschen packen Ihren Arm und schütteln, was das Zeug hält. Auch das kann nach einer Weile wehtun. Diese Geste ist so ähnlich wie der Schraubstockgriff zu bewerten: Hier fehlt einfach Sensibilität. Sie können das häufig bei gesellschaftlichen Anlässen bei sehr extrovertierten Menschen antreffen. Manchmal sind es auch Menschen, die Ihnen damit eine besonders innige Botschaft vermitteln wollen, insbesondere wenn sie das Schütteln noch mit einem tiefen Blick in Ihre Augen verbinden.

Wenn Sie jetzt eine Frau zum Beispiel bei einem gesellschaftlichen Anlass sind und auf diese Weise von einem Mann begrüßt werden, sollten Sie gleich bei diesem ersten Intensivkontakt überlegen, ob Sie mit diesem Menschen den weiteren Abend verbringen wollen. Falls nicht, empfehlen wir Ihnen, den notwendigen Schnitt gleich hier zu machen. Später wird es nur schwieriger werden.

Unser Expertentipp

Seien Sie bei solchen Menschen im späteren Gespräch auf der Hut, damit Sie nicht manipuliert oder untergebuttert werden. Damit Sie selbst nicht Gefahr laufen, auf diese Weise unangenehm aufzufallen, sollten Sie sich angewöhnen, eine angebotene Hand nie mehr als drei Sekunden und dreimal zu schütteln.

Abschließend möchten wir Ihnen noch einen kleinen Trick verraten, wie Sie einen Dauerschüttler elegant wieder loswerden. Wenn er Ihre rechte Hand mit Schütteln blockiert, umgreifen Sie einfach mit Daumen und Zeigefinger Ihrer linken Hand das Handgelenk Ihres Gegenübers und ziehen das Handgelenk ohne großen Kraftaufwand mit einer raschen und wie zufällig wirkenden Bewegung von sich weg. Das löst einen Reflex aus, bei dem Sie auch der hartnäckigste Schüttler ganz schnell loslässt. Die meisten Menschen bekommen das noch nicht einmal mit – und falls doch, ernten Sie höchstens einen kurzen verwunderten Blick. Doch dann sind Sie bereits verschwunden.

Der Unstete

Eine weitere Todsünde beim Händedruck ist, wenn Sie Ihr Gegenüber dabei nicht anschauen. Extreme Vertreter dieses Verhaltens können Sie manchmal auf großen Gesellschaften oder bei anderen Anlässen beobachten. Dort gibt es Menschen, die wirklich jedem die Hand schütteln, aber mit Ihrer Aufmerksamkeit bereits beim nächsten Opfer sind. Ein solches Verhalten sollten Sie unbedingt vermeiden, denn damit erreichen Sie höchstens, dass man Sie überhaupt nicht ernst nimmt.

Unser Expertentipp

Widmen Sie einem Menschen, den Sie begrüßen, zumindest für einen kurzen Moment Ihre volle Aufmerksamkeit. Schauen Sie ihm in die Augen, lächeln Sie und sprechen Sie kurz mit ihm. Wenn Sie bei der Begrüßung wegschauen, hinterlässt das einen ganz schlechten Eindruck.

Weitere Handschläge

Neben diesen wichtigen Hauptformen des Händedrucks gibt es zahlreiche weitere Formen, wie Ihnen die Hand geschüttelt wird. Gewöhnen Sie sich einfach an, den Händedruck zu beobachten und versuchen Sie, bei unbekannten Händedrücken herauszufinden, was dahinter steht. Dabei muss man auch nicht alles auf die Goldwaage legen. So gibt es Menschen, die ihre Hand nur vorne an den Fingern umfassen. Das wirkt wie eine flüchtige Begegnung. Jemand, der das ständig macht, hat vielleicht auch Angst, sich auf andere einzulassen. Doch manchmal passiert so etwas auch in der Hektik des Augenblicks. Da können sich Hände schon mal verfehlen. Schärfen Sie also einfach Ihre Intuition und entwickeln Sie ein Gespür dafür, wichtige Ausdrucksformen von unwichtigen zu unterscheiden. Jemand, der Ihre Hand deutlich von oben nach unten drückt, wird Sie zum Beispiel dominieren wollen. Das ist so sicher wie das Amen in der Kirche und passiert nicht mal schnell aus Versehen.

Abb. 13: Wer den Gesprächspartner mit der Hand am Unterarm unterstützt (rechts), der signalisiert Fürsorge. Doch diese Geste kann auch als aufdringlich wahrgenommen werden, wenn der andere diese Hilfe gar nicht will.

Wie sieht Ihr optimaler Händedruck aus?

Und, wie geht es Ihnen, wenn Sie diese Zeilen gelesen haben? Trauen Sie sich jetzt überhaupt noch, jemandem die Hand zu geben? Keine Sorge, wir testen das ja seit Jahren immer wieder aus und schätzen, dass mindestens 70 Prozent der Menschen, die wir treffen, einen ganz „normalen" Händedruck haben. Einigermaßen fest, gerade, offen und ehrlich. Er hinterlässt keinen störenden Eindruck, und das darauf folgende Gespräch verläuft in der Regel auch normal. Manchmal ist ein bisschen Dominanz oder ein bisschen Abstand dabei, doch das ist in Ordnung und gehört zum normalen Leben dazu.

Doch gelegentlich trifft man eines der oben geschilderten Extreme. Und dann wird es spannend. Denn nach unserer Erfahrung bestätigt sich dieser erste Eindruck fast stets auch im späteren Gespräch. Aus diesem Grund liegt der wahre Wert des Händedrucks vor allem in der Beobachtung und Analyse. Sie erhalten damit ein wertvolles Instrument, um einen wichtigen ersten Eindruck Ihres Gegenübers zu gewinnen. Auf diese Weise erhalten Sie im Übrigen Eindrücke, die Sie auf anderem Weg nur sehr schwer oder erst nach längerer Beobachtungszeit gewinnen können. Das macht den Händedruck aus unserer Sicht so wertvoll. Gerade die Information über Distanz/ Zuneigung, die Sie am ausgestreckten, bzw. stark abgewinkelten Arm erkennen, können Sie bei fremden Menschen, zum Beispiel Kunden, auf keine andere Weise bekommen.

Abb. 14: So sieht ein neutraler Händedruck aus, der beim Gegenüber ein sympathisches Gefühl hinterlässt. Beide Hände sind gerade und umfassen sich ganz.

Auch auf Fotos erkennen Sie schnell, was Sache ist. Wenn unter einem Pressefoto steht: „Politiker Maier begrüßt Sportler Müller sehr herzlich und freut sich überschwänglich über dessen Erfolg" und auf dem Foto sieht man zwei Menschen, die den Arm so weit wie möglich von sich strecken und sich nur am Ende fast zwanghaft berühren, dann wissen Sie, dass der Reporter nicht alles mitbekommen hat, was in diesem Moment passiert ist. Denn nach Harmonie sieht das nicht aus. Auf öffentlichen Fotos kann man diesen emotionalen Abstand übrigens sehr oft beobachten, was sehr viel über den Rahmen solcher öffentlicher Veranstaltungen und die Befindlichkeiten der Gäste aussagt.

Doch wie geben Sie jetzt die Hand? Achten Sie auf die folgenden Punkte und beobachten Sie sich vor allem dabei, wie Sie Ihre Hand wirklich geben:

- Achten Sie zuerst auf die Festigkeit. Ihr Händedruck sollte fest, aber nicht zu fest sein. Kontrollieren Sie hierbei die Kraft. Wenn Sie eine eher starke Hand haben, dann setzen Sie nicht Ihre ganze Kraft ein. Wenn Sie hingegen eine zarte und schwache Hand haben, dürfen Sie schon ein bisschen Kraft aufbringen.
- Umfassen Sie die Hand Ihres Gegenübers ganz. Die Hände sollten sich auf der ganzen Fläche einschließlich Finger und Handflächen bis vor zur Daumenwurzel berühren.
- Halten Sie die Hand gerade. Vermeiden Sie sowohl Unterwürfigkeit als auch Dominanz. Sie können auch führen, ohne dem anderen gleich ein solch starkes Signal zu senden.
- Schütteln Sie maximal drei Sekunden und lassen dann wieder los.
- Winkeln Sie den Arm ab, sodass eine mittlere Distanz entsteht. Prüfen Sie sich, wenn Sie spüren, das Ihnen Distanz lieber wäre und hinterfragen Sie Ihre Motive. Vielleicht schickt Ihnen Ihr Unterbewusstsein in diesem Moment ja eine Botschaft, dass Sie der anderen Person (noch) nicht vertrauen möchten. Es ist im Geschäftsleben immer von Vorteil, solche Gefühle zu analysieren und zu wissen, warum sie auftreten.
- Vermeiden Sie feuchte Hände. Das wirkt auf Ihr Gegenüber unangenehm. Trocknen Sie sie vorher ab, wenn Sie aufgeregt sind oder leicht schwitzen.

Da der Händedruck eine sehr spontane und unbewusst gesteuerte Geste ist, können Sie selbst nicht immer beeinflussen, wie sich Ihr Händedruck anfühlt. Denn auch Ihre Gefühle spielen natürlich eine große Rolle dabei. Daher sollten Sie auch sich selbst aufmerksam beobachten und sich fragen, warum Sie jetzt vielleicht selbst ein besonderes Verhalten an den Tag legen.

Wer begrüßt wen zuerst?

Der Händedruck hat natürlich noch mehr Bedeutungen, weil er auch als Mittel dient, Rangfolgen festzulegen und den Status von Menschen zu zeigen. In der heutigen Zeit kommt zudem noch ein weiteres Thema hinzu: Begrüßen wir uns überhaupt noch per Handschlag?

Wir möchten mit letzterem Thema beginnen. Beim Handschlag muss man klar trennen zwischen privatem Bereich und Business-Bereich. Im privaten Bereich verschwimmen die Grenzen immer mehr. Der Händedruck ist noch üblich in Bereichen, die eher formell ablaufen. Beim Sport oder auf Partys begrüßt man sich kaum noch per Handschlag. Doch es gibt Ausnahmen. Hier gilt es, ein Gespür dafür zu entwickeln, wann ein Handschlag angebracht ist.

Im Business-Bereich hingegen ist der Handschlag immer noch üblich. Hier sollten Sie auch keinesfalls darauf verzichten. Doch es gibt ein paar Dinge zu wissen und Regeln zu beachten:

- Der Ranghöhere gibt dem Rangniedrigeren die Hand. Der Rangniedrige begrüßt dafür zuerst. Beachten Sie das bitte, es ist wichtig. Wenn Sie dem Big Boss vorgestellt werden und er Ihnen nicht die Hand reicht, dann soll es so sein. Denn er entscheidet, wem er seine Aufmerksamkeit widmet. Sollten Sie die Initiative ergreifen und die Hand hinhalten, kann es Ihnen sonst passieren, dass Ihre Hand schlicht und einfach ignoriert wird.
- Bei Meetings ist es manchmal nervig, wenn sich zu Beginn erst einmal alle die Hand schütteln. Doch machen Sie unbedingt mit, sonst werden Sie als Außenseiter wahrgenommen. Nutzen Sie so die Chance, schon mal alle Meetingteilnehmer auf Dominanz, Sympathie und sonstige Auffälligkeiten zu analysieren.
- Schütteln Sie aber nicht immer und überall die Hand. Wenn Sie zum Beispiel auf einem Kongress in der Mittagspause mal schnell an einem anderen Stehtisch landen, müssen Sie nicht unbedingt alle mit Handschlag begrüßen. Das kann schnell aufdringlich wirken.
- Wenn Sie selbst ein Event oder Meeting veranstalten, sollten Sie alle Teilnehmer persönlich per Handschlag begrüßen. Damit laden Sie die Leute in Ihr Reich ein und erzeugen zudem schon mal die ersten Sympathiepunkte für sich.

Händedruck interkulturell

Der Händedruck, so wie Sie ihn kennen, ist eine Erfindung unserer Kultur. In anderen Kulturen gibt es andere Begrüßungsrituale oder deren Vertreter versuchen mehr oder weniger erfolgreich, den Handschlag zu adaptieren. Doch die dahinter stehende Körpersprache kann oftmals eine andere Bedeutung haben. Das sollten Sie bei Geschäftsreisen im Ausland berücksichtigen. Dennoch werden Sie als Europäer in vielen Kontinenten freudig per Handschlag begrüßt und sollten die Hände im Zweifel auch schütteln.

Wie der Handschlag entstanden ist

Ursprünglich entwickelten unsere Vorfahren den Handschlag, um das Gegenüber davon zu überzeugen, dass man selbst unbewaffnet war. Denn wer die Hand schüttelte, konnte damit keine Waffe halten. Aus diesem Grund zeigten unsere Vorfahren stets beide Hände. Sie sollten auch heute noch vermeiden, bei der Begrüßung eine Hand hinter dem Rücken zu verstecken. Das wird als unaufrichtig empfunden. Einzige Ausnahme ist, wenn Sie dort einen Blumenstrauß verstecken, den Sie gleich überreichen möchten.

Übrigens, manche Forscher gehen noch weiter und sagen, dass auch die Umarmung bei der Begrüßung früher dem Zweck diente, das Gegenüber unauffällig nach Waffen abzuklopfen. Doch da eine Umarmung natürlich auch Nähe und Zuneigung ausdrückt, haben wir hier wieder zwei Bedeutungen derselben Geste. Doch wenn Sie im Fernsehen Politiker beobachten, die sich umarmen, können Sie die erstgenannte Bedeutung dieser Geste sicher leicht nachvollziehen.

Der Gang

Haben Sie schon einmal bewusst darauf geachtet, wie Menschen laufen? Wenn ein Mensch auf Sie zukommt, erhalten Sie bereits ein ganzes Bündel an Informationen über ihn. Schauen wir uns dazu noch mal die Situation morgens am Empfang unseres Unternehmens an. Stellen wir uns dazu vor, dass Anke Grün, die Personalreferentin, am Empfang stehen bleibt und die drei Gäste einzeln auf sie zu laufen:

Verräterischer Gang

Zuerst kommt Herr Löwe. Er stürmt mit großen und festen Schritten auf Anke Grün zu. Sein Gang ist schnell. Dazu kann Frau Grün weitere Zeichen beobachten, die damit im Einklang stehen und eine eindeutige Zeichenfolge ergeben: Seine Arme bewegen sich im Gleichtakt zu seinen Beinen und schwingen weit ausholend hin und her. Die Füße zeigen beim Gehen leicht nach außen und sein Vorderkörper ist etwas nach vorne gebeugt. Beim Gehen setzt er die Füße fest auf den Boden auf. Dabei lächelt er sie bereits von Weitem an. Frau Grün weiß auch ohne Händedruck, dass hier ein sehr dynamischer und aktiver Mensch auf sie zukommt, der auch im Gespräch sofort die Initiative ergreifen wird. Nach der oben geschilderten Typenlehre stuft sie ihn als „dominant" mit einem hohen Anteil an „Stimulanzorientierung" ein.

Als Zweites folgt Frau Blume. Auch sie hat einen recht forschen und schnellen Gang. Allerdings setzt sie ihre Füße eher verhalten auf den Boden auf. Ihre Hände schwingen kaum und ihr Oberkörper wirkt starr und leicht nach hinten gebeugt. Dennoch fixiert sie Anke Grün mit den Augen und leicht erhobenem Kopf, jedoch ohne dabei zu lächeln. Die Personalerin ist irritiert. Denn sie nimmt keine eindeutige Zeichenfolge wahr. Zwar spürt sie, dass auch Frau Blume über Dynamik und Tatkraft verfügt, doch die anderen Zeichen weisen darauf hin, dass sie sich entweder stark zurücknimmt oder durch etwas ausgebremst wird. Anke Grün speichert diese Information erst einmal ab und wartet auf weitere Signale. Wie wir bereits weiter vorne im Buch erfahren haben, wird Frau Blume vermutlich von ihrem Chef ausgebremst, zwischen beiden schwelt ein latenter Konflikt. In ihrer Beurteilung ist Anke Grün sich nicht ganz sicher, schätzt aber, dass Frau Blume wie sie vor allem „stimulanzorientiert" ist und in ihrem Dominanzanteil von Herrn Löwe unterdrückt wird.

Herr Klein zeigt wieder eine eindeutige Zeichenfolge. Sein Gang ist viel langsamer als der seiner beiden Kollegen. Er wirkt fast zögerlich, seine Schritte sind klein, seine Arme wirken, als seien sie am Körper seitlich festgewachsen. Seine Fußspitzen zeigen leicht nach innen, sein Oberkörper ist nach hinten ausgerichtet. Er schaut an Anke Grün vorbei und richtet den Blick mehrfach nach unten, als ob er am Boden Sicherheit suchen würde. Zudem bleibt er etwa anderthalb Meter vor seiner Gastgeberin stehen, während sich Herr Löwe gleich auf 80 Zentimeter heranwagt. Hier ist sich Anke Grün sicher und stuft ihn als „balanceorientiert" ein.

Der Schritt

Ein einzelner Schritt besteht aus drei Phasen. Wir *heben* den Fuß, wir *tragen* ihn ein Stück, und wir *setzen* ihn wieder ab. Betrachten wir diese drei Phasen nun einzeln, um zu verstehen, wie der Gang eines Menschen auf uns wirkt. Im Unterschied zu unserer Typenlehre sagt der Gang jedoch auch viel über den aktuellen Zustand eines Menschen aus.

Heben des Fußes. Hier gibt es grundlegende Unterschiede zu beobachten. Manche Menschen heben ihren Fuß beim Laufen sehr deutlich vom Boden ab. Das hinterlässt beim Beobachter ein Gefühl von Leichtigkeit. Solche Menschen scheinen über den Boden zu schweben. Häufig ist das grundlegende Lebensgefühl solcher Menschen auch von Leichtigkeit und Schweben geprägt. Verschonen Sie sie daher mit schweren Themen. Diese Menschen sind oft Visionäre, die nach oben schweben und sich vor allem für neue Ideen begeistern.

Abb. 15: Tatmenschen setzen den Fuß beim Laufen kräftig mit der Ferse auf. Das hinterlässt einen starken Eindruck.

Andere Menschen kommen kaum vom Boden weg. Ihr Fuß bleibt stets nahe an der Erde. Im Extremfall erzeugt das einen schlurfenden Gang. Dieser weist auf Schwere im Leben hin. Solche Menschen nehmen sich vieles zu Herzen, leben vor allem im Problem und nicht in der Lösung und sind nur schwer von schnellen und kreativen Ideen zu überzeugen.

Tragen des Fußes. In der zweiten Phase eines Schritts wird der Fuß ein Stück getragen und dann wieder abgesetzt. Unterschiede gibt es hier vor allem darin, wie weit der Fuß getragen wird. Bei den meisten Menschen sind die Schritte mittellang und der Fuß beschreibt eine einfache Kurve.

Doch manchmal weicht das Gehmuster davon ab. Einige Menschen tragen den Fuß sehr lange in der Luft. Beim Absetzen entsteht dadurch ein kurzes Zögern, der gesamte Gang wirkt zögerlich, unsicher und monoton. Wenn ein solcher Mensch noch den Kopf hängen lässt und zu Boden schaut, wirkt er manchmal traurig und auf jeden Fall introvertiert. In den meisten Fällen gibt diese Zeichenfolge Aufschluss darüber, dass es sich hierbei eher um einen Beobachter als ein Macher handelt. Im Gespräch werden wir nicht allzu viel Initiative von ihm erwarten dürfen.

Verbessern Sie Ihren Gang
Suchen Sie sich einen leeren Raum und üben Sie dort laufen. Legen Sie eine Strecke fest und laufen Sie diese mehrfach ab. Beginnen Sie damit, in kleinen Schritten zu laufen. Fühlen Sie in sich hinein, wie das auf Sie wirkt. Vergrößern Sie dann bei jedem Durchgang Ihre Schrittlänge, bis es sich gut anfühlt. Testen Sie auch Schrittfestigkeit sowie das Aufsetzen des Fußes auf diese Weise aus. Finden Sie heraus, wie Sie am besten laufen können. Üben Sie diesen Gang dann mehrfach ein. Hilfreich ist es auch, wenn Sie sich zum Beispiel vorstellen, dass Sie dabei einen Meetingraum betreten, der voller Menschen ist. Wie laufen Sie dort durch den Raum zu Ihrem Platz?

Wenn die Trockenübungen gut funktionieren, sollten Sie künftig in echten Situationen ganz bewusst darauf achten, wie Ihr Schritt wirkt. Falls Sie das Gefühl haben, zu zaghaft aufzutreten, sollten Sie einmal probieren, deutlich fester zu laufen. Wie fühlt sich das für Sie an? Wenn es gelingt, können Sie diese Übung so lange wiederholen, bis Sie ganz automatisch so laufen.

Die zweite Variante ist der kurze Trippelschritt. Solche Menschen laufen mit extrem kurzen Schritten, sodass ein ruckartiger und hastig wirkender Gang entsteht. Meist kombinieren sie diesen Gang mit einem ständigen Wechsel der Blickrichtung und können ihre Aufmerksamkeit nur schwer länger auf einer Stelle halten. Auch die Arme und Hände sind oft in Bewegung. Diese Gangart und Zeichenfolge weist auf einen Menschen hin, der Dinge eher oberflächlich betrachtet und dessen volle Aufmerksamkeit Sie nur schwer erlangen können. Solche Menschen strahlen meist ständige Geschäftigkeit aus, die von anderen Menschen nicht immer gut toleriert werden kann.

Absetzen des Fußes. Nach dem Heben und dem Tragen muss der Fuß wieder abgesetzt werden. Manche Menschen machen das mit einem kräftigen „Bumm", das weithin zu hören ist. Dieses Zeichen ist eindeutig: „Hier komme ich", „Ich bin wichtig" und „Ich packe es an" ist die körpersprachliche Botschaft hinter einem markanten Aufsetzen. Kinder stampfen häufig mit dem Fuß auf, wenn sie etwas durchsetzen wollen oder zornig sind. Daher kann dieses feste Aufsetzen des Fußes auch auf einen Menschen hinweisen, der leicht cholerisch wird. Doch in der Regel handelt es sich einfach um Tatmenschen, die wissen, was sie wollen und dies auch durchsetzen möchten. Nach unserer Typenlehre ist auch ein Gutteil Dominanz dabei. Das feste Aufsetzen des Fußes kann aber auch Geradlinigkeit und Bodenständigkeit ausdrücken. Daher findet man es ganz häufig auch bei Menschen, die vor allem körperlich arbeiten und vom Wert und der Bedeutung ihrer Arbeit überzeugt sind.

Um herauszufinden, welchen der aufgezählten Typen Sie vor sich haben, sollten Sie die übrige Zeichenfolge beobachten:

- Tatmenschen laufen meist mit leicht nach vorne gebeugtem Oberkörper und locker entspannten Armen. Ihr Gang ist trotz des festen Auftritts eher leichtfüßig und schnell, der Blick im Normalfall entspannt und locker.
- Menschen mit cholerischem Gemüt wirken hingegen angespannt. Ihre Hände sind häufig sogar beim Laufen zu Fäusten geballt, vor allem wenn sie sich in einer akuten Stresssituation befinden.

Abb. 16: Wer den Fuß hingegen mit den Fußspitzen aufsetzt, wirkt zögerlich und verhalten.

Das Gegenteil zum festen Auftritt gibt es auch. Das sind Menschen, die möglichst leise daherkommen und nicht auffallen möchten. Kleine Mäuschen zum Beispiel. Auch hier fällt die übrige Körpersprache auf: Solche Menschen schauen meist unsicher umher, wirken unruhig und hinterlassen einen defensiven und manchmal sogar ängstlichen Eindruck. Ihre Arme baumeln oft ziel- und kraftlos am Körper umher. Mit einem solchen Gang werden Sie im Business wenig erreichen. Ihr Trainingsprogramm sollte daher Übungen für mehr Selbstsicherheit enthalten.

Das Lauftempo

Neben der Schrittfolge gibt uns vor allem das Lauftempo eines Menschen erste Aufschlüsse über seinen Charakter. Tatmenschen mit einem höheren Dominanzanteil laufen meist deutlich schneller als Menschen, die eher ausbalanciert sind und Dinge erst einmal beobachten, bevor sie etwas tun. Beobachten Sie Ihre Kollegen einfach in der Kantine oder auf dem Flur beim Gehen. Sie werden erstaunliche Unterschiede feststellen. Auch sich selbst können Sie auf diese Weise einschätzen: Haben Sie Schwierigkeiten, mit den Kollegen mitzukommen, oder sind Sie jemand, der ständig auf andere warten muss? Gerade Führungskräfte stürmen häufig vorne weg und können daher auch in Gruppen schnell erkannt werden.

Hier noch ein weiterer Hinweis, wie Sie sich selbst besser einschätzen können:

Die S-Bahn

Stellen Sie sich vor, dass sie gerade unten in die S-Bahn-Station hineinlaufen und oben Ihre S-Bahn einfahren hören. Was tun Sie? Sprinten Sie mit aller Kraft die Treppe hoch und ärgern sich vielleicht noch über ein paar Leute, die gemächlich und als hätten sie alle Zeit der Welt, die Treppe hochlaufen und dabei noch den halben Weg versperren? Versuchen Sie, unbedingt mit einem letzten Sprint noch in die Bahn zu gelangen, auch wenn sich die Türen bereits schließen? Dann gehören Sie sicher zu den Menschen mit einem ausreichenden Dominanzanteil und sind eher ein Macher. Denn mit dieser Haltung werden Sie auch im Businessleben eher sprinten als abwarten.

Oder lassen Sie es eher gemütlich angehen? Hören Sie oben die Bahn und denken sich: „Ich schaffe sie sowieso nicht, und die nächste kommt eh in zehn Minuten"? Schlendern Sie dann langsam die Treppe hinauf, ärgern sich vielleicht noch über irgendwelche Menschen, die an Ihnen vorbeihasten, und schauen oben auf dem Gleis gemächlich den Rücklichtern der Bahn nach? Dann sind Sie ziemlich sicher sehr stark balanceorientiert und gehen auch Ihr Jobleben so an.

Das Gleiche können Sie feststellen, wenn ein Mensch zur Begrüßung auf Sie zukommt. Genauso wie beim Händedruck entsteht hier sofort ein starker erster Eindruck. Wenn die Signalketten stimmen, ist dieser Eindruck meist auch eindeutig. Die passende Zeichenfolge sähe in diesen Fällen folgendermaßen aus:

- schneller Schritt
- kräftiges Aufsetzen des Fußes
- gerader Blick, der beim Laufen auf Sie gerichtet ist
- fester, zupackender Händedruck
- klare, deutliche Ansprache mit kräftiger Stimme

Dies ist eine typische Zeichenfolge, wie sie bei Michael Rot als dominanz-basiertem Menschen zu beobachten wäre.

Anke Grün würde so ähnlich auf Sie zukommen, wäre jedoch in ihrer Gesamtwirkung insgesamt verhaltener. Als stimulanz- und gefühlsbetonter Typ wäre ihr Gang nicht ganz so geradlinig wie bei Michael Rot. Sie würde zudem den Fuß weniger deutlich aufsetzen und dafür die Hebephase stärker betonen, sodass ihr Gang leichtfüßiger wirken würde. Zudem wäre in ihrem Gesicht ein freudiges Lächeln zu finden, während Michael Rot eher neutral schauen würde. Gerade anhand der Mimik können Sie die beiden Typen recht gut unterscheiden.

Ganz anders Carsten Blau. Wenn er auf Sie zukäme, wäre die typische Zeichenfolge ganz anders und sähe in etwa so aus:
- langsamer Schritt
- leises Aufsetzen des Fußes
- Blick weicht ab und ist zwischendurch kurz nach unten gerichtet
- schwacher Händedruck, der zudem keine „Führung" erkennen lässt
- leise, undeutliche Ansprache
- falls er lächelt, dann eher verhalten

Doch es kann auch passieren, dass Sie anhand der Zeichenkette ganz unterschiedliche Informationen bekommen: Es gibt Menschen, die in ihrem unteren Körperbereich schnell und zupackend sind, beim Händedruck und in der Mimik aber eher dem ausbalancierten Typ entsprechen. Oder der Händedruck ist überraschend schwach und stimmt nicht mit den übrigen Zeichen überein. Eine Zeichenfolge, die nicht zusammenpasst, gibt immer Hinweise darauf, dass die Person einen Teil ihres Potenzials nicht lebt, derzeit mit einem schwerwiegenden Problem beschäftigt oder sonst wie abgelenkt ist. Doch die Körpersprache ändert sich wirklich nur bei gravierenden Einschnitten und nicht bei Problemen, die dem Tagesgeschäft entspringen.

Der Stand

John Wayne betritt den Saloon, stellt sich breitbeinig in die Tür, stemmt die Hände in die Hüften und die Cowboys an der Bar suchen eingeschüchtert das Weite. Warum hat er diese Wirkung? Oder, anders gefragt, warum stehen Cowboys immer breitbeinig dar? Das hat natürlich zuallererst einen ganz trivialen Grund: Wer sein halbes Leben auf einem Pferderücken verbringt, der bekommt zwangsläufig O-Beine und kann nicht mehr gerade stehen. Das zeigt, dass Körpersprache stets im Kontext gesehen und bewertet werden muss.

Doch ein Regisseur eines Western verfolgt natürlich noch ein ganz anderes Ziel: Er unterstreicht mit diesem einfachen körpersprachlichen Mittel die Dominanz des Helden. Richtig breitbeinig stehen nur richtige Männer, Machos eben. Das Gegenbeispiel dazu ist das Aschenputtel, das verschämt, schüchtern und im ascheverschmierten Kleid mit überkreuzten Beinen linkisch in der Tür steht. Oder im Western der Typ hinter dem Tresen, der beim ersten Anzeichen von Streit in Deckung geht. Auch vorher steht er meist mit geschlossenen Beinen da und strahlt wenig Selbstsicherheit aus.

Wie Sie an diesen wenigen Beispielen bereits erkennen können, sagt die Art, wie wir stehen, eine ganze Menge über uns aus und hat zudem eine starke Signalwirkung auf andere Menschen. Würde John Wayne mit überkreuzten Beinen verschüchtert in der Tür stehen, würden die Bösewichte an der Bar wohl kaum das Weite suchen. Hier würde eher John selbst aus dem Saloon fliegen.

Es gibt im Wesentlichen vier Arten, wie wir stehen können. Doch auch hier gilt wieder: Beachten Sie auch die übrige Zeichenfolge, denn der Stand allein kann zu Trugschlüssen führen. Denken Sie an den O-beinigen Cowboy.

Breitbeinig stehen

Warum stehen Menschen überhaupt breitbeinig? Wer breitbeinig steht, beansprucht mehr Raum für sich. Daher ist dieser Stand eine eindeutige Dominanz- und Imponiergeste. Sie füllt den Raum um die Person ebenfalls aus und beansprucht manchmal sogar Platz, der anderen zustehen würde. Beobachten Sie das einmal in einer vollen U-Bahn. Auch dort gibt es Menschen, die nicht im Geringsten auf die Idee kommen, ihren Platzbedarf von sich aus zu verringern. Meist spricht sie auch keiner an, weil das Ärger geben könnte. So wirken Signale auf andere.

Meist stemmen Menschen, die breitbeinig stehen, dazu noch die Arme in die Hüften oder zeigen eine andere Geste, die ebenfalls viel Platz beansprucht. Der Kopf wird außerdem leicht nach oben angehoben. Jetzt präsentiert sich die Person mit der größtmöglichen Fläche, die sie zur Verfügung hat.

Abb. 17: Ein dominanter Stand (rechts) beansprucht viel Raum und schüchtert das Gegenüber oftmals ein – es weicht dann unwillkürlich ein Stück zurück.

Wir kennen solche Gesten auch aus dem Tierreich. Wenn sich zwei Hähne begegnen, plustern sie sich erst einmal auf und laufen eine Weile voreinander auf und ab. Dabei taxieren sie sich. Ganz ähnlich verhalten sich auch Hengste, die die Mähne aufrichten, Kampffische, die ihre Flossen spreizen oder Bären, die sich aufrichten. Das Ziel ist immer dasselbe: Der Gegner soll eingeschüchtert und von der eigenen Größe beeindruckt werden. Denn allen Rangordnungskämpfen im Tierreich geht ein ritueller Kampf voraus. Dieser soll dem Gegner die Möglichkeit geben, seine eigene Stärke realistisch einzuschätzen und vielleicht doch lieber auf den Kampf zu verzichten. Denn echte Kämpfe werden bei Tieren innerhalb einer Art nur sehr selten ausgetragen, weil für beide Seiten eine hohe Verletzungsgefahr besteht. Und das kann in der Natur schnell zum Tod führen.

Wenn ein Kontrahent also den Eindruck gewinnt, dass er nichts gegen den Stärkeren ausrichten kann, wird er still und leise den Schwanz einziehen und sich davonschleichen. Das Einziehen des Schwanzes ist im Übrigen ein körpersprachliches Signal für das Aufgeben. Wenn das entsprechende Körperteil fehlt, so werden andere Teile eingezogen. Der Unterlegene macht sich einfach kleiner.

Kommen Ihnen solche Rituale bekannt vor? Vielleicht aus Ihrer eigenen Sturm- und Drangphase vor vielen Jahren? Ja, auch wir Menschen leben noch mit diesen Ritualen. Denn ganz so weit hat uns die Evolution noch nicht von unseren vierbeinigen Vorfahren entfernt. Das breitbeinige Stehen ist nur eine Methode, seine Dominanz zu zeigen. PS-starke Autos, teure Kleidung, die protzige Rolex und vieles mehr erfüllen genau denselben Zweck. Der Gegner soll davon abgehalten werden, dem Ranghöheren den Status streitig zu machen. Weiter hinten in unserem Buch erfahren Sie noch mehr zum Thema Status und Rang.

Doch kommen wir zurück zum breitbeinigen Stand. Er sagt noch viel mehr aus. Denn auch hier gilt es wieder, nach Zeichenfolgen Ausschau zu halten. Wenn der Stand wie oben beschrieben kombiniert ist mit in die Hüfte gestemmten Armen und einer entsprechenden Kopfhaltung, ist die Bedeutung eindeutig: Dieser Mensch demonstriert seine Macht und es wäre unklug, mit ihm jetzt Streit anzufangen. Die Haltung finden Sie typischerweise bei Polizisten, bei Soldaten im Einsatz oder bei Türstehern vor Clubs.

Doch was ist, wenn die Zeichenfolge anders aussieht und sich der Betreffende zum Beispiel beide Hände schützend vor seinen Unterleib hält und dabei noch den Kopf senkt? Dann bedeutet der breitbeinige Stand etwas völlig anderes. Die entsprechende Person ist unsicher! Sie versucht in diesem Moment, die Unsicherheit durch den breitbeinigen Stand wieder auszugleichen und stellt sich stabiler hin. Zudem versucht sie, Sicherheit dadurch zu erlangen, dass sie mehr Raum einnimmt. Noch eine weitere Information erhalten Sie in diesem Moment über den betreffenden Menschen: Er ist nämlich von Natur aus keinesfalls ängstlich oder hat ein nur unzureichend ausgeprägtes Selbstbewusstsein. Er ist nur in dieser Situation oder in seiner gegenwärtigen Rolle unsicher. Ein durch und durch ängstlicher Mensch würde niemals breitbeinig stehen und damit die Umwelt herausfordern, sondern sich ganz im Gegenteil so wie Aschenputtel hinstellen.

Der Vollständigkeit halber möchten wir noch eine dritte Variante erwähnen: Ein Seemann, der auf einem schwankenden Schiff steht, wird dies auch breitbeinig tun. Denn andernfalls verliert er den Stand und fällt über Bord. Wenn Sie diesen Seemann abends in seiner Stammkneipe treffen, wird er dort wahrscheinlich auch breitbeinig stehen und die gleiche Selbstsicherheit ausstrahlen, die er auch auf dem Schiff zeigt. Jemand, der Streit sucht, wird diesem Menschen vermutlich aus dem Weg gehen.

Denn – das ist ein weiterer Aspekt der Körpersprache – die Haltung überträgt sich auf die innere Einstellung. Ein Cowboy, der stets fest und sicher im Sattel sitzt, oder ein Seemann, der festen Halt auf schwankendem Boden unter sich hat, wird diese feste Haltung auch auf sein übriges Leben übertragen. Diesen Mechanismus können Sie nutzen, um Ihren Auftritt, aber auch Ihre innere Stärke besser zu entwickeln. Wie das geht, erfahren Sie im Trainingsteil weiter hinten in diesem Buch.

Wann Sie besser nicht breitbeinig stehen

Doch der breitbeinige Stand hat auch seine Schattenseiten: Sie geben anderen Menschen damit ein deutliches Signal, das verschiedene Wirkungen erzielen kann.

Viele Menschen schüchtern Sie damit ein. Wenn Sie bei der Polizei arbeiten oder Türsteher in einer Disco sind, ist das ein gewollter Effekt und völlig in Ordnung. Doch wenn Sie im Vertrieb arbeiten, kann sich das sehr negativ auf Ihre Verkaufszahlen auswirken. Denn viele Kunden fühlen sich durch Sie bedroht, fassen kein Vertrauen zu Ihnen und kaufen nicht. Dieser Prozess läuft nicht bewusst ab, doch weiter vorne haben Sie ja erfahren, dass das Bewusstsein in solchen Fällen keine wesentliche Rolle spielt. Auch als Führungskraft werden Sie nur schwer das Vertrauen Ihrer Mannschaft gewinnen können, wenn Sie ständig breitbeinig und mit Imponiergesten vor Ihren Mitarbeitern herumlaufen.

Ein weiterer No-go ist Imponiergehabe bei Präsentationen: Vortragende, die breitbeinig auf der Bühne stehen, wirken unsympathisch. Lassen Sie es dort besser sein.

Den gegenteiligen Effekt erzielen Sie mit Ihrem breitbeinigen Stand bei Menschen, die selbst eher dominant und vielleicht auch latent aggressiv sind. Diese fühlen sich durch Sie sofort herausgefordert und nehmen die Herausforderung auch gerne an. Menschen mit einer dominanten Körpersprache ziehen deutlich mehr Konflikte an als Menschen mit einer neutralen Haltung! Überprüfen Sie Ihre eigene Haltung und verändern Sie diese, falls es nötig ist.

Polizei – dominantes Auftreten oder Deeskalation?
Gerade der Job eines Polizisten ist hier sehr aufschlussreich. Viele Polizisten haben sich einen breitbeinigen, dominanten Stand angewöhnt, da ein solches Auftreten natürlich auch zur Rolle des Jobs gehört und durch die Uniform, die

Waffe und andere Attribute der Macht verstärkt wird. Doch vielen Polizisten ist wahrscheinlich nicht bewusst, dass sie in ihrer Rolle Konflikte oft geradezu herausfordern. Das kann sich vor allem in Situationen als sehr nachteilig erweisen, in denen Deeskalation notwendig wäre.

In anderen Situationen wiederum ist ein dominantes Auftreten natürlich sehr nützlich. Wer einem Pulk von aufgebrachten Demonstranten gegenübersteht und vielleicht ein Gebäude schützen muss, sollte so bedrohlich wie möglich aussehen und diesen Eindruck durch schwarze Schutzkleidung möglichst verstärken. Denn damit werden potenzielle Randalierer (vielleicht) in Schach gehalten.

Bei anderen Demonstrationen sorgt allerdings genau diese Polizeipräsenz für gewalttätige Ausschreitungen, weil sie provoziert. Und bei dieser Provokation hat unser limbisches System eine ganze Menge mitzureden.

Doch letztendlich lassen sich natürlich keine Regeln ableiten, was in welcher Situation am besten ist. In kritischen Situationen sollten Sie sich daher auf Ihr Gefühl verlassen und beide Varianten Ihrer eigenen Köpersprache kennen und einsetzen können. Bei der Schlichtung von Konflikten, der Deeskalation in schwierigen Situationen oder der Vermittlung von Lösungen sind jedoch eindeutig diejenigen Menschen im Vorteil, die über ein gesundes Selbstbewusstsein verfügen und die wissen, dass sie Dominanz ausstrahlen könnten. Falls nötig, können diese Menschen Ihre körperliche Dominanz anwenden, um mögliche Angriffe abzuwehren, führen das übrige Gespräch jedoch in einer neutralen Körperhaltung.

Dazu möchten wir Ihnen eine spannende Übung empfehlen.

Ausweichen oder ausweichen lassen

Wenn Sie das nächste Mal durch eine belebte Straße laufen, achten Sie doch einmal darauf, wer Ihnen ausweicht und wem Sie ausweichen. Weichen Sie sehr oft aus? Sobald Sie etwas Erfahrung mit Ihrer Wirkung auf andere gesammelt haben, ändern Sie Ihre Taktik: Laufen Sie jetzt gezielt geradeaus, straffen Sie Ihre Schultern, richten Sie den Blick nach vorne, erhöhen Sie Ihre Laufgeschwindigkeit etwas und marschieren Sie geradewegs durch die Menge.

Sie werden erstaunt sein, was jetzt passiert. Wahrscheinlich werden fast alle vor Ihnen ausweichen. Wenn das noch nicht klappt, dann müssen Sie den Blick noch starrer nach vorne richten, die Menschen um sich herum wirklich ignorieren und Sie dürfen vor allem keine Angst vor einem Zusammenstoß haben. Dann wird es funktionieren. Fortgeschrittene gehen langsamer mit einem freundlichen Blick, einem leichten Lächeln auf den Lippen und mit Blickkontakt, entspannten Schultern und sehr gerader Haltung durch die Menge. Auch ihnen wird Platz gemacht, dieses Mal mit Charmeoffensive.

Falls Sie doch mit jemandem zusammenrauschen, entschuldigen Sie sich nett. Die meisten Menschen werden in einer solchen Situation interessanterweise sauer, obwohl es ja jeder in der Hand hat nachzugeben. Und, ganz wichtig, weichen Sie trotz der verschärften Übungsbedingungen bitte Kinderwägen, Eltern mit Kindern, alten Menschen, Rollstuhlfahrern oder Popcornverkäufern aus. Die haben immer Vorfahrt.

Die nächste aufschlussreiche Art zu stehen, können Sie auch wieder bei einem Organ unseres Staates beobachten, beim Militär. Wenn Soldaten in Reih und Glied antreten, pressen sie die Beine zusammen, drücken das Kreuz durch, richten die Füße parallel aus. In dieser Haltung sind sie bereit, die Befehle ihres Kommandanten zu empfangen und bedingungslos auszuführen. Hinter dieser Haltung steckt der Anspruch auf bedingungslose Unterordnung. Der Kommandant steht selbstredend in breitbeiniger Haltung da.

Abb. 18: Wer mit eng aneinandergepressten Beinen (rechts) dasteht, wirkt wenig selbstbewusst und hat einem Angriff (links) wenig entgegenzusetzen. Die nahe am Körper hängenden Arme tun ein Übriges, um diese inaktive Haltung zu unterstützen. Zusätzlich wird hier der Kopf gesenkt, eine weitere Demuts- und Unterwerfungsgeste.

Diese Habachthaltung findet sich auch im zivilen Leben immer wieder. Manche Menschen verfallen im Gespräch mit dem Chef oder bei anderen Anlässen sehr schnell in eine solche Haltung. Sie signalisiert: „Ich bin bereit, deine Anordnungen auszuführen, von mir hast du keinen Widerstand zu erwarten." Im Gegensatz zum breitbeinigen Stand nimmt derjenige, der so steht, viel weniger Grundfläche beim Stehen ein und demonstriert damit unwillkürlich, wie er sich einschätzt.

Unser Expertentipp
Ihr Anspruch auf Raum zeigt stets sehr deutlich, welchen Anspruch Sie auch auf andere Dinge wie Anerkennung oder Selbstbestimmung haben!

Auch hier gibt es eine dazu passende Zeichenfolge. Diese besteht in einem leichten Vorneigen des Körpers wie bei einer Verbeugung sowie dem leichten Senken des Kopfes. Menschen, die in extremer Form zu dieser körpersprachlichen Unterordnung neigen, bestätigen im Gespräch mit Ihnen manchmal jede Ihrer Aussagen mit einem schwachen Vorneigen. Sie verbeugen sich damit vor Ihren Aussagen. Das gibt es wirklich!

Die Halb-acht-Haltung ist bei manchen gesellschaftlichen und sozialen Anlässen sogar vorgeschrieben und sorgt so dafür, dass sich die Teilnehmer bereits durch ihre Körpersprache unterordnen. Dies ist zum Beispiel bei Staatsempfängen oder anderen wichtigen Anlässen der Fall. Dort steht man und auch frau sowieso stramm und ehrfürchtig und käme gar nicht auf die Idee, sich breitbeinig zu präsentieren. Wenn man dann dem Gastgeber vorgestellt wird, meist in einer langen Reihe mit vielen anderen, ist man gezwungen, zur Begrüßung einen größeren Mindestabstand einzuhalten. Wenn dann der Gastgeber, meist erfahren im politischen Geschäft und sich der Wirkung seiner Körpersprache bewusst, sich beim Händeschütteln nicht bewegt, sind Sie gezwungen, sich leicht nach vorne zu beugen. Sie verbeugen sich dann praktisch vor dem Gastgeber und ordnen sich damit unter. Harmlose und zufällige Gesten? Nein, hier steckt viel unbewusstes Imponierverhalten dahinter. Beobachten Sie solche Anlässe einmal im Fernsehen. Sie werden erstaunt sein, wie viele körpersprachlich eindeutige Unterordnungsrituale Sie im politischen Leben finden.

Für Sie ist vor allem wichtig, die Beinhaltung bei Ihrem Gegenüber richtig zu interpretieren. Wenn Sie einen Menschen vor sich haben, der seine Beine sehr eng zusammenpresst und Ihnen vielleicht beim Zuhören auch leicht mit dem Oberkörper entgegenkommt, wissen Sie, dass sie einen untergebenen und dienstwilligen Menschen vor sich haben. In manchen Bereichen des Lebens mag das recht praktisch sein. Doch sollte es ein Mitarbeiter von Ihnen sein, der im Vertrieb arbeitet oder für Key Accounts, also die wichtigsten Kunden des Unternehmens zuständig ist, wäre es besser, diesen vielleicht für andere Aufgaben einzusetzen. Denn er wird sich nicht ausreichend durchsetzen können.

Überprüfen Sie auch bei sich selbst gelegentlich, wie Sie stehen. Wenn Sie sich häufiger in der Hab-acht-Stellung ertappen, sollten Sie sich fragen, warum Sie das tun und in Erwägung ziehen, Ihre Einstellungen zu überprüfen und zu ändern.

Beine über Kreuz

Wer einen Menschen sieht, der die Beine beim Stehen überkreuzt, das heißt, einen Fuß so vor den anderen setzt, dass sich die Beine auf Höhe der Knie kreuzen, denkt unwillkürlich, dass der oder diejenige dringend auf die Toilette muss. In diesem Fall können Sie das anhand der übrigen Zeichenfolge überprüfen: Eine solche Person hüpft meist noch unruhig hin und her, hat einen unruhigen Blick und Schweißperlen auf der Stirn und hält sich die Hände vor den unteren Teil des Bauches.

Abb. 19: Wer mit überkreuzten Beinen dasteht (links), signalisiert extreme Unsicherheit. Diese Haltung ist oft noch mit einem gesenktem Blick und einer Schutzhaltung der Hände kombiniert.

Doch meistens ist die Bedeutung dieser Stellung eine andere. Wer mit gekreuzten Beinen dasteht, beansprucht den minimalsten Raum für sich, der überhaupt möglich ist (außer wenn wir auf einem Bein stehen würden). Eine solche Person macht sich wirklich klein und will möglichst nicht auffallen. Weitere Zeichen, die diesen Eindruck unterstützen, sind ein brav nach unten gerichteter Blick, eng an den Körper angelegte Hände, die oftmals vor dem Bauch gehalten werden und verdreht wirken. Die Schultern sind häufig nach vorne gezogen, der Brustkorb wird ebenfalls eingezogen, der Kopf ist leicht gesenkt.

Diese Haltung kann mehrere Bedeutungen haben: Die erste ist, dass der betreffenden Person ein großer Fehler unterlaufen und ihr die nun folgende Situation extrem peinlich ist. Sie will sich nur noch verstecken, klein machen und nicht auffallen. Daher können Sie einen solchen Stand auch mal bei Menschen beobachten, die sonst eher selbstsicher wirken. Doch er hält nicht lange an und kann schnell ins Gegenteil verkehrt werden, wenn Sie dieser Person zum Beispiel zu rüde die Meinung über den Fehler sagen.

Doch manche Menschen sind von ihrem Naturell her sehr ängstlich, schüchtern und unsicher. Sie stehen meistens so da und signalisieren auch anderen Menschen ihre Unsicherheit damit natürlich deutlich. Körpersprachlich kommt diese Botschaft an. Das limbische System möglicher Gesprächspartner registriert das mangelnde „Standing" und nutzt die Situation meist schamlos aus. Sie werden, wahrscheinlich ohne das zu wollen, mit der Person bestimmt und dominant umgehen. Diese Behandlung bestätigt Ihr Gegenüber in seiner Meinung, klein und unwichtig zu sein, und verstärkt damit sowohl sein inneres Empfinden als auch seine äußere Haltung.

Sie werden diese Haltung häufiger bei einer Frau als bei einem Mann finden. Denn es ist immer noch so, dass vor allem Frauen zu Selbstzweifeln neigen und diese auch nach außen zeigen. Das ist eine Reaktion aus alten Rollenmustern, die schon jungen Mädchen anerzogen werden. Männer haben oftmals genau dieselben inneren Zweifel, doch sie haben teilweise gelernt, diese mit einer erhöhten Aggressivität zu überdecken. Das wiederum bestärkt das limbische System darin, die Selbstzweifel nach und nach zu reduzieren, vor allem wenn sie durch die Umwelt nicht permanent bestätigt werden.

Wenn Sie sich in einer überkreuzten Haltung ertappen, dann nehmen Sie die Beine bewusst ein Stück auseinander, stellen sich schulterbreit hin, richten den Oberkörper auf und achten ganz bewusst auf das Gefühl, das Sie jetzt durchströmt. Sie werden sich sofort selbstsicherer fühlen. Probieren Sie es aus!

Natürlich wäre das kein vollständiges Körpersprachebuch, wenn wir nicht noch eine dritte Deutung für das Stehen mit überkreuzten Beinen hätten. Diese Möglichkeit geht in eine ganz andere Richtung. Eingangs haben wir ja davon gehört, dass sich Menschen in bedrohlichen Situationen stets für eine Flucht wappnen. Der Blick geht zur Tür, der Oberkörper dreht sich in Richtung des Fluchtweges und die Person stellt sich breitbeinig hin, um jederzeit lossprinten zu können. Das ist die Fluchtstellung, die bei Beunruhigung eingenommen wird. Das Gegenteil ist der Fall, wenn sich ein Mensch völlig sicher fühlt: Dann verlagert er das Gewicht auf ein Bein, überkreuzt das andere ganz gemütlich und lehnt sich vielleicht auch noch an eine Wand. Aus dieser Haltung heraus könnte er nicht flüchten. Doch er braucht es in seinem sicheren Gefühl auch nicht. Sie können diese Haltung zum Beispiel beobachten, wenn Menschen auf die U-Bahn warten und dabei etwas lesen. Bei solchen Menschen sehen Sie außerdem noch andere Entspannungs- oder Ruhezeichen wie einen abwesenden Blick.

Sprechen Sie eine solche Person unvermutet an, werden Sie feststellen, dass sich die Person sofort breitbeinig hinstellt und strafft. Der Körper bereitet sich auf eine mögliche Flucht vor, weil das limbische System noch nicht weiß, was Sie im Schilde führen. Im Gegensatz dazu würde eine unbekannte schüchterne Person, wenn Sie auf den Bus wartet, mit vielleicht schulterbreit geöffneten Beinen dastehen, weil sie oftmals in einem latenten Angstzustand vor der Umgebung lebt. Sie würde die Beine dann verschränken, wenn Sie ihr eine Frage stellen, weil sie sich erst im Umgang mit einer anderen Person klein fühlt und erst dann auch klein macht.

Auf diese Weise können Sie Körpersprache sinnvoll lesen und Menschen wirklich versehen. Sehen Sie den Kontext und bewerten Sie niemals nur einzelne Merkmale!

Der „richtige" Stand

Bevor wir uns der Frage widmen, was denn nun der richtige Stand ist, sollten wir zuerst einmal klären, ob es beim Stand überhaupt ein Richtig oder Falsch gibt. Denn natürlich drückt der aktuelle Stand ja auch immer eine aktuelle Befindlichkeit oder einen inneren Zustand aus. Zudem ist der richtige Stand natürlich auch von der jeweiligen Situation abhängig. Zu viel Dominanz ist nicht immer gut, zu wenig kann aber auch schädlich sein.

Doch natürlich gibt es auch Situationen, in denen Sie einfach nur eine gute Figur machen wollen oder neutral wirken möchten. Auch wenn Sie zum Beispiel eine Präsentation halten, sollten Sie sehr wohl bedenken, dass Ihr Stand mitbestimmt, wie Sie wirken.

Es gibt zwei neutrale Standhaltungen: Das sind der schulterbreite Stand sowie der Stand mit Stand- und Spielbein.

Der schulterbreite Stand. Für alle offiziellen Anlässe, öffentlichen Auftritte, Präsentationen, wichtigen Gespräche oder andere passenden Anlässe eignet sich der schulterbreite Stand. Den schulterbreiten Stand sollten Sie unbedingt vorher einüben. Viele Menschen fühlen sich damit ungewohnt, weil sie auf einmal offen und selbstbewusst dastehen. Doch das können Sie lernen.

Der schulterbreite Stand

Um den schulterbreiten Stand einzunehmen, stehen Sie ganz locker mit etwa schulterbreit geöffneten Beinen da. Die Fußspitzen zeigen ganz leicht nach außen, Ihr Gewicht ist gleichmäßig auf beide Beine verteilt. Die Schultern ziehen Sie nach hinten und drücken Sie ganz leicht nach unten, sodass Sie aufgerichtet wirken. Stellen Sie sich beim Hochziehen der Schultern vor, dass Sie sich an Ihrer Halswirbelsäule nach oben ziehen (bitte nur vorstellen). Der Kopf ist gerade. Die Hände lassen Sie ganz locker am Körper herunterhängen. Die Daumen zeigen nach vorne. Üben Sie diese Haltung vor dem Spiegel ein und finden Sie heraus, wie Sie sich damit genau wohlfühlen.

Mit dieser Haltung können Sie nun in so ziemlich jede Situation gehen, die Ihnen wichtig ist. Gewöhnen Sie sich am besten an, immer so dazustehen. Ihr Gegenüber nimmt Sie so als selbstbewussten und authentischen Gesprächspartner wahr. Dazu ist wichtig, dass Sie mit beiden Beinen auf dem Boden stehen. Diese Stellung ist ja bereits sprichwörtlich.

Im Gespräch oder bei Präsentationen sollten Sie jetzt noch darauf achten, dass sich Ihre Hände vor dem Körper und oberhalb der Gürtellinie befinden. Damit wirken Sie am sympathischsten. Am besten gestikulieren Sie entsprechend Ihrem Temperament und begleiten Ihre Worte mit passenden Handbewegungen. Mehr dazu finden Sie im Kapitel „Hände" weiter hinten in diesem Buch.

Richten Sie sich auf. Wenn Sie nun beginnen, Menschen aufmerksamer zu beobachten, werden Sie mit Erstaunen feststellen, dass viele

Menschen zwei bis drei Zentimeter Körpergröße verschenken. Denn
so viel gewinnen Sie dazu, wenn Sie Ihren Körper aufrichten und
über den Hals kräftig nach oben ziehen, wie wir das beschrieben
haben. Wenn Sie das tun, werden Sie merken, dass sich Ihre Schultern von ganz alleine öffnen und leicht nach hinten drücken.

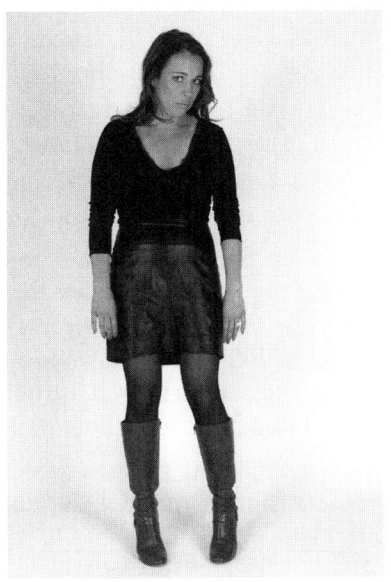

*Abb. 20: Wer sich kleinmacht, verschenkt
Wirkung. Zudem wirkt man unsicher und
schutzbedürftig. Das ist keine gute Haltung, um
etwas durchzusetzen.*

Was bewirkt dieser Unterschied? Schauen Sie sich einmal die Menschen in Ihrer Umgebung an. Erschreckend viele laufen mit hängenden Schultern und in sich zusammengesunken durch die Gegend. Es
ist, als laste alles Unglück der Welt auf ihren Schultern. Die Sorgen
drücken sie förmlich zu Boden. Eine solche Haltung ist in zweierlei
Hinsicht fatal: Nach außen drücken solche Menschen Antriebslosig-
keit, Unlust und Frust aus. Man will mit ihnen nichts zu tun haben
oder fühlt sich in ihrer Gegenwart blockiert.

Nach innen wirkt diese Haltung noch fataler. Denn sie vermittelt
unserem Unterbewusstsein genau die gleiche Botschaft: „Ich bin un-
lustig, gefrustet und blockiert." Aus einer solchen Haltung heraus
werden Sie keine guten Ideen entwickeln oder motiviert arbeiten
können. Probieren Sie es einfach mal aus. Stellen Sie sich hin, lassen
Sie sich nach vorne zusammensacken und fühlen Sie dann in sich
hinein. Wie geht es Ihnen dabei? Die weitere Zeichenfolge besteht
aus einem nach unten gerichteten Blick, vor dem Körper verknoteten
Armen und einem wenig dynamischen Gang.

Ganz anders treten jedoch Menschen auf, die Optimismus und Tatkraft versprühen. Beobachten Sie auch diese genau. Solche Menschen haben die Schulter immer weit geöffnet, gehen aufrecht und aufgerichtet durchs Leben und zeigen das auch. Solche Menschen werden von ihrem Umfeld ganz anders wahrgenommen. Sie reißen ihre Gesprächspartner oder Kollegen mit, motivieren sie und sind selbst auch sehr motiviert. Sie sprechen meist auch häufiger über Chancen und positive Dinge als ihre Kollegen, die sich hängen lassen.

Der Unterschied besteht in zwei bis drei Zentimetern! Und er ist beachtlich. Denn das limbische System erhält durch die geöffneten Schultern und den aufrechten Gang ein ganz anderes Signal. Es schaltet um auf Optimismus und Tatkraft.

Probieren Sie auch das aus. Stellen Sie sich vor einen Spiegel und richten Sie sich auf. Fühlen Sie in sich hinein. Was können Sie jetzt spüren? Wahrscheinlich strömt schon jetzt neue Energie in Sie hinein. Verstärken Sie den Effekt noch, indem sie beide Arme kräftig nach oben reißen und laut „Hurra" schreien. Spätestens jetzt sollten Sie wieder neue Energie zum Arbeiten oder für den Hausputz haben.

Jetzt möchten wir Ihnen noch eine Übung vorstellen, die wir im Seminar immer mit viel Vergnügen machen und die wir Ihnen sehr ans Herz legen möchten:

Körpersprache schlägt Sprache

Stellen Sie sich hin und lassen Sie sich nach und nach immer mehr zusammenfallen. Beugen Sie sich jetzt so weit wie möglich nach vorne, bis Ihr Brustkorb so richtig eingeschnürt wird. Sagen Sie jetzt laut und voller Inbrunst „Ich bin toll!". Wiederholen Sie diesen Satz dreimal. Achten Sie dabei vor allem auf Ihr Gefühl, wenn Sie diesen Satz sagen.

Jetzt zum zweiten Schritt der Übung: Stellen Sie sich aufrecht hin, öffnen Sie die Schultern und springen Sie dann in die Luft, so hoch es geht. Reißen Sie dabei die Arme kräftig nach oben. Sie können diese Haltung zum Beispiel in der Bundesliga beobachten, wenn ein Tor gefallen ist. Natürlich nur im richtigen Fanblock. Rufen Sie beim Hochspringen laut und deutlich „Die Welt ist schlecht!". Wiederholen Sie auch das Hochspringen dreimal und achten Sie dabei auf Ihre Gefühle.

Nun zur Auswertung. Was haben Sie beobachtet? Waren Ihre beiden Sätze „Ich bin toll!" und „Die Welt ist schlecht!" authentisch? Haben Sie damit jemanden überzeugt? Ganz sicher nicht. Denn die Köpersprache schlägt hier die Sprache. Hier haben Sie 99 Prozent Wirkung über die Beziehungsebene und höchstens ein Prozent Wirkung über die Inhaltsebene. Also, laufen Sie ab heute nur noch aufrecht durch die Welt. Dann überzeugt auch der Satz „Ich bin toll!".

Noch ein letzter Tipp: Machen Sie diese Übung mit Ihrem Team, wenn dort mal wieder die Motivation fehlt. Damit erzielen Sie eine bessere Wirkung als mit einer Stunde Krisenmotivationsgespräch. Garantiert.

Wenn Sie körperlich etwas kleiner als der Durchschnitt sind, können Sie durch einen einfachen Trick ebenfalls viel dazugewinnen. Kleinere Menschen machen sich paradoxerweise oftmals selbst noch kleiner. Sie lassen sich zusammenfallen, wie wir das oben beschrieben haben. Wenn Sie das tun, sind Sie wirklich klein und werden von Ihrer Umwelt auch so wahrgenommen. Sie werden es schwer haben, Akzeptanz zu erlangen und sich mit Ihren Ideen durchzusetzen. Klar, es nimmt Sie kaum jemand richtig wahr.

Das können Sie nachhaltig ändern, indem Sie sich aufrichten und künftig aufrecht durchs Leben gehen. Zum einen gewinnen Sie auch hier ein paar Zentimeter dazu, die Sie keinesfalls verschenken sollten. Doch viel wichtiger ist, dass Sie mit aufrechten Oberkörper und weit geöffneten Schultern an Präsenz gewinnen. Sie sind auf einmal da und man kann Sie gar nicht mehr übersehen! Beobachten Sie einmal kleinere Menschen in wichtigen Führungspositionen. Diese Menschen gehen aufrecht durchs Leben und sind damit teilweise sehr erfolgreich.

Standbein und Spielbein. Die neutralste Variante beim Stehen ist die mit dem Stand- und dem Spielbein. So stehen die meisten Menschen da, wenn sie sich unbeobachtet fühlen und keine Wirkung auf andere ausüben möchten. Wenn Sie so stehen, haben Sie Ihr Hauptgewicht auf ein Bein verlagert. Das andere Bein ist fast unbelastet und steht locker daneben. Diese Haltung strahlt viel Leichtigkeit aus und wirkt sehr neutral.

Wenn Sie häufig vor Menschen sprechen oder längere Gespräche im Stehen führen, werden Sie meist irgendwann zu dieser Haltung wechseln. Wir haben Ihnen oben ja für solche Fälle das schulterbreite Stehen empfohlen. Diese Haltung ist vor allem für den Gesprächsanfang gut und auch zu empfehlen, wenn Sie präsentieren oder vor Menschen sprechen müssen. Dann wirken Sie „angekommen". Auch in Situationen, in denen Sie mit Gegenwind rechnen müssen, empfehlen wir das breitbeinige Stehen. Doch sobald das Gespräch lockerer wird, können Sie zur Stand-und-Spielbein-Variante übergehen. Auch auf Partys, bei Empfängen oder bei einer Betriebsbesichtigung ist dieser Stand unverfänglich und strahlt Leichtigkeit aus. Doch aufgepasst: Im Job sollten Sie im Zweifel erst einmal auf beiden Beinen stehen. So lernen Sie diese Haltung am schnellsten. Erst wenn Sie sich damit sicher fühlen, sollten Sie variieren.

Stand- und Spielbein schon bei den alten Griechen
Wussten Sie, dass bereits die antiken Bildhauer in Griechenland das Konzept des Stand- und Spielbeins beherrschten? Damit verliehen sie ihren Figuren deren berühmte Leichtigkeit. Plastiken im alten Ägypten oder in anderen Hochkulturen ließen diese Leichtigkeit noch vermissen. Sie stehen stets mit beiden Beinen auf dem Boden. Auch bei den Malern des Mittelalters können Sie bereits das perfekte Zusammenspiel von Stand- und Spielbein bewundern, zum Beispiel in der Darstellung von Nymphen oder spielenden Jungfrauen. Wie Sie sehen, waren die Regeln der Körpersprache bereits vor 2000 Jahren bekannt.

Die Distanzzone

Ist Ihnen schon mal jemand zu nahe „auf die Pelle" gerückt? Warum ist Ihnen das oft unangenehm? Haben Sie auch schon das Gegenteil erlebt und wären einer Person gerne näher gewesen?

Der Abstand zwischen zwei Menschen ist ein wichtiges körpersprachliches Element. Auch hier können große Fehler in der Kommunikation gemacht werden. Doch fangen wir ganz vorne an: Was passiert, wenn sich Ihnen ein Mensch bis auf wenige Zentimeter nährt? Sie spüren ein unangenehmes Kribbeln, Ihnen wird warm und Sie würden am liebsten einen großen Schritt zurücktreten und ausweichen. Ihre Distanzzone ist Ihnen heilig. Niemand darf ungefragt hinein, denn das ist Ihr autonom verwalteter Bereich. Wenn das doch passiert, wird Ihnen das unangenehm. Natürlich gilt das auch, wenn Sie jemanden zu nahe rücken. Ausnahmen machen Sie nur bei Menschen, die Sie gut kennen und denen Sie vertrauen: Kinder, Beziehungspartner, sehr gute Freunde. Doch das ist immer ein heikles Thema, denn manche Menschen sind in der Distanzzone zwar geduldet, aber nicht wirklich gewollt.

Wie groß ist nun der Abstand, den Sie zu einem anderen Menschen brauchen? In der Regel sagt man, dass die Länge Ihres ausgestreckten Armes ausreicht, die Distanzzone zu wahren. Das sind im Mittel etwa 80 Zentimeter. Allerdings ist hier Vorsicht geboten: Manche Menschen brauchen eine noch größere Distanzzone und andere nur eine sehr geringe.

Abb. 21: Wird die Distanzzone zwischen zwei Menschen deutlich unterschritten, führt dies zu einer massiven Störung im Gespräch. Wie hier zu sehen, weicht die Gesprächspartnerin (links) deutlich nach hinten aus, weil ihr der andere zu nahe kommt.

Sie können Ihren Mindestabstand sehr leicht selbst ermitteln. Machen Sie mit einer Person, die Ihnen nicht besonders nahesteht, einmal folgende Übung:

So ermitteln Sie Ihre eigene Distanzzone: Stellen Sie sich frontal vor die Person und verringern Sie den Abstand immer weiter. Spüren Sie in sich hinein, wie es Ihnen geht, und lassen Sie sich auch von der anderen Person beschreiben, wie es ihr geht. Sie werden feststellen, dass es für Sie beide eine klare Grenze gibt, ab der der Abstand zu nahe ist. Machen Sie dieselbe Übung auch im Sitzen. Auch hier werden Sie feststellen, dass es diesen Mindestabstand gibt.

Spannend ist natürlich auch, wenn Sie sich für diese Übung die Augen verbinden. Selbst jetzt werden Sie merken, wann der Mindestabstand unterschritten ist. Damit können Sie feststellen, welch feine Antennen wir für die Anwesenheit anderer Menschen besitzen.

Im Alltag achten die meisten Menschen darauf, diesen Mindestabstand zu einer anderen Person einzuhalten. Doch leider tun dies nicht alle. Es gibt immer wieder Menschen, die die Distanzzone bewusst oder unbewusst verletzten. Die Folgen können gravierend sein. Meist sind wir so erzogen, dass wir in einem solchen Fall nichts sagen, um ja nicht die Gefühle anderer Menschen zu verletzen. Lieber ertragen wir den unangenehmen Zustand und schwächen uns damit selbst. Denn wir werden massiv abgelenkt sein und können dem

Gespräch nicht mit derselben Konzentration folgen, wie wir es sonst tun würden.

Wenn es nur ein harmloses Small-Talk-Gespräch im Supermarkt ist, hat das vielleicht keine weiteren Folgen. Wenn sich aber beim Kauf Ihres Neuwagens der Verkäufer ständig in Ihre Distanzzone drängt, sind Sie in diesem Gespräch vielleicht nicht voll da. Dann stimmen Sie unter Umständen einem Verkaufsabschluss zu, der für Sie ungünstig ist. Oder Sie finden keine Kraft, einem dominanten Gesprächspartner in einem schwierigen Gespräch genügend entgegenzusetzen. Die Verletzung des Mindestabstandes passiert häufiger, als uns das bewusst ist. Obwohl es in der Mehrzahl der Fälle sicher unabsichtlich geschieht, weil es immer wieder Menschen gibt, die kein Gefühl für den Mindestabstand haben, gibt es manchmal auch Menschen, die ihre körperliche Dominanz auf diesem Weg bewusst einsetzen, um Druck aufzubauen.

Dagegen muss man sich wehren. Und hier sind wir auch schon wieder beim Thema Selbstsicherheit. Denn viele Menschen trauen sich nicht, ihre Distanzzone zu verteidigen und klipp und klar ihre Interessen zu vertreten. Sie haben Angst vor den Folgen, wollen ihr Gegenüber nicht verletzten oder bloßstellen oder sie denken, man darf anderen Menschen so etwas nicht sagen.

Klar dürfen Sie. Die Distanzzone gehört Ihnen, und es ist Ihr gutes Recht, sie auch zu verteidigen. Und wenn Ihr Gesprächspartner zudem dazu neigt, Ihnen ungefragt seine Hand auf den Arm oder den Oberschenkel zu legen, ist das schon ein massiver Eingriff in Ihre Persönlichkeitsrechte. Wenn Ihnen das unangenehm ist, sollten Sie unbedingt etwas unternehmen.

Doch was kann man gegen Distanzdiebe tun? Das richtige Verhalten in einem solchen Fall ist ja oft nicht so ganz einfach. Wir empfehlen Ihnen die folgenden Schritte (der Reihe nach):

• Gehen Sie selbst auf Abstand. Ziehen Sie sich einfach ein paar Zentimeter zurück. In manchen Fällen wird Ihr Gesprächspartner den leisen Wink verstehen und Ihnen nicht weiter auf die Pelle rücken. Im verschärften Fall können Sie auch versuchen, einen Gegenstand zwischen sich zu bringen. Gut geeignet sind zum Beispiel Stehtische bei Empfängen.

• Drehen Sie sich etwas zur Seite. Unsere Distanzzone ist seitlich nicht so stark ausgebildet wie direkt vor uns. Sie wirkt für uns wie ein Seitenaufprallschutz – unsere Organe sind seitlich nicht verletzbar. Wenn das nicht funktioniert, können Sie sich auch direkt neben jemanden stellen. Das mag zwar komisch aussehen, funktioniert aber auch.

- Wenn Sie in einer Schlange stehen und sich unwohl fühlen, können Sie sich auch neben die Schlange stellen. Ihren Platz behalten Sie damit trotzdem, aber Sie sind den anderen Menschen nicht mehr unmittelbar ausgesetzt.
- Wenn Ihr Gesprächspartner trotz ihrer Standortwechsel zu aufdringlich wird, sollten Sie das Thema in irgendeiner Form ansprechen. Sagen Sie einfach mit einem netten Lächeln: „Mir ist es hier ein bisschen eng. Würde es Ihnen etwas ausmachen, wenn wir uns etwas anders hinstellen?"
- Wenn auch das nicht klappt, dann sollten Sie das Thema direkt ansprechen und nett sagen: „Tut mir leid, aber Sie rücken mir etwas zu sehr zu Leibe. Können wir uns auf etwas mehr Abstand zwischen uns einigen?"

Wahrscheinlich werden Sie bei der letzten Variante denken: „Das darf ich doch nicht machen, dadurch störe ich doch das Gespräch, vielleicht bricht mein Gegenüber das Gespräch sogar ab." Lassen Sie sich an dieser Stelle gesagt sein, dass diese Denkweise zwar weitverbreitet, aber falsch ist. Denn das Gespräch ist zu diesem Zeitpunkt schon gestört. Nicht Sie haben es gestört, sondern Ihr Gesprächspartner, der in Ihre Distanzzone eingedrungen ist.

Nebenbei bemerkt: In einem Verkaufsgespräch wäre es zum Beispiel ein grober Fehler, wenn Ihnen der Verkäufer zu nahe rückt. In den meisten Fällen würden Sie nämlich nicht unter Stress einen für Sie ungünstigen Abschluss machen, sondern Sie würden das Gespräch recht bald abbrechen und gehen. Daher ist es in einer solchen Situation sogar sinnvoll, den Verkäufer darauf anzusprechen, damit der Gesprächsverlauf geändert werden kann.

Kommen wir zurück zu dem, was man darf und was nicht. Vielleicht haben Sie auch gedacht: „Es gehört aber ganz schön viel Mut und Selbstsicherheit dazu, den anderen in seine Schranken zu weisen." Bei diesen Gedanken liegen Sie richtig. Und wir sind wieder bei einem wichtigen Thema unseres Buches: Selbstsicherheit bedeutet nämlich, seine Grenzen zu erkennen und zu verteidigen. Ein selbstsicherer Mensch hat keine Probleme damit, andere in ihre Schranken zu verweisen und seine eigene Privatsphäre zu wahren. Der Mindestabstand im Gespräch ist ja nur ein Aspekt der Verletzung persönlicher Grenzen. Es gibt viele weitere Bereiche, bei denen Menschen versuchen, die Grenzen zu überschreiten, die Menschen zu ihrem Schutz um sich herum aufbauen.

Menschen, die selbstsicher auftreten, haben im Übrigen sehr viel seltener das Problem, dass ihnen Gesprächspartner auf die Pelle rücken. Sie strahlen auf der körpersprachlichen Ebene die Botschaft aus: „Ich bin stark, respektiere meine Grenzen!" und erleichtern sich damit natürlich das Leben beträchtlich.

Noch ein paar Tipps zum Mindestabstand:

* In südlichen Ländern wie Italien oder Spanien haben die Menschen ein anderes Verhältnis zum Mindestabstand und zu Berührungen. Sie kommen Ihnen dort automatisch näher und werden Sie auch schneller berühren. Wenn Sie in einem solchen Land unterwegs sind, ist es nicht immer sinnvoll, deutsche Maßstäbe zu wahren, sondern Sie kommen manchmal mit südlicher Lockerheit weiter. Aber auch in solchen Ländern gibt es natürlich Grenzen und Tabus.
* Wenn Sie jemanden zurückweisen, kann dies natürlich einen Bruch im Gespräch bedeuten. Wenn also von einem Gespräch viel für Sie abhängt, aber zum Beispiel ein Personalleiter, der Sie einstellen möchte, oder ein Kunde, der ein gutes Geschäft mit Ihnen machen möchte, die Distanzzone verletzt, sollten Sie das in solchen Fällen vielleicht besser tolerieren.
* Sofern Sie angestellt sind und mit mehreren Personen in einem Raum arbeiten, sollten Sie in Ihrem Büro die Position der Bürostühle und Schreibtische zueinander überprüfen. Wenn Sie zu nahe bei Ihren Kollegen sitzen, kann das ebenfalls Ihre Mindestdistanz unterschreiten und Stress auslösen. Kritisch kann es vor allem werden, wenn Sie sich gegenübersitzen und ständig anschauen müssen. Hier kann meist leicht Abhilfe geschaffen werden, indem Sie einen Schreibtisch um 90 Grad drehen. Auch hier gilt wieder: Es ist erlaubt, Sie dürfen das ansprechen und tun.

Gestik – was Arme und Hände sagen

Die Bewegungen unserer Arme und Hände sind ein zentraler Teil unserer Körpersprache. Wir sind sie in der Regel so sehr gewohnt, dass wir kaum noch darauf achten. Dennoch gibt uns die Gestik zahlreiche wertvolle Hinweis auf grundlegende Verhaltensweisen, Stimmungen oder aktuelle Gedanken der Menschen, mit denen wir es zu tun haben.

Das limbische System ist sehr direkt mit unseren Armen verbunden, weil viele Schutzreflexe unseres Körpers über die Arme laufen. Wenn wir im Wald mit dem Kopf gegen einen Ast stoßen, reißen wir reflexartig die Arme hoch, um den Kopf zu schützen. Wenn wir fallen, stützen wir uns instinktiv mit den Händen ab, um den Körper zu schützen. Daher rühren die sogenannten Fallverletzungen der Handgelenke, weil sie leicht brechen können, wenn wir uns beim Ausrutschen nach hinten abstützen. Auch bei Angriffen oder bei Kälte schützen wir unseren Körper und unseren Kopf mit den Armen und Händen.

Außerdem drücken die Arme sehr unmittelbar unsere Befindlichkeit aus. Sie bilden einen „verlängerten Arm" der Körperspannung. Plötzliche Muskelanspannungen zum Beispiel sind am Körper nur schwer zu erkennen. Wenn sich der Arm jedoch plötzlich oder ruckartig bewegt, können wir das leicht erkennen.

Auch als wichtiges Kommunikationsmittel spielen die Arme und Hände eine zentrale Rolle. So entwickelten die alten Jägerkulturen eine ausgefeilte Gebärdensprache, um sich bei der Jagd geräuschlos zu verständigen und zum Beispiel eine Jagdstrategie festlegen zu können. Heute nutzen Soldaten oder Taucher ebenfalls eine solche klar definierte Gebärdensprache, um sich lautlos oder unter Wasser zu verständigen. Auch sonst verwenden wir im Alltag viele Zeichen, die wir kaum noch bemerken: Winken, Stoppen, Zeigen – all das läuft weitgehend automatisch ab. Diese Zeichen werden meist erlernt und irgendwann ganz automatisch genutzt. Manche Zeichen entstehen auch unwillkürlich und sind ursprüngliche Schutzreflexe. Denken Sie beispielsweise an das Zuhalten des Mundes bei Schreck. Die Gebärdensprache Hörgeschädigter zeigt, wie gut wir mit diesem Werkzeug in Extremfällen umgehen können.

Doch auch unsere normale Kommunikation wird stets von Gestik begleitet. Vielleicht kennen Sie noch den Scherz aus Kindertagen, bei dem Sie einen Menschen, möglichst natürlich einen Erwachsenen, gebeten haben, eine Wendeltreppe „in Worten" zu beschreiben. Fast alle fielen darauf herein, weil sie unwillkürlich eine kreisende Bewegung mit der Hand machten. Dieser Drang, Dinge auch mit den Händen zu beschreiben, ist sehr tief in uns verankert und wird – abgekoppelt vom Bewusstsein – häufig über das limbische System ausgelöst. Dieser Trieb kommt aus den Zeiten, als unsere Sprache noch nicht entwickelt war und sich unsere Vorfahren vermutlich über Jahrtausende hinweg per Gebärdensprache verständigt haben.

Die Gesten, die unser „normales" Sprechen begleiten, fallen uns kaum noch auf. Wenn sie zum Inhalte der gesprochenen Worte passen und damit authentisch sind, sind sie für die Deutung von Körpersprache zudem relativ unergiebig. Doch spannend sind diejenigen Gesten, die nicht mit den Worten übereinstimmen oder die Ihr Gegenüber macht, ohne dabei etwas zu sagen. Diese sind sehr aufschlussreich, weil sie uns an der Gedankenwelt unseres Gegenübers teilhaben lassen.

Eine solche Geste kennen Sie bestimmt aus dem Fernsehkrimi. Wenn der Bösewicht seinen Handlanger fragt, ob der Auftrag gut erledigt wurde und dieser wortlos seine Hand mit einer kurzen und knappen Bewegung am Hals vorbei zieht, dann wissen die Zuschauer, dass es um das Opfer nicht gut steht. Wenn Ihr Chef in einem Business-gespräch unwillkürlich dieselbe Bewegung macht, merken Sie auch gleich, dass es nicht gut um Sie steht.

Auch Redner auf der Bühne zeigen häufig eine sehr aufschlussreiche Gestik. Was ist, wenn ein Politiker sein tiefstes Bedauern über etwas äußert und seine linke Hand dabei tief in der Tasche seines Jacketts vergräbt? Die Lösung erfahren Sie weiter hinten, doch mit Verspre-chungen dieses Politikers sollten Sie in Zukunft etwas vorsichtiger umgehen.

Nachfolgend wollen wir verschiedene Situationen schildern und Ih-nen zeigen, was sie aus den Arm- und Handbewegungen Ihres Gegenübers alles ableiten können.

Grundstimmungen

Unsere Arme verraten viel über unsere aktuelle Grundstimmung. Wenn wir fröhlich sind, zeigen wir eine ausführliche Gestik. Dann bewegen wir die Arme viel, machen große Bewegungen – vor allem im mittleren und oberen Teil unseres Körpers. Manchmal heben wir sie sogar über den Kopf. Auch beim Gehen schwingen die Arme meist weit aus und vermitteln einen lockeren und gelösten Eindruck. Als Faustregel kann man sich merken, dass immer viel Emotion dabei ist, wenn wir die Arme gegen die Schwerkraft bewegen. Natür-lich gilt das auch für negative Emotionen. Wenn ein Mensch auf-gebracht ist, gestikuliert er ebenfalls sehr viel und auch nach oben.

Abb. 22: Wer seine Arme ganz nach oben reißt, signalisiert damit Fröhlichkeit und Aufbruchsstimmung. Man kann mit einer solchen Armhaltung gar nicht schlecht gelaunt sein.

Wenn wir hingegen müde, deprimiert oder angespannt sind, fällt unsere Gestik viel verhaltener aus. Die Arme hängen dann kraftlos am Körper herunter, wir investieren keine Energie in sie. Es ist so, als ob sie von etwas „heruntergezogen" würden. Das ist tatsächlich so, weil das limbische System in solchen Momenten die Spannung im Körper massiv absenkt. In solchen Momenten sind Sie auch geistig nicht besonders leistungsfähig. Auch unsere Armbewegungen werden in solchen Situationen langsamer.

Diesen Unterschied zwischen freudiger und eher eingeschränkter Gestik ist natürlich nicht immer so deutlich ausgeprägt. Gerade kleine Stimmungsschwankungen können Sie nur bei Personen feststellen, die Sie gut kennen. Doch starke Gefühlszustände stellen Sie sehr leicht fest. Denken Sie nur an die Fans einer siegreichen Mannschaft in einem Fußballstadion. Dort werfen alle die Hände hoch und freuen sich über alle Maßen, während die gegnerischen Fans kollektiv die Arme hängen lassen und ihren Frust auch körpersprachlich sehr deutlich zeigen.

Die Gestik der drei Verhaltenstypen

Wie unterscheidet sich die Gestik von Michael Rot, Anke Grün und Carsten Blau?

Reaktionen auf Lottogewinn

Stellen Sie sich vor, unsere drei würden jeweils 100.000 Euro im Lotto gewinnen. Wird Carsten Blau vor Freude Luftsprünge machen? Wohl kaum. Wahrscheinlich wird er nüchtern anmerken, dass er das große Los gezogen habe und sich dann gleich Gedanken machen, was er mit dem Geld anfängt.

Anke Grün hingegen wäre außer sich vor Freude, würde sich zudem sehr lange freuen und alle möglichen Menschen umarmen. Ihre Gestik wäre sehr ausgeprägt.

Michael Rot hingegen würde wahrscheinlich mit einem Urschrei und einer kurzen kraftvollen Schlagbewegung seines Arms reagieren. Die sichtbare Freude wäre bei ihm zwar auch intensiv, doch nur kurz. Seine Gestik hingegen wäre ebenfalls sehr viel entspannter und aktiver als vor dem Ereignis.

Hieraus können wir schon einmal ableiten, dass gefühlsorientierte und dominante Menschen wie Anke Grün und Michael Rot eine sehr ausgeprägte Gestik zeigen, während balance-orientierte Menschen wie Carsten Blau eine eher verhaltene Gestik zeigen. Das gilt auch für die übrige Körpersprache.

Dieser Unterschied ist wichtig, wenn Sie die Gestik bei unbekannten Menschen verstehen wollen. Denn wenn Sie einen balance-orientierten Menschen vor sich haben, wird dieser in jeder Situation sparsam mit seinen Bewegungen umgehen. Wenn Sie diesem Menschen also eine verdiente Beförderung anbieten und daraufhin sichtbare Begeisterung und weit ausholende Armbewegungen erwarten, dürfen Sie nicht enttäuscht sein, wenn diese nur sehr eingeschränkt auftreten. Er freut sich trotzdem, aber sein limbisches System verhindert, dass diese Freude nach außen dringt. Anke Grün wird Ihnen in dieser Situation hingegen vielleicht um den Hals fallen wollen und auch von Michael Rot können Sie sichtbare Armbewegungen erwarten.

Natürlich finden Sie auch bei unterschiedlichen Völkern eine unterschiedliche Gestik. Das Land der Gestik per se ist Italien. Dort wird jede Konversation mit einem breiten Spektrum an Gesten unterstrichen, die der Schwerkraft deutlich trotzen. Doch täuschen Sie sich nicht: Wenn Sie dort einen Menschen besser kennenlernen, werden Sie ihn ebenfalls bald an seiner individuellen Gestik erkennen. Sie müssen lediglich Ihre Eichwerte in puncto Gestik verschieben.

Beachten Sie also immer diese Unterschiede, wenn Sie aus der Gestik eines Menschen Rückschlüsse auf dessen Persönlichkeit oder seine aktuellen Gedankengänge ziehen wollen.

Die aktiven Gesten

Menschen begleiten ihr Reden aktiv mit Gesten. Daraus können Sie verschiedene Schlüsse ziehen, egal ob es sich um einen Redner auf der Bühne oder ein Gegenüber im direkten Gespräch handelt. Mit aktiven Gesten meinen wir dabei die Gesten, die jemand aus eigenem Antrieb und zur Unterstützung des Gesagten macht. Wie wir weiter oben bereits geschildert haben, geben authentische und mit dem Inhalt der Worte übereinstimmende Gesten wenig Aufschluss. Sie bestätigen Sie höchstens darin, den Redner als vertrauenswürdig einzustufen.

Spannend wird es, wenn die Gesten nicht mit dem Gesagten übereinstimmen. Ein Fall ist die Übertreibung. Wenn ein Redner zum Beispiel von einer einvernehmlichen Lösung spricht, seine Hände dabei jedoch hackende und sehr starke Bewegungen von oben nach unten ausführen, können Sie sicher sein, dass er eher an „zerteilen" als an „einvernehmlich" denkt. Hier drückt die Gestik seine wirklichen Gedanken aus, während seine Worte konstruiert sind. Auch wenn ein Redner mit der Faust auf etwas Imaginäres einschlägt, können Sie davon ausgehen, dass er gerade ganz andere Gedanken hegt. Bei der Deutung dieser Art von Körpersprache lassen Sie sich am besten von Ihrer Intuition leiten.

Auch wenn die Gestik fehlt, wird es interessant. Wenn ein Redner von großen und bedeutenden Ereignissen spricht, seine Körpersprache hingegen sehr ruhig bleibt, stimmt etwas nicht. Entweder ist er extrem balance-orientiert. In diesem Fall wäre er jedoch kein eloquenter Redner, weil das die balance-orientierten Menschen nur ganz selten sind. Vielmehr können Sie davon ausgehen, dass entweder die Ereignisse viel kleiner sind, als der Redner es behauptet, oder er sie selbst als kleiner einschätzt.

Manche Menschen führen beim Sprechen sehr einnehmende Gesten aus: Diese sind groß, rund und wirken harmonisch. Solche Gesten beruhigen den Zuhörer und schaffen ein Klima des Vertrauens. Auch öffnende Gesten gehören dazu. Denken Sie an einen Priester, der an bestimmten Stellen eines Gottesdienstes die Arme weit öffnet. Diese Geste schafft eine sehr tiefe Art des Vertrauens. In der Regel werden solche Gesten von Menschen verwendet, die stark gefühlsorientiert sind. Gefühle sind weich, daher wirken auch die Gesten weich.

Wenn Gesten hingegen eckig und abgehackt wirken, ist der Redner jemand, bei dem Verstand und Analyse im Vordergrund stehen. Solche Menschen drücken sich gerne klar und präzise aus, reden nicht um den heißen Brei herum und sind stark durch ihre Ratio geprägt. Nach unserer Typenlehre wäre Carsten Blau ein solcher Mensch. Allerdings bräuchte er auch Anteile von Anke Grün, um wirklich aus sich herauszugehen. Nur mit seinen „blauen" Anteilen wäre seine Gestik sehr sparsam.

Da viele Menschen Mischtypen sind und sowohl über eine starke Gefühlsorientierung als auch über eine ausreichende Balanceorientierung verfügen, zeigen sie oft beide Verhaltensweisen. So können Sie erkennen, ob sich der Redner gerade im Gefühlsbereich befindet oder eher analysiert. Bei eckigen und harten Gesten kann es allerdings auch sein, dass er entweder unter Druck steht oder sich neben seiner Rede mit anstrengenden Gedanken beschäftigt. Im Zweiergespräch muss das nicht unbedingt mit Ihnen zu tun haben, sondern kann auch durch Gedanken an andere Dinge ausgelöst werden. Auch in Konfliktgesprächen stehen oft die harten Gesten im Vordergrund.

Sie sollten immer dann genau hinsehen, wenn ein Redner plötzlich von runden zu eckigen Gesten wechselt, ohne dass der Grund dafür aus dem Inhalt seiner Rede ersichtlich ist. Das kann Ihnen wertvolle Aufschlüsse über die Gedankenwelt Ihres Gegenübers geben.

Gesten in verschiedenen Körperbereichen – oben, unten, hinter dem Rücken

Wir können unseren Körper in drei wesentliche Bereiche einteilen, in denen sich Gestik abspielt. Die Arme und Hände können sich oberhalb des Bauches, unterhalb des Bauches oder hinter dem Rücken befinden. Auf einen Beobachter wirkt das sehr unterschiedlich – je nachdem, wo sich Ihre Arme und Hände dabei gerade aufhalten.

Gesten im oberen Körperbereich. Menschen, deren Gestik überwiegend im oberen Körperbereich stattfindet, wirken sympathisch und vertrauenserweckend.

Je weiter oben sich die Gestik abspielt, desto positiver kommen Sie in der Regel bei Ihren Gesprächspartnern oder Zuhörern an.

Menschen, die andere wirklich überzeugen können, breiten dabei manchmal sogar beide Arme ganz weit aus oder halten sie sogar nach oben. Das lenkt die Energie und Aufmerksamkeit in die Weite oder in die Höhe. Unser Blick folgt dem und löst im Gehirn positive Assoziationen aus. Denken Sie daran, wie Jesus häufig dargestellt wird. Die berühmte Christusstatue auf dem Corcovado in Rio de Janeiro zeigt ihn mit weit ausgestreckten Armen über der Stadt – Jesus segnet sie damit. Hier wurde positive Körpersprache sogar in Stein gemeißelt.

Achten Sie darauf, dass sich Ihre Gestik im Gespräch überwiegend im oberen Bereich Ihres Körpers abspielt. Das lässt Sie positiver wirken. Auch wenn Sie vor Menschen sprechen, sollten Sie die Hände nach oben nehmen und zudem weite, ausholende Gesten machen. Damit überzeugen Sie Menschen.

Interessanterweise haben viele Menschen Hemmung, ihre Arme ganz nach oben über den Kopf zu strecken, besonders wenn sie mit anderen Menschen zusammen sind. Probieren Sie es einmal aus. Hier wirken unbewusste Blockaden, die uns daran hindern wollen, uns wirklich von allen Zwängen zu befreien. Daher sollten Sie sich regelmäßig strecken, auch in Gegenwart anderer Menschen. Es hat noch eine andere Wirkung, weil die Dehnung Ihre Muskeln, Nerven und sonstigen Energiebahnen streckt und damit auch körperliche Anspannungen beseitigt. Wenn Sie sich strecken, fühlen Sie sich gleich wieder frischer.

Gute Redner animieren ihr Publikum schon mal dazu, die Arme nach oben zu reißen und laut „Hurra" zu rufen. Das schafft stets eine positive Stimmung, die auf den Redner zurückfällt. Leider sind die meisten Menschen sehr stark mit negativen Glaubenssätzen und Vorstellungen über das, was erlaubt ist und was nicht, belastet und tun sich schwer, solche Bewegungen spontan mitzumachen. Schon im Kindesalter versuchen viele Eltern, den Kindern all das abzugewöhnen, was zur spontanen Äußerung von Lebensfreude und von Gefühlen zählt. „Das gehört sich nicht" bekommen viele Kinder dabei zu hören.

Also, zeigen Sie Ihre Lebensfreude, indem Sie Ihre Arme und Hände so oft wie möglich nach oben führen und auch Ihre Mitmenschen dazu animieren, Ihrem Beispiel zu folgen. So wirken Sie positiv, was sich unmittelbar auf Ihren Erfolg im Job auswirkt.

Gesten im unteren Körperbereich. Analog zu dem, was wir über die Gesten im oberen Körperbereich geschrieben haben, liegt es auf der Hand, dass Gesten im unteren Bereich des Körpers ungünstig in ihrer Wirkung auf andere Menschen sind. Personen, die die Hände viel nach unten halten, wirken in der Tat pessimistisch, negativ oder gehemmt. Das kann aus einer momentanen Stimmung entspringen, zum Beispiel wenn der Gesprächsanlass eher unerfreulich ist. Doch häufig sieht man eine solche Gestik auch bei Menschen, deren Grundeinstellung zum Leben durch Pessimismus geprägt ist.

Abb. 23: Wer seine Hände im unteren Bereich des Körpers hält, wirkt ungünstig. Hier wird die negative Grundhaltung durch den Gesichtsausdruck verstärkt.

Andere Menschen können Sie nicht oder nur schwer verändern. Doch an sich selbst können Sie arbeiten. Achten Sie daher wirklich einmal darauf, wo sich Ihre Hände im Gespräch befinden und nehmen Sie sie hoch. Auch wenn Ihnen vielleicht noch nicht nach den ganz „hohen" Gesten zumute ist und diese natürlich auch nicht immer passen, sollten Sie Ihre Hände im Gespräch oder während einer Präsentation doch zumindest in einem Dreieck bewegen, das Ihren Bauchbereich umfasst und nach oben bis zum Brustbein reicht. Dabei sind die Unterarme dann rechtwinklig angewinkelt oder werden leicht nach oben gehalten.

Hände hinter dem Rücken. Jetzt wird es kritisch. Unser steinzeitliches Reptiliengehirn schlägt sofort Alarm, wenn es einem Menschen gegenübersteht, der die Hände hinter dem Rücken hält. Denn er könnte ja eine Waffe dahinter verstecken. In diesen Alarmzustand versetzen wir uns auch noch heute, auch wenn die realen Gefahren des Lebens im Vergleich zur Steinzeit deutlich abgenommen haben. Unser limbisches System weiß das aber noch nicht.

Abb. 24: Wer seine Hände hinter dem Rücken versteckt (rechts), signalisiert Unaufrichtigkeit oder Unnahbarkeit. Eine solche Handhaltung verunsichert den Gesprächspartner. In diesem Fall weicht die Gesprächspartnerin sogar leicht zurück, um ihre Ablehnung zu signalisieren.

Also, vermeiden Sie solche Gesten, wenn Sie Vertrauen erwecken wollen. Vertrauen gewinnen und Hände zeigen gehört eng zusammen. In praktisch jeder Kultur der Welt werden zur Begrüßung die Hände gezeigt. Diese Geste hat überall den gleichen Ursprung: Damit zeigen Sie, dass sie unbewaffnet sind.

Es gab übrigens einen kleinen Trick, mit dem unsere Vorfahren in Zeiten der frühen Stammeskrieger das aushebeln konnten. Wenn diese einen Schild in der linken Hand mit sich führten, konnten sie darin ein Messer oder ein kurzes Schwert verbergen. Die rechte Hand war dann offen und symbolisierte Frieden, doch nur für kurze Zeit. Sobald das Vertrauen des Gastgebers erworben wurde, ging es zur Sache. Daher kommt die Redensart „etwas im Schilde führen". Sie zeigt, wie eng Körpersprache sogar mit unserem Sprachschatz verwoben ist und wie elementar diese Zeichen für unsere Vorfahren waren.

Wenn Sie einem Menschen gegenüberstehen, der permanent seine Hände hinter dem Rücken verbirgt, hat dieser Mensch vielleicht wirklich etwas zu verbergen. Sie sollten davon ausgehen, wenn Sie diese Geste beobachten und versuchen, durch weitere Zeichen oder durch gezielte Fragen herauszufinden, was es damit auf sich hat. Allerdings darf man dabei nicht vergessen, dass sich manche Menschen solche Gesten aus uns unbekannten Gründen irgendwann angewöhnt haben und sie später auch ohne aktuellen Anlass einsetzen. Das limbische System verbindet damit zum Beispiel „in Ruhe nachdenken" und veranlasst den Gesprächspartner, immer dann die Hände hinter dem Rücken zu verschränken, wenn er Zeit zum Nachdenken braucht. Achten Sie also auf den Kontext und die weitere Zeichenfolge, bevor Sie weitreichende Schlüsse über Ihr Gegenüber ziehen. Wir empfehlen Ihnen jedoch, diese Geste im Gespräch stets zu vermeiden.

Sehr kritisch wirken hinter dem Rücken verschränkte Hände jedoch bei einem Redner auf der Bühne. Das darf nicht passieren, weil es dem Zuhörer sehr deutlich signalisiert, dass der Redner etwas verbergen will. Bei Präsentation und Reden gehören die Hände ohne Ausnahme vor den Körper und in den oberen Bereich.

Verschiedentlich wird die Geste der hinter dem Rücken verschränkten Arme auch als Geste allerhöchster Souveränität interpretiert. Könige, sonstige Herrscher, hochrangige Politiker oder geistliche Würdenträger laufen manchmal so, wenn sie sich unter das Volk mischen. Ja, natürlich, diese Geste demonstriert Souveränität und auch Macht, und man kann sie in der Tat in diesem Rahmen deuten. Doch sie demonstriert gleichzeitig, dass der entsprechende Mensch nicht wirklich den Kontakt zu seinem Volk sucht. Die Botschaft dahinter ist daher auch eine Botschaft der Arroganz, der Distanz und der Nichtverbundenheit. Diktatoren können sich das vielleicht leisten, doch Politiker, die beim Volk ankommen wollen, sollten tunlichst die Hände vor dem Körper lassen. Bei populären Machtmenschen können wir das durchweg auch so beobachten.

Gesten einüben

Üben Sie Gesten vor dem Spiegel. Wenn Sie beispielsweise eine Rede oder eine Präsentation halten sollten, können Sie Teile davon vor Ihrem Schlafzimmer- oder einem anderen großen Spiegel einüben. Testen Sie dabei aus, wie Ihre Gestik auf Sie selbst wirkt und wie sie sich für Sie anfühlt. Probieren Sie ruhig auch einmal eine ausgreifendere oder neue Gestik aus. Testen Sie einfach aus, wo Ihre Grenzen liegen und wo Sie sich noch wohlfühlen. Sie können auch bestimmte Gesten einstudieren und diese später gezielt anwenden. Viele große Redner haben auf diese Weise ihr Talent verfeinert.

Die hinter dem Körper gehaltenen Arme beinhalten noch einen weiteren Aspekt. Wie wir weiter oben geschildert haben, sind unsere alten Schutzreflexe ja immer noch sehr stark ausgeprägt. Bei echten oder imaginierten Gefahren schützen wir unsere Körpervorderseite reflexartig mit unseren Armen und Händen. Sobald wir in latenter Alarmstimmung sind, werden wir unsere Arme daher irgendwo vor den Körper platzieren, um uns schneller schützen zu können. Doch wenn wir die Arme hinter dem Körper haben, können wir das nicht. Unsere Vorderseite ist dem Feind schutzlos ausgeliefert. Daraus können wir schließen, dass sich ein Mensch, der die Arme hinter dem Rücken verschränkt, in diesem Moment absolut sicher und souverän fühlt. Er sieht in Ihnen keine Bedrohung und zeigt Ihnen das auch. Er nimmt Sie nicht wichtig. Wenn Sie also mit diesem Menschen sprechen, ist es interessant, wann er die Hände wieder nach vorne nimmt oder sie sogar als Schutz einsetzt. Dann haben Sie es nämlich geschafft, ihn aus der Reserve zu locken.

Die passiven Gesten

Unter „passiven Gesten" verstehen wir all diejenigen Gesten, die wir beim Zuhören machen. Der Übergang ist jedoch fließend, weil wir in einem Gespräch ja ständig zwischen Zuhören und Sprechen wechseln. Und auch beim Sprechen können wir passive Gesten zeigen, weil wir vielleicht gerade an etwas anderes denken. Wenn uns beispielsweise im Gespräch plötzlich einfällt, dass wir am Morgen die Herdplatte angelassen haben, werden wir uns vielleicht mitten im Gespräch die Hand hektisch vor den Mund halten. Das hat dann nichts mit dem aktuellen Gesprächspartner zu tun.

Auch die passiven Gesten sind sehr aufschlussreich, weil Sie aus ihnen auf die Wirkung Ihrer Worte schließen können und damit einen Einblick in die Gedanken Ihres Gegenübers erhalten. Passive Gesten gibt es sehr viele. Beobachten Sie Ihr Gegenüber daher in einem Gespräch sehr aufmerksam, denn aus den passiven Gesten gewinnen Sie wertvolle Hinweise über den Verlauf eines Gesprächs. Natürlich sind nicht nur die Arme und Hände daran beteiligt, doch diese sind besonders aufschlussreich, weil sie meist direkt vom limbischen System gesteuert werden und sie sie zudem gut sehen können. Gerade beim Sitzen sind die Füße verdeckt und die Bewegungsfreiheit des Oberkörpers oftmals eingeschränkt.

Verschränkte Arme. Vor dem Körper verschränkte Arme sind – wie wir schon eingangs in diesem Buch erläutert haben – ein sehr komplexes Signal. Wenn Sie zum Beispiel einem Kunden Ihr Produkt erklären, dieser anfangs noch sehr offen dastand und dann plötzlich die Arme verschränkt, sollten Sie genau analysieren, was dahintersteckt.

Wenn jemand die Arme verschränkt, will er sich stets vor etwas schützen. Das muss aber nicht immer etwas mit Ihnen zu tun haben. Doch genau das sollten Sie herausfinden. Ihr Gegenüber schützt sich vielleicht vor Ihnen, weil die Chemie zwischen Ihnen nicht mehr stimmt oder Sie etwas angesprochen haben, was beim anderen negativ ankommt. Doch vielleicht schützt er sich auch einfach nur vor weiteren Informationen, weil er in Ruhe nachdenken will. Das kommt zum Beispiel in Seminaren häufig nach der Mittagspause vor. Dann sitzen alle auf ihren Stühlen, schirmen sich ab und würden am liebsten ein Mittagschläfchen halten. Als Seminarleiter wird man dann nicht abgelehnt, auch wenn man das vielleicht denken könnte.

Kritischer wird es im Kundengespräch. Vielleicht haben wir den Kunden in diesem Moment verunsichert oder verärgert. Der Kunde schaltet auf Ablehnung. Er will nichts mehr hören, weil Sie das Falsche gesagt haben. Dies erkennen Sie an der weiteren Zeichenfolge: Der Gesichtsausdruck verfinstert sich, der Oberkörper neigt sich nach hinten oder dreht sich zur Seite, der Kopf hebt sich leicht. Spätestens jetzt sollten Sie gegensteuern, indem Sie entweder das Thema wechseln oder nachfragen, was nicht stimmt. Wenn Ihr Gegenüber wieder seine „alte" Haltung einnimmt, haben Sie die Kurve gerade noch mal gekriegt.

Wenn sich Ihr Gegenüber bei verschränkten Armen jedoch leicht nach vorne beugt und einen interessierten Gesichtsausdruck zeigt, so hat er auf „passives Zuhören" geschaltet. Allerdings braucht er in solchen Momenten vor allem Zeit, das Gesagte zu verarbeiten. Geben Sie ihm die Zeit und überfordern Sie ihn in solchen Momenten nicht mit zu viel Input. Schalten Sie also im Tempo herunter. Im Seminar machen wir dann meist eine kleine Sportübung, damit der Kreislauf wieder in Gang und auch das Gehirn auf Touren kommt. Auch in längeren Gesprächen brauchen Menschen zwischendurch solche Auszeiten. Das sollte man wissen und entsprechend berücksichtigen. Natürlich kann Ihr Gegenüber einfach auch nur frieren. Denken Sie stets auch an diese Möglichkeit und fragen Sie im Zweifel einfach nach. Auch wenn es zu kühl ist, ist die Gesprächsatmosphäre gestört.

Schutzgesten. Manchmal halten Menschen ihre Arme und Hände wie einen Schutz vor den Körper und überkreuzen die Hände beispielsweise etwas unterhalb des Bauches. Wenn Sie ein Mann sind und sich vorstellen, was Sie dort schützen, wissen Sie, dass das eine sehr wichtige Region ist. Männer, die ihre Hände schützend vor den Unterleib halten, drücken damit sehr deutlich aus, dass sie sich im Moment gerade sehr bedrängt fühlen und ein sehr starkes Schutzbedürfnis haben. Wenn Sie diese Geste bei Ihrem Gesprächspartner beobachten, sollten Sie daher sofort nachforschen, was passiert ist. Beobachten Sie dazu auch die übrige Zeichenfolge, um festzustellen, ob Sie weitere Zeichen erkennen. Auch hier ist wieder zu beachten, dass es Menschen gibt, bei denen eine solche Geste vom limbischen System „automatisiert" wurde. Sie haben sich daran gewöhnt, sie auch bei minimalen Anlässen anzuwenden, genauso wie sich ein Kleinkind im Extremfall noch jahrelang am Schnuller oder Daumen vergnügen kann, wenn die Entwöhnung im Babyalter nicht funktioniert hat.

Abb. 25: Wer sich angegriffen fühlt, schützt unwillkürlich wichtige Teile seines Körpers. Hier hält die Gesprächspartnerin (links) die Hand vor die Kehle.

Abwehrgesten – der Kanzlerigel. Die wohl spannendste körpersprachliche Geste der letzten Jahre, die zahllose Diskussionen zum Beispiel in Facebook ausgelöst und es sogar bis in die Medien geschafft hat, ist der von uns so-genannte „Kanzlerigel". Angela Merkel überrascht die Öffentlichkeit seit mehreren Jahren damit, dass sie sich auffällig oft mit dieser sehr ausgefallenen Geste präsentiert. Sie hält die Hände so vor dem Bauch, dass sich nur die Fingerspitzen berühren. Dabei gibt es zwei Varianten: Einmal zeigen die Finger nach unten und offenbaren ein großes Dreieck, welches etwa die Region zwischen Bauchnabel und Schambereich zum Mittelpunkt hat. Ein andermal zeigen die Fingerspitzen schräg nach oben. Wir meinen, dass sich die Fingerspitzen im Verlauf der Jahre immer weiter nach unten senken.

Abb. 26: Der berühmte „Kanzlerigel". Über diese Geste ist viel diskutiert worden. Wir halten sie schlicht für eine Abwehrgeste.

Was hat diese Geste zu bedeuten? Wir werden zuerst die Meinung von Experten wiedergeben und Ihnen dann zeigen, wie Sie selbst herausfinden, was eine solche Geste bedeuten könnte. Wir werden dieses Beispiel etwas ausführlicher behandeln, damit Sie ein Gefühl dafür bekommen, wie Sie Körpersprache deuten können.

Beginnen wir mit der Fachmeinung: In verschiedenen Körpersprachebüchern ist nachzulesen, dass es sich bei dieser Handhaltung – zumindest wenn die Finger nach oben gerichtet sind – um eine Geste höchster Souveränität und tiefsten Selbstvertrauens handelt. Ein

Mensch, der es sich leisten kann, seine Hände nur an den Fingerspitzen zu berühren, fühlt sich so sicher, dass er auf jeden weiteren Schutz verzichten kann. Ein wahrhaft sicherer und souveräner Mensch eben. Die Geste sagt auch aus, dass man in diesem Moment von einem Gedanken völlig überzeugt ist und dem anderen zwar konzentriert zuhört, aber seine Meinung eigentlich schon gebildet hat. Die Zeichenfolge bestünde hier in einem leicht vorgeneigten Sitz oder Stand und einem leicht vorgebeugtem Kopf, der aufmerksames Zuhören signalisiert.

Das zweite Bild dazu wäre ein Herrscher, der auf seinem Thron thront, lässig nach hinten gelehnt ist, die Ellbogen aufstützt, die Fingerspitzen in der bewussten Pose zusammenlegt und seinem Untergebenen mit offensichtlicher Langweile zuhört.

Beide Bilder sind stimmig und passen. Wir können sie uns gut vorstellen und können gut nachfühlen, wie sich ein Herrscher oder ein aufmerksamer, aber souveräner Zuhörer in diesem Moment fühlt. Doch passt das auch zu Frau Merkel, wenn sie mit dieser Handstellung inmitten anderer Staatschefs für das Abschlussfoto posiert? Wohl kaum.

Wir haben uns natürlich auch unsere eigenen Gedanken dazu gemacht. Den ersten Hinweis dazu erhielten wir während einer politischen Talkshow, bei deren Produktion wir im Studio eingeladen waren. Dort wurde ein ehemaliger Bürgerrechtler befragt, dem das erlittene Unrecht in seiner Haltung und seinem Ausdruck deutlich anzumerken war. Er saß zusammengesunken auf seinem Stuhl. Die Kamera kam von vorne, aber wir saßen seitlich davon und konnten seine Körpersprache deutlich beobachten. Im Verlauf der Diskussion musste er sich einige härtere Fragen gefallen lassen, die ihn sichtlich unter Druck setzten. Er versuchte, sie mit den üblichen rhetorischen Mitteln zu beantworten, doch seine Gestik hat sich uns fest eingeprägt. Er rutschte in seinem Sessel noch weiter zurück, nahm die Hände vor den Bauch, presste die Fingerspitzen zusammen und richtete diese auf den vermeintlichen Aggressor, einen eloquenten Verbandsvertreter eines großen Industrieverbandes.

Uns fiel es wie Schuppen von den Augen: Das war eine Abwehrgeste per se! Dort zerteilte jemand buchstäblich die „Energie", die auf ihn abgeschossen wurde, mit seinen Fingern und Händen in der Mitte in zwei Bahnen und lenkte sie an seinem Körper vorbei. Gleichzeitig richtete er seine Fingerspitzen auf den Gegner, um ihm seine eigene Energie entgegenzuschießen.

Bevor wir jetzt weiter in dieses Thema einsteigen, möchten wir Sie bitten, am besten gleich eine Übung zu machen, damit Sie das Gesagte besser nachvollziehen können.

Der Igel im Test

Suchen Sie sich einen anderen Menschen und stellen Sie sich ihm etwa mit einen Meter Abstand gegenüber. Bilden Sie jetzt den besagten Igel mit Ihren Händen und richten Sie ihn auf das Zentrum dieses Menschen. Fragen Sie ihn dann, wie er sich fühlt. Sie werden in fast allen Fällen zu hören bekommen, dass sich die Person unangenehm oder bedroht fühlt.

Wiederholen Sie jetzt die Übung, indem Sie in derselben Position die Handflächen locker ineinander legen. Die Handflächen sind dabei nach oben gerichtet. Fragen Sie Ihren Übungspartner, wie er sich jetzt fühlt. Jetzt werden Sie wahrscheinlich hören, dass er sich wohler fühlt.

Interessanterweise werden Sie bei sehr sensitiven Menschen dasselbe Ergebnis erzielen, wenn diese die Augen geschlossen halten. Diese einfache Geste hat also eine enorme Wirkung auf Ihr Gegenüber. Warum das so ist, sei dahingestellt. Wir finden das Bild von „Energiefeldern" sehr einprägsam, die man auf diese Weise nutzt. Doch genauso gut könnte das limbische System die beiden Handstellungen irgendwann als „angenehm" bzw. „bedrohlich" abgespeichert haben und ruft diese Erinnerung wieder auf. Wir wissen es nicht. Aber wir wissen, was diese Geste bewirkt.

Im Fall einer Abwehrgeste, die gleichzeitig zum Gegenangriff ausholt, sehen wir auch eine passende Zeichenfolge. Diese besteht in einem deutlichen Zurückweichen des Oberkörpers, falls sie nur defensiv gemeint ist. Es können jedoch auch Merkmale eines Gegenangriffs auftreten. Dann ist der Kopf trotzig nach vorne geschoben und der Blick starr auf den Gegner gerichtet.

Kommen wir zu Frau Merkel und der Bewertung dieser Geste zurück. Um es kurz zu machen: Auch wir wissen nicht, warum sie diese Geste so häufig verwendet. Nach unserer persönlichen Meinung hat sie diese von einem Personal Coach aus uns unbekannten Gründen antrainiert bekommen, vielleicht um damit Souveränität auszustrahlen. Denn es steht ja so in verschiedenen Büchern und hat in ganz bestimmten Kontexten sicher auch diese Bedeutung. Dann hat sie die Geste in ihr individuelles Gestenrepertoire übernommen und wendet sie sehr häufig an, vielleicht inzwischen unbewusst, weil ihr limbisches System das Kommando dabei übernommen hat. Wir haben weiter vorne ja erfahren, dass auch angelernte Gesten zu spontanen Gesten werden können. Doch dann entziehen sie sich natürlich der Deutung, sofern man diesen Zusammenhang und die damit verbundenen Gedanken nicht kennt.

Eigentlich muss so etwas immer schiefgehen. Denn Körpersprache wirkt nur, wenn sie authentisch ist und zur übrigen Zeichenfolge passt. Wenn sie nicht passt, fällt sie auf und wird als störend oder irritierend empfunden. Doch wenn selbst die Medien über den „Kanzlerigel" berichten, ist diese Geste inzwischen bereits sehr vielen Menschen aufgefallen. Wir halten das dem Image der Kanzlerin für abträglich und würden ihr dringend empfehlen, auf diese Geste wieder zu verzichten. Allerdings ist sie inzwischen zu ihrem Markenzeichen geworden. Spannend ist zudem, dass es jetzt immer mehr Politiker gibt, die diese Geste nachahmen.

Vor allem jedoch möchten wir Sie, unsere Leser, davor warnen, nicht in die „Kanzlerigel-Falle" zu tappen. Überprüfen Sie Ihre Gesten und Ihre übrige Körpersprache auf auffällige und nicht authentische Gewohnheiten. Vielleicht gibt es ja auch bereits Gesten, über die schon das ganze Büro spricht. Entrümpeln Sie diese. Das geht. Am Anfang müssen Sie sich dazu natürlich ständig beobachten, doch irgendwann gewöhnt sich Ihr Gehirn daran, in bestimmten Situationen mit einer neuen, positiveren Geste zu reagieren.

Wenn Sie häufiger vor Menschen sprechen, sollten Sie unbedingt diesen Körpersprachecheck durchführen. Denn dort können falsche Gesten und Angewohnheiten richtig Schaden anrichten. Wir filmen die Teilnehmer in unseren Seminaren und Einzelcoachings stets mit einer Videokamera, was zu vielen Aha-Erlebnisse führt.

Hände am Kopf

Was bedeutet es, wenn Menschen die Hände an den Kopf halten? Hier gibt es ein weites Repertoire an Möglichkeiten, die wir uns hier näher anschauen wollen.

Lässige Gesten. Eine sehr auffällige Geste besteht daran, dass Menschen lässig und entspannt in ihrem Stuhl sitzen und die Hände hinter dem Kopf verschränken, wenn Sie zu ihnen ins Büro kommen. Das kann nur Ihr Chef sein oder ein Kollege, der schon lange im Unternehmen ist und sich dort durch nichts mehr schrecken lässt. Denn diese Geste symbolisiert eine Mischung aus Dominanz und Lässigkeit: Dominanz, weil sich der Betreffende damit sehr breit macht. Er beansprucht Territorium um sich herum. Menschen, die eingeschüchtert sind, tun das nie. Lässigkeit, weil man in dieser Position auch die Schultern öffnet, was automatisch zu einem entspannten Gefühl führt.

Wenn Sie also einen solchen Menschen sehen, können Sie davon ausgehen, dass dieser entspannt ist und Ihnen keine Probleme bereiten wird. Sie können also unbesorgt Ihr Anliegen vortragen. Achten Sie jedoch darauf, was passiert, wenn Sie gesprochen haben. Wie verändert sich die Körpersprache jetzt? Bleibt Ihr Gesprächspartner entspannt oder zeigt er auf einmal andere Zeichen? Wenn er jetzt die Arme vor den Körper nimmt und sich vorbeugt, wird sich das Gesprächsklima ändern. Die neue Haltung kann für gespannte Aufmerksamkeit stehen, die bei der entspannten Hände-hinter-dem-Kopf-Haltung nicht möglich ist. Das erkennen Sie an der weiteren Zeichenfolge, die jetzt einen interessierten Blick und eine gerade Kopfhaltung beinhaltet. Die Arme bleiben weiterhin entspannt.

Doch natürlich können die Zeichen auch auf Konfrontation stehen. Das geht auch in der Hände-hinter-dem-Kopf-Haltung, wenn der Betreffende das Kinn hebt und Sie damit quasi von oben herab taxiert. Eventuell lehnt er sich auch noch weiter zurück. Doch sollte sich die Konfrontation verstärken, wird er die Arme auf jeden Fall nach vorne nehmen, um seinem unbewussten Schutzbedürfnis entgegenzukommen. Außerdem werden Sie jetzt angespannte Arme und wahrscheinlich auch eine insgesamt sehr stark angespannte Körperhaltung beobachten.

Wie Sie an diesem Beispiel gut sehen können, müssen Sie immer die gesamte Zeichenfolge beobachten, um das Verhalten Ihres Gegenübers sicher interpretieren zu können. Einzelne Zeichen geben höchstens Hinweise und sie können in völlig unterschiedlichen Situationen sichtbar sein.

Schreckgesten. Die nächste Kategorie der Gesten am Kopf umfasst die Schreckgesten. Was tun Sie, wenn Sie eine Kollegin oder einen Kollegen aus einem Affekt heraus beschimpft haben, es Ihnen jedoch im selben Moment schon wieder leidtut? Wahrscheinlich werden Sie sich spontan den Mund zuhalten. Damit will Ihr limbisches System verhindern, dass das Schimpfwort gesprochen wird. In diesem Moment ist es natürlich schon zu spät. Das Wort ist frei, hat seine Wirkung angerichtet und Sie können sich nur noch mit einer Entschuldigung aus der Affäre ziehen.

Abb. 27: Wer die Hände plötzlich vor den Mund schlägt, ist erschrocken und will verhindern, dass ihm ein falsches Wort „entschlüpft". Auch die geweiteten Augen zeigen an, dass die Person erschrocken ist.

Doch manchmal ist Ihr Reptiliengehirn schneller. Sie schlagen sich die Hand vor den Mund, ohne etwas gesagt zu haben. Zum Beispiel wenn Sie Ihrer besten Freundin gerade fast ein sehr prekäres Geheimnis verraten hätten. Doch wenn Sie die beste Freundin sind und diese Zeilen lesen, dann wissen Sie jetzt, dass Ihnen gerade etwas Wichtiges entgangen ist. Sie können nun also nachbohren, bis Ihre Freundin weich wird und doch noch verrät, mit wem sich der Ex inzwischen immer öfter trifft.

Wenn Sie also zum Beispiel in einer geschäftlichen Besprechung oder einer Verhandlung sehen, wie sich ein Mitglied der Gegenpartei plötzlich die Hand vor den Mund hält, dann wissen Sie, dass es Geheimnisse im Raum gibt. Leider oder auch zum Glück verrät die Körpersprache nicht, welche das sind. Dennoch können Sie diese Information natürlich nutzen, um noch einmal genauer nachzufragen.

Eine weitere auffällige Geste ist das Schlagen an die Stirn. Die Deutung ist hier sehr einfach und bedeutet „Daran hätte ich auch selbst denken können" oder „Jetzt fällt es mir wieder ein". Damit sind jedoch meist keine besonderen Geheimnisse verbunden. Eventuell können Sie in einem Meeting jedoch einen sonst sehr stillen Kollegen, bei dem Sie das beobachten, ermuntern, seine Gedanken zu äußern. Denn viele Menschen trauen sich nicht, in einer größeren Runde zu sprechen. Doch gerade sie haben häufig die besten Ideen.

Manche Menschen schlagen sich auch mit der flachen Hand auf den Hinterkopf, um, wie sie sagen, „das Denkvermögen anzukurbeln". Wenn diese Geste spontan und unbewusst passiert, mutet sie zwar merkwürdig an, gibt aber doch einen deutlichen Hinweis darauf, dass unser limbisches System sehr genau weiß, wo wir unsere Sinne und Fähigkeiten am Körper untergebracht haben.

Grüblerische Gesten. Bei grüblerischen Gesten kommt den Kunstliebhabern sicher sofort Rodins großartige Plastik „Der Denker" in den Sinn, die Sie im Original in Paris bewundern können. Sie symbolisiert in fast perfekter Weise das Bild eines in Gedanken versunkenen Menschen, der die Umwelt um sich herum nicht mehr wahrnimmt. Auffällig ist vor allem die Hand, die das Kinn stützt und der Plastik einen eindeutig intellektuellen Touch verleiht. Paradoxerweise stand für Rodins Arbeit ein Berufsboxer Modell, der zudem im Pariser Rotlichtmilieu eine tragende Rolle spielte und damit sicher nicht den Prototyp des französischen Intellektuellen repräsentierte.

Manchmal präsentieren sich auch Menschen auf Porträtfotos mit dieser Geste. Die zugehörige Zeichenfolge besteht wie bei „Der Denker" dabei in einem nach vorne geneigten Kopf, der entweder durch die Hand gehalten oder nur leicht berührt wird.

Abb. 28: Wer die Hände am Kinn hält, grübelt oder gibt sich grüblerisch. Diese Geste steht für Innehalten und nicht für Tatkraft.

Wir möchten von einer solchen Art Foto abraten, es sei denn, Sie verfolgen damit einen spezifischen und passenden Zweck. Denn diese Geste raubt einem Porträt- oder Bewerbungsbild viel Energie und Dynamik. Ein Denker ist kein Macher, doch ein Macher wird vom limbischen System gefühlsmäßig höher und positiver bewertet.

Anders ist es natürlich, wenn die Geste im Gespräch auftaucht. Dort ist sie ein Zeichen dafür, dass sich Ihr Gegenüber gerade sehr intensiv mit einem Problem auseinandersetzt oder eine Lösung sucht. Geben Sie ihm in solchen Momenten den nötigen Freiraum, damit sich die Gedanken entfalten können. Wenn Sie es mit einem Mitmenschen zu tun haben, der diese Geste permanent zeigt, könnten Sie es jedoch auch mit einem Grübler zu tun haben, der zwar viel nachdenkt, aber dafür wenig Tatkraft in der Umsetzung von Aufgaben zeigt. Für einen solchen Eindruck reicht bereits ein halbstündiges Bewerbungs- oder Kennenlerngespräch aus.

Außerdem gibt es zahlreiche Gesten, bei denen sich Menschen ans Ohrläppchen, an die Nase oder an den Mund fassen. Wenn wir davon absehen, dass das Ohr auch einfach mal jucken kann, geben diese Gesten Aufschluss darüber, dass sich Ihr Gesprächspartner in diesem Moment mit einem Thema auf der Ebene des jeweils berührten Sinnesorgans beschäftigt.

- Wenn er sich ans Ohr fasst, könnte er sich beispielsweise fragen, ob er etwas richtig verstanden hat. Sie könnten in einem solchen Fall das Gesagte noch einmal wiederholen.
- Fasst er sich an die Nase oder hält er sich diese sogar zu, kann er das Gesagte „nicht riechen". Da Worte nicht riechen, ist die Deutung hierzu etwas komplexer: Ihr Gegenüber hat in diesem Moment eine Assoziation mit einem Geruch. Diese können Sie natürlich nicht kennen. Doch Sie erhalten einen Hinweis darauf, dass Ihr Vorschlag so vielleicht nicht akzeptiert werden wird.
- Fasst sich Ihr Gesprächspartner an den Mund, so nimmt er eine Botschaft gefühlsmäßig an. Das ist gut, denn auf der Gefühlsebene können wir Informationen leichter behalten.

Insgesamt sollten Sie diesen Gesten jedoch nicht allzu viel Aufmerksamkeit schenken und nur darauf reagieren, wenn Sie das Gefühl haben, dass etwas im Gespräch schiefläuft. Denn die Interpretation dieser Gesten ist sehr fehleranfällig, weil die Signale oft mit spontanen Gedanken des Gegenübers in Verbindung stehen, die nichts mit dem unmittelbaren Gesprächsverlauf zu tun haben. Achten Sie daher vor allem auf weitere Zeichenfolgen.

Gesten mit Faust und Zeigefinger. Haben Sie in der letzten Zeit Politiker bei einer öffentlichen Rede beobachtet? Das Fernsehen bietet Ihnen hier kostenfreies und unerschöpfliches Anschauungsmaterial für die Analyse von Körpersprache. Vor allem Gesten spielen dabei eine besondere Rolle, weil der Rest des Redners, besonders die Beine, ja meist hinter dem Rednerpult verborgen sind.

Eine sehr beliebte Geste ist das Zerteilen oder besser gesagt: das Zertrümmern der Luft vor dem Rednerpult mit der Faust oder der Handkante. Wer seinen Zuhörern zum Beispiel ein „erstens", ein „zweitens" und ein „drittens" zuruft, wird, wenn er ein guter Redner ist, diese Sätze stets mit einem deutlichen Schlag von oben nach unten begleiten.

Abb. 29: Die Faust ist bei einem Redner ein starkes Zeichen. Allerdings sollte sie sparsam eingesetzt werden.

Was passiert beim Zuhörer, der in diesem Fall ja auch ein Zuschauer ist? Genau, er bekommt bei einer solch kraftvollen Geste einen leichten Schreck oder zumindest ein deutliches visuelles Signal. Dieses verankert sich zusammen mit der verbalen Botschaft des „erstens, zweitens und drittens" in seinem Gehirn, es speichert die Botschaft damit besser. Zudem geben solche Gesten Aufschluss über den Charakter eines Sprechers und den Gehalt seiner Botschaft. Begleitet er seine Rede mit solchen kraftvollen Gesten, wirkt er selbst kraftvoll und tatkräftig. Die Gestik passt zudem zum Inhalt der Rede. Der Redner wird vom Publikum als überzeugend, authentisch und im Regelfall auch als sympathisch wahrgenommen.

Doch Vorsicht! In kleiner Runde oder im Zweiergespräch sollten Sie mit solchen kräftigen Gesten aufpassen. Denn dort sind Sie Ihren Zuhörern sehr viel näher und schüchtern diese mit Schlaggesten schnell ein. Hier verlieren Sie Sympathiepunkte. Natürlich dürfen Sie im Einzelfall schon mal verbal oder auch richtig auf den Tisch hauen, doch halten Sie sich mit aggressiven Gesten sonst zurück. Diese kommen wirklich nur auf der Bühne gut an.

Doch selbst auf einer Bühne sollten Sie als Redner Ihre Tonlage öfter mal wechseln. Schieben Sie Phasen mit runden, offenen und großen Gesten dazwischen, zum Beispiel wenn Sie an Ihre Zuhörer appellieren. Mehr dazu finden Sie unten bei unseren Tipps für Redner.

Das Gleiche wie für die Kraftgesten gilt für den ausgestreckten Zeigefinger. Dieser bedeutet „aufgepasst" und löst sofort eine besondere Aufmerksamkeit beim Zuhörer aus, insbesondere wenn damit durch die Luft geschlagen wird. Wenn Sie dieses Stilmittel während eines Vortrags sparsam einsetzen, können Sie Ihre Zuhörer dazu bringen, an bestimmten Stellen besonders gut aufzupassen.

Abb. 30: Wer zu oft den Zeigefinger einsetzt, gilt als Mahner oder als Besserwisser. Wohl dosiert kann diese Geste jedoch sehr gut bestimmte Worte unterstreichen.

Doch vermeiden Sie es, diese Geste zu häufig einzusetzen. Auch im direkten Gespräch raten wir davon ab. Denn sie erinnert auch an einen Oberlehrer und Besserwisser – und niemand lässt sich gerne belehren. Menschen, die also zu oft mit dem „erhobenen Zeigefinger" sprechen, verlieren bei ihren Gesprächspartnern schnell an Sympathie. Wenn Sie einem solchen Menschen begegnen, können Sie darauf schließen, dass er zäh auf seinem Standpunkt beharren wird und Sie stets zu belehren versucht. Das wird kein einfaches Gespräch.

Schulterklopfen. Was passiert beim Schulterklopfen? Denken Sie an einen Pflock, auf den Sie einschlagen. So ähnlich ist es auch bei dem Menschen, dem Sie auf die Schulter klopfen: Sie verkleinern ihn. Es ist paradox, dass ausgerechnet diese Geste vor allem als Geste des Lobes eingesetzt wird. Denn meist klopft ein Höhergestellter auf die Schulter eines niedriger Gestellten, und zwar von oben nach unten. So zerschlägt man etwas. Und dann ist sofort wieder Hierarchie und Dominanz im Spiel. Denn das Reptiliengehirn des Höhergestellten tut sich in Wirklichkeit sehr schwer damit, einen anderen zu loben und zu erhöhen. Also wählt es eine Geste, die zwar im Bewusstsein des Gelobten ein hohes Lob bedeutet, die ihn jedoch im Unterbewussten wieder kleinmacht.

Abb. 31: Schulterklopfen ist nicht immer nur nett gemeint. Ganz im Gegenteil wird der Gesprächspartner dabei in Wirklichkeit heruntergedrückt und kleingemacht.

Wie Sie anhand dieses Beispiels sehen können, sind viele Gesten im Alltagsgebrauch sehr weit verbreitet, ohne dass uns die ursprüngliche Bedeutung dessen oder auch die Wirkung noch bewusst ist. Dem können Sie nur entgegenwirken, indem Sie Ihre Wahrnehmung verbessern und häufiger in sich selbst hineinfühlen, wenn Sie in den Genuss solcher und anderer Gesten kommen. Fragen Sie sich einfach, wie Sie sich fühlen. Auf diesem Weg lernen Sie am schnellsten und am unmittelbarsten, was Körpersprache bedeutet.

Wenn Sie wirkliches Lob aussprechen wollen, dann sollten Sie Ihrem Gegenüber seitlich auf die Schulter oder auf den Oberarm klopfen. Diese Geste ist neutral und wird vom solchermaßen Gelobten als positiv empfunden.

Chef und Protegé

Im Zusammenhang mit dem Schulterklopfen ist uns ein Fernsehauftritt noch in lebhafter Erinnerung, der aus den Zeiten stammte, als Jan Ullrich noch auf dem Höhepunkt seiner Karriere als Radfahrer stand. Sein Sponsor war damals die Telekom. In diesem Zusammenhang gibt es ein Bild, bei dem Ron Sommer, zu dieser Zeit Vorstandsvorsitzender der Telekom, seinen Schützling Jan Ullrich öffentlich präsentiert. Die beiden stehen auf einer Bühne, umgeben von anderen Menschen. Ron Sommer steht schräg neben Jan Ullrich und legt seinen Arm freundschaftlich um dessen Schulter. Seine Hand drückt dabei sichtbar auf die Schulter. Alle in dieser Szene lachen. Ist diese Geste wirklich freundschaftlich? Keinesfalls. Hier demonstriert ein Machtmensch ganz deutlich, wer am längeren Hebel sitzt. Jan Ullrich wird auf diesem Bild durch die Umarmung vereinnahmt und dazu noch heruntergedrückt. Die Botschaft ist eindeutig: Es kann nur einen geben.

Sie halten ein solches Beispiel wie mit Jan Ullrich und Ron Sommer für übertrieben? Dann sehen Sie sich im Fernsehen oder in Zeitschriften Fotos und Auftritte von Politikern oder anderen mächtigen Menschen an. Sie werden erstaunt sein, was Sie dort alles finden können. Die meisten Machtgesten passieren jedoch unbewusst und kaum jemandem fallen sie wirklich auf. Doch zumindest Menschen, die bei solchen Anlässen persönlich anwesend sind, spüren diese Machtdemonstrationen sehr deutlich. Das ist auch die Absicht des limbischen Systems. Es sorgt durch seine Körpersprache dafür, dass der Machtanspruch erhalten bleibt. Nichts anderes tut der Cowboy, der breitbeinig den Saloon betritt. Auch er schüchtert damit bereits im Vorfeld mögliche Konkurrenten ein.

In diesem Zusammenhang möchten wir Ihnen noch eine weitere körpersprachliche Geste schildern, die ebenfalls viel mit Besitz und Dominanz zu tun hat. Beobachten Sie einmal Liebespaare, die Arm in Arm in einem Park oder in der Fußgängerzone Ihrer Stadt unterwegs sind. Manchmal können wir dabei Männer beobachten, die den Hals ihrer „Liebsten" umarmen und manchmal den Unterarm über deren Oberkörper legen. Wenn Kinder raufen, nennen wir diese Geste auch „Schwitzkasten". Damit wird ein Mensch, in diesem Falle die eigene

Freundin, regelrecht vereinnahmt und es wird der Umgebung sehr deutlich gezeigt, wer hier derjenige ist, der seinen Besitzanspruch deutlich macht.

Was die Hände sagen

Unsere Hände sind neben der Funktionsweise unseres Gehirns das Körperteil, das uns wirklich als Mensch auszeichnet und von fast allen Tieren unterscheidet. Selbst Menschenaffen, die ähnliche Hände wie wir haben, leisten damit nur einen Bruchteil dessen, zu dem wir fähig sind. Hände eignen sich zum Brotschneiden, zum Schreiben mit einem Stift, zum Bedienen einer Computertastatur, aber auch zum Arbeiten mit einem Uhrmacherwerkzeug, um mit höchster Präzision wenige Millimeter kleine Gegenstände zu bewegen. Sie sind ein biomechanisches Wunderwerk mit Dutzenden von Muskelgruppen und Nerven, die feinste Bewegungen ausführen können.

Hände drücken viel aus. Das wissen inzwischen auch Kameraleute, denn häufig zoomt die Kamera in der schwierigen Phase eines Interviews mit einem Prominenten auf die Hände, um dessen Handbewegungen zu zeigen. Mal sieht man dort versteckte Hände, mal ineinander verschlungene Hände, mal hektische Bewegungen mit einem Stift. Natürlich wird nie erklärt, was diese Bewegung im Einzelfall bedeutet. Dennoch erfassen wir viele Grundstimmungen intuitiv, besonders wenn Menschen nervös oder schüchtern sind.

Viele Tiere haben übrigens vor unseren Händen Angst. Ihnen sind diese hellen und extrem beweglichen Dinger am Ende unserer oberen Extremitäten unheimlich. Wenn Sie also künftig auf einen fremden Hund oder ein unbekanntes Pferd zugehen, sollten Sie Ihre Hände sehr zurückhaltend einsetzen und das Tier langsam daran gewöhnen.

Was sagen Hände aus? Die Hände sind sehr eng mit dem limbischen System verknüpft und drücken damit Gefühle und Stimmungen sehr unmittelbar aus. Die meisten Menschen können die Gestik ihrer Hände so gut wie nicht kontrollieren. Sehr nervöse Menschen, die ihre Schwäche kennen, schaffen das manchmal eine Weile, doch gerade bei längeren Gesprächen oder in schwierigen Phasen eines Gesprächs kehren Menschen sehr schnell zu einer unkontrollierten „Handsprache" zurück.

Beginnen wir bei der Deutung der Hände mit den beiden Seiten: Jede Hand hat eine Oberseite, den Handrücken, sowie eine Unterseite, die Handfläche. Wenn Sie früher zu einem fremden Stamm kamen oder heute die Oma besuchen, überreichen Sie Geschenke. Diese bieten Sie oder Ihre Kinder in der Regel mit der geöffneten Handfläche oder zumindest mit nach oben gedrehter Hand dar. Diese Geste wird von allen Menschen auf diesem Planeten als freundlich empfunden. Auch die klassische Willkommensgeste bei Besuchern oder die betende Geste eines Priesters besteht aus zwei ausgestreckten Armen und den sichtbar nach oben gedrehten Handflächen.

Als Faustregel gilt, dass eine offen sichtbare Handfläche stets Offenheit, Vertrauen und Freundlichkeit ausdrückt. Eine umgekehrte Hand, bei der der Handrücken nach oben zeigt, vermittelt dem limbischen System das Gegenteil. Diese Handhaltung wird als verschlossen oder gar als konfrontativ empfunden.

Weiter oben haben wir Ihnen ja den Handschlag vorgestellt und Ihnen dabei zwei wesentliche Grundhaltungen geschildert. Defensive, auf Deeskalation eingestellte Menschen geben Ihnen die Hand mit offener Handfläche. Sie zeigen damit sofort ihre Offenheit und ihre guten Absichten. Aggressive oder dominante Menschen hingegen drehen die Hand hingegen häufig so, dass der Handrücken nach oben zeigt. Das wirkt beim Gegenüber irritierend und manchmal sogar unsympathisch. Die vertikale, gerade Hand hingegen ist neutral und wird auch so wahrgenommen.

Die Handhaltung spielt in verschiedenen Situationen eine Rolle. Den ersten Eindruck eines Menschen erhalten Sie ja wie oben geschildert in den ersten Sekunden Ihres Zusammentreffens. Außer dem Handschlag werden Sie hier noch nicht viel erkennen. Doch Sie können natürlich in den nächsten Gesprächsphasen beobachten, wie die Hand gehalten wird. So ist es sehr aufschlussreich, ob Sie vor allem den Handrücken oder die Handfläche Ihres Gegenübers zu Gesicht bekommen. Es kann natürlich auch sein, dass die Hand versteckt wird. Dazu kommen wir später.

Nach der Begrüßung sitzen Sie mit Ihrem Gesprächspartner häufig am Tisch. Auch hier wird es spannend. Wo sind die Hände? Sichtbar auf dem Tisch? Unter dem Tisch? Auf den Knien? Nahe am Körper? Je stärker die Hände versteckt werden, desto mehr Unsicherheit oder Unklarheit ist beim Gegenüber vorhanden. Menschen, die frei heraus ihre Meinung äußern, nichts zu verbergen haben und mit sich und der Welt im Reinen sind, werden ihre Hände meistens zeigen. Doch aufgepasst: Nicht jeder, der seine Hände versteckt, hat auch etwas zu verbergen. Unsichere Menschen zeigen ihre Hände ebenfalls nicht. Daher sollten Sie auch hier auf Zeichenfolgen achten und den Gesamttypus Ihres Gegenübers einschätzen. Ein zurückhaltender und schüchterner Typ wird auch seine Hände verstecken.

Daher sind auffällige Veränderungen während des Gesprächs interessant. Wenn ein offener Mensch auf einmal die Hände für längere Zeit nicht mehr zeigt, könnte das ein Hinweis auf eine Störung oder einen unausgesprochenen Einwand im Gespräch sein. Seien Sie dafür sensibel.

Bei Menschen, die ihre Hände auf den Tisch legen oder zumindest sichtbar zeigen, ist wiederum auch die Handhaltung aufschlussreich. Sichtbare Handflächen zeigen Vermittlung und Kompromissbereitschaft an, sichtbare Handrücken weisen eher auf harte und konfrontative Gesprächspartner hin. Doch auch hier sind natürlich die übrigen Zeichenfolgen, insbesondere die Oberkörper- und Kopfhaltung sowie die Mimik mit entscheidend. Zudem sollten Sie sich nie durch kurze Eindrücke ablenken lassen, denn wir alle drehen im Verlauf eines längeren Gesprächs die Hände mal kurz um oder strecken sie unter dem Tisch aus.

Die Faust. Hände können auch zur Faust geballt werden. Mit einer Faust schlägt man zu. Wenn also ein Gesprächspartner mitten im Gespräch auffällig die Faust ballt, hat sich bei ihm eine aggressive Stimmung aufgestaut, die er irgendwie loswerden will. Natürlich finden wir im normalen Business-Gespräch andere Wege als die körperliche Auseinandersetzung. Doch das limbische System weiß das nicht. Daher sind Fäuste sehr aufschlussreich. Nehmen Sie sich in solchen Momenten daher in Acht und versuchen Sie unbedingt herauszufinden, was mit Ihrem Gesprächspartner los ist.

Manchmal können Sie die geschlossene Faust auch bei Rednern beobachten. Dort ist sie ein gutes Stilmittel, um zum Beispiel die Dringlichkeit einer Situation darzustellen oder die Bedeutung einer wichtigen Forderung zu unterstreichen. Doch auch hier gilt, dass die Faust nur in Maßen eingesetzt und durch vermittelnde Gesten an anderen Stellen der Rede ergänzt werden sollte. Sonst bleibt der Redner beim Publikum als aggressiv und damit negativ im Gedächtnis.

Im Gespräch in kleiner Runde sollten Sie es vermeiden, die Hand zur Faust zu ballen. Das steht ja vor allem für unterdrückte Aggression und wirkt negativ. Eine Ausnahme ist, wenn Sie mal „mit der Faust auf den Tisch hauen", und zwar nicht im übertragenen Sinne, sondern ganz praktisch, und so, dass es wirklich kracht. Eine passende Situation wäre zum Beispiel ein Meeting, das gerade völlig eskaliert und in dem Sie die Oberhand zurückgewinnen möchten. Hauen Sie jetzt einfach mal mit der Faust auf den Tisch und rufen laut: „Bitte, Kollegen!" Sie werden erstaunt sein, wie schnell Stille einkehrt. Die meisten Menschen reagieren nämlich sehr schnell auf solche direkten emotionalen Gesten. Natürlich dürfen Sie das nicht in jedem Meeting dreimal machen, weil Sie sonst als Choleriker gelten und auch nicht mehr ernst genommen werden. Und – das ist die zweite Voraussetzung: Es muss echt sein. In einem solchen Moment sollte das Adrenalin in Ihnen pulsieren. Dann entspringt der Schlag auf den Tisch Ihrer Primärenergie, und das spüren Ihre Kollegen sofort.

Chrustschow und die Kuba-Krise

Doch es geht auch anders, um mit dramatischer Gestik Wirkung zu erzielen. Unser Lieblingsbeispiel dafür ist eine UN-Versammlung aus dem Jahr 1961, als die Kuba-Krise zwischen den USA und der UdSSR kurz vor ihrem Höhepunkt stand und zu eskalieren drohte. Chrustschow, Staatratsvorsitzender der UdSSR und einer der mächtigsten Männer der Welt, fasste während der sehr hitzigen Debatte auf einmal unter den Tisch, hielt plötzlich einen Schuh in der Hand und hämmerte mit diesem erregt auf seine Sitzbank ein. Kennedy und seine Berater waren von dieser Geste so geschockt, dass sie nachgaben und den Sowjets Zugeständnisse machten. Diese führten letztendlich zu einem friedlichen Ende der Kuba-Krise. Sie hielten einen Menschen, der sich so vergisst und während einer Sitzung unbeherrscht mit einem Schuh auf dem Tisch herumtrommelt, für so unberechenbar, dass sie ihm auch zutrauten, Atombomben zu zünden. Viel später tauchten dann Fotos auf, die Chrustschow genau in diesem Moment mit zwei Schuhen an den Füßen zeigten. Er hatte seine Schuhe überhaupt nicht ausgezogen, sondern offensichtlich einen dritten Schuh mitgebracht. Somit handelte es sich um einen von langer Hand geplanten Bluff, der jedoch seine körpersprachliche Wirkung exakt entfaltete.

Nervöse Hände. Hände sind wohl der Körperteil, der Nervosität am besten zeigt. Das liegt daran, dass nervöse Menschen überschüssige Energie loswerden müssen, weil sich diese an der Stelle, an der sie eigentlich gebraucht würde, nicht entfalten kann. Also fangen die Hände an, mit sich oder mit einem Gegenstand herumzuspielen. In der Biologie nennt sich das auch „Übersprungshandlung". Manchmal werden die Hände dabei zwischen den Oberschenkeln versteckt und die Finger bewegen sich dort hektisch hin und her. Bei Talkshows im Fernsehen sind das dann beliebte Motive der Kameraleute.

Doch es kann auch vorkommen, dass nervöse Gesprächspartner ganz offen auf dem Tisch mit einem Kugelschreiber oder anderen Gegenständen herumspielen. Sehr auffällig wird es bei Rednern auf der Bühne, wenn diese während ihrer Präsentation nervös ihre Moderationskarten hin und her drehen. Dabei hat Ihnen vielleicht ein Präsentationstrainer genau diese Karten für eine sichere Präsentation und zum Abbau der Nervosität empfohlen! In allen Fällen ist den Betroffenen gemeinsam, dass sie nicht mitbekommen, wie nervös sie sind, während alle anderen Beteiligten genau sehen, was die Hände da alles treiben.

Was also tun? Bei nervösen Händen haben wir einen Tipp für Sie:

Kontrollieren Sie während eines Gesprächs Ihre Handbewegungen. Das klappt. Mit etwas Übung können Sie auch in hektischen oder emotional angespannten Situationen stets genügend Kontrolle abzweigen und auf Ihre Hände achten. Stellen Sie Ihre Hände ruhig. Weg mit dem Stift. Halten Sie die Moderationskarten ruhig und umfassen Sie diese locker mit Ihren Händen von links und rechts. Trainieren Sie sich eine souveräne Handhaltung an. Wie das geht, erfahren Sie im Trainingsteil des Buches.

Wenn Sie Ihre Hände (im wahrsten Sinne des Wortes) in den Griff bekommen – was wirklich funktioniert –, schlagen Sie zwei Fliegen mit einer Klappe: Zum einen wirken Sie von außen ruhig und gelassen auf Ihre Gesprächspartner und Zuhörer. Das stärkt Ihre Wirkung und Glaubwürdigkeit. Nervöse Gesprächspartner fallen nämlich eher unangenehm auf. Zum anderen senden Sie durch Ihre beruhigten Hände ein deutliches Signal an Ihr limbisches System. Dieses registriert: „Die Hände sind ruhig, die Gefahr ist vorbei, ich kann mich auch wieder beruhigen." Sie bekommen auf diesem Weg auch in Ihre sonstige Körpersprache und in Ihr Denken wieder Gelassenheit und Ruhe.

Hände in der Tasche. Was empfinden Sie, wenn Sie sich mit einem Menschen unterhalten, der ständig eine oder beide Hände in den Taschen seiner Hose oder seines Jacketts versenkt hält? Bevor Sie weiterlesen, möchten wir Sie bitten, kurz innezuhalten und sich diese Situation vorzustellen. Empfinden Sie das als angenehm und zugewandt oder eher als distanziert?

Interessanterweise liest man immer wieder auch in Körpersprachebüchern, dass Hände in der Tasche ein Ausdruck von Lässigkeit und

Coolness sind und Menschen beeindrucken würden. Gerhard Schröder, Altbundeskanzler, hat diesen Ausdruck bemüht wie kein anderer.

Wir möchten diesen Autoren und vielleicht auch Kollegen von uns laut zurufen: „Ihr irrt. Bringt bitte keinem Menschen mehr bei, die Hände während eines Gesprächs oder einer Präsentation in die Tasche zu stecken!" Denn diese Geste wirkt genau andersherum. Daher auch unsere Übung zu Beginn dieses Kapitels. Wenn Sie in einem solchen Moment in sich hineinfühlen, werden Sie diesen Menschen als distanziert empfinden. Seine Botschaft wird Sie nicht überzeugen. Zudem sind Sie durch die Geste irritiert.

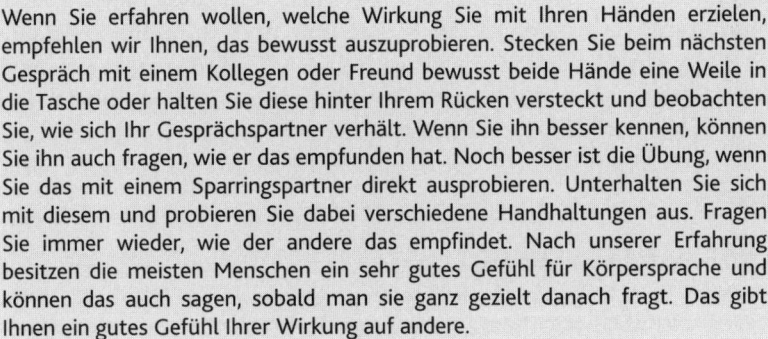

Hände in den Taschen

Wenn Sie erfahren wollen, welche Wirkung Sie mit Ihren Händen erzielen, empfehlen wir Ihnen, das bewusst auszuprobieren. Stecken Sie beim nächsten Gespräch mit einem Kollegen oder Freund bewusst beide Hände eine Weile in die Tasche oder halten Sie diese hinter Ihrem Rücken versteckt und beobachten Sie, wie sich Ihr Gesprächspartner verhält. Wenn Sie ihn besser kennen, können Sie ihn auch fragen, wie er das empfunden hat. Noch besser ist die Übung, wenn Sie das mit einem Sparringspartner direkt ausprobieren. Unterhalten Sie sich mit diesem und probieren Sie dabei verschiedene Handhaltungen aus. Fragen Sie immer wieder, wie der andere das empfindet. Nach unserer Erfahrung besitzen die meisten Menschen ein sehr gutes Gefühl für Körpersprache und können das auch sagen, sobald man sie ganz gezielt danach fragt. Das gibt Ihnen ein gutes Gefühl Ihrer Wirkung auf andere.

Woher kommt das? Es ist natürlich richtig, dass Menschen mit der Hand in der Tasche lässig und relaxt wirken. Denn, wir erinnern uns, das limbische System prüft ständig, ob die Umgebung Gefahren für uns bereithält. Solange das möglich wäre, halten wir die Hände vor dem Körper, um uns im Bedarfsfall sofort schützen zu können. Kein Mensch würde zum Beispiel mit den Händen in der Hosentasche nachts durch einen Wald rennen.

Wenn wir es uns daher leisten können, unsere Hände in den Taschen zu verstauen (was schnelle Aktivität verhindert), müssen wir uns sehr sicher fühlen. Das drückt die Geste aus. Wenn wir also auf diese Weise durch den Garten marschieren und die Blumen betrachten, sind wir vollkommen relaxt und entspannt. Wir könnten jetzt ein lockeres Gespräch über Philosophie oder ein harmloses Thema führen und alles wäre gut.

Doch sobald wir uns mit einem anderen Menschen unterhalten, benutzen wir die Hände noch zu einem anderen Zweck als zu unserem Schutz: Sie sind ein wichtiges Kommunikationsmittel, das das Gesagte unterstreicht und zudem unsere Absichten verrät. Wenn ein Verkäufer es also im Gespräch mit einem Kunden noch nicht einmal für nötig hält, die Hände aus der Tasche zu nehmen, signalisiert er dem Kunden damit, dass er für ihn unwichtig und unbedeutend ist. Ein Redner auf der Bühne, der seine Hände nicht zeigt, tut dasselbe. Unbewusst spürt ein Gesprächspartner oder Zuhörer damit also Geringschätzung, auch wenn der bewusste Teil unserer Wahrnehmung das ausblendet. Die Botschaft oder Aussage wird damit ebenfalls geringgeschätzt und verfehlt damit einen Teil ihrer Wirkung.

Doch es kommt noch ein gravierender Umstand dazu: Die rechte Hand heißt auch „Gefühlshand", weil sie mit demjenigen Teil des Gehirns eng verbunden ist, der für Gefühle und Emotionen zuständig ist. Wenn ein Mensch also während eines Gesprächs auffällig oft die rechte Hand versteckt, besagt eine gängige körpersprachliche Deutung, dass er in diesem Moment mit seinen Aussagen gefühlsmäßig nicht verbunden ist. Auf gut deutsch ist es ihm egal, was er gerade sagt.

Widersprüchlicher Eindruck

Stellen Sie sich den Geschäftsführer eines großen Unternehmens vor, der auf einer wichtigen Betriebsversammlung große Einschnitte verkündet und von Opfern spricht, die gebracht werden müssen. Er betont, wie sehr ihm dies leidtue und wie sehr er mit den Mitarbeitern mitfühle. Gleichzeitig hat er die rechte Hand in der Hosentasche versteckt. Diese körpersprachliche Botschaft ist fatal. Denn er signalisiert dabei in Wirklichkeit, dass er überhaupt nicht mitfühlt und dass ihm die Belegschaft seines Unternehmens vielleicht sogar egal ist. Das spüren die Zuhörer. Doch mit ihrer bewussten Wahrnehmung glauben sie seinen Worten. Dadurch entsteht bei ihnen ein widersprüchlicher Eindruck. Sie nehmen die Botschaft ihres Chefs dadurch nicht richtig an und er verschenkt damit einen Teil seiner Wirkung.

Ganz anders wäre es, wenn er beim Verkünden der schlechten Nachrichten beide Hände offen vor dem Körper hielte und mit seiner Gestik seine Worte begleiten würde. Dies würde beim Publikum einen glaubwürdigen und überzeugenden Eindruck hinterlassen und er könnte auf diese Weise seine Mitarbeiter leichter dazu motivieren, die schweren Zeiten gemeinsam durchzustehen.

Achten Sie einmal auf Politiker, wenn diese eine Rede halten. Das Fernsehen bietet ja reichlich Gelegenheit dazu. Es ist faszinierend zu beobachten, wann und bei wem Hände in Taschen verschwinden und wann die Gestik offen und frei ist. Spüren Sie in solchen Momenten in sich hinein, ob Sie dieser Person jeweils vertrauen und ob Sie sie überzeugend finden. Das ist ein einfacher Test, mit dem Sie leicht herausfinden, wie Körpersprache bei Ihnen ankommt. Leider, das können wir Ihnen hier schon einmal verraten, halten viele Politiker eine oder beide Hände versteckt, wenn sie sprechen.

Die Kopfhaltung

„Er reckte den Kopf arrogant nach oben" oder „Demütig senkte sie den Kopf" sind Sätze aus Romanen, die zeigen, dass die Haltung des Kopfes als körpersprachliches Instrument bei Romanschriftstellern und damit auch bei vielen anderen Menschen bekannt ist. Die Deutung der Kopfhaltung ist uns daher vertrauter als beispielsweise die Deutung der Fußhaltung.

Abb. 32: Wer den anderen von oben herab anschaut (rechts), wirkt arrogant. Hier wird diese Haltung noch durch die ablehnend verschränkten Arme sowie die nach außen gedrehten Fußspitzen unterstützt, die hier für Dominanz stehen. Die Gesprächspartnerin wirkt deutlich eingeschüchtert.

Was sagt die Kopfhaltung aus und wie entsteht sie? Anatomisch bedingt können wir unseren Kopf in fast alle Richtungen drehen. Wir können ihn nach vorne kippen, bis das Kinn die Brust berührt, ihn nach hinten kippen, bis wir den Hinterkopf im Nacken spüren, und ihn wie beim Verneinen nach links und nach rechts drehen, bis die Halswirbel knirschen. Außerdem können wir ihn seitlich kippen. Auch hier kann es knacken, wenn wir es übertreiben. Aus diesen Möglichkeiten haben wir uns im Verlauf der Menschheitsgeschichte ein fein abgestimmtes Verhaltensrepertoire zurechtgebastelt, das wir sehr erfolgreich in der zwischenmenschlichen Kommunikation einsetzen.

Um den Sinn der verschiedenen Kopfhaltungen zu verstehen, möchten wir auf eine weitere anatomische Besonderheit unseres Körpers hinweisen. Der Kopf sitzt auf dem Hals, und der Hals – das ist jetzt erst die Besonderheit – ist unser einziges Körperteil, beim dem lebenswichtige Organe praktisch ungeschützt und direkt unter Oberfläche zu finden sind: Jeweils seitlich am Hals liegen sowohl die Halsschlagader, die das Gehirn mit Blut und lebenswichtigem Sauerstoff versorgt, sowie die zugehörige Vene, die den Rücktransport des Blutes zum Herzen übernimmt. Raubtiere, die Beute reißen, versuchen zuerst, den Hals seitlich anzubeißen und eine dieser Adern zu verletzen, weil das Beutetier so am schnellsten stirbt. Auch wir haben durch Millionen Jahre lange Auslese gelernt, unseren Hals zu schützen, zum Beispiel durch das Hochziehen der Schultern und Verstecken des Halses.

Eine weitere sehr sensible Stelle ist der Kehlkopf vorne am Hals, durch den die Atemluft fließt. Schon ein mittelschwerer Schlag von vorne kann zu einer tödlichen Verletzung führen. Auch diese Zone betrachten wir daher als sehr sensibel und schützen sie im Fall einer Gefahr. Beim Kehlkopf passiert das am leichtesten durch ein Senken des Kopfes. Das Kinn fängt dann etwaige Schläge ab.

So weit die alten Schutzreflexe. Doch wie wirken sie sich auf die heutige Körpersprache aus? Werfen wir noch einmal einen kurzen Blick ins Tierreich, und zwar zu einem Wolfsrudel:

Beißhemmung bei Wölfen – und Menschen

Wenn zwei Leitwölfe einen Kampf austragen, geht dieser selten tödlich aus. Denn sobald einer der beiden Kämpfer feststellt, dass er den Kampf nicht gewinnen kann, gibt er auf. Dazu dreht er dem siegreichen Wolf seine Kehle oder die offene Halsseite zu. Dieser könnte nun hineinbeißen, tut es aber nicht, weil ihn eine Beißhemmung davon abhält.

Genau dieser Reflex, der wohl stammesgeschichtlich sehr alt ist, wirkt auch in uns Menschen weiter. Wir erkennen und verwenden instinktiv Gesten für Sieg und Unterwerfung.

Schauen wir uns die einzelnen Kopfgesten der Reihe nach an.

Unterwerfung – den Kopf schräg zur Seite kippen

„Ist die Kleine wieder süß", seufzt Tante Gisela voller Inbrunst, wenn sie ihre Nichte Emma besucht und ihr wieder eine Tüte voll Süßigkeiten zusteckt.

Was hat die kleine Emma wohl gemacht, um süß zu wirken? Ganz einfach, sie hat ihre Kulleraugen gerollt, lieblich gelächelt und – ganz wichtig – den Kopf schräg gekippt. Mit dieser Geste erweicht man die Tante, die Eltern und alle anderen Erwachsenen gleich mit. Kleine Kinder lernen diese Zeichenfolge ganz schnell. Das wichtigste Zeichen dabei ist der schräg gestellte Kopf. Er signalisiert Unterwerfung. Das hebelt nicht nur die Tante aus, sondern auch strenge Väter, die versuchen, das Kind zu weniger Süßigkeitenkonsum zu erziehen.

Abb. 33: Wer den Kopf schräg hält, ordnet sich unter. Diese Geste ist ungünstig, wenn man sich durchsetzen will.

Szenenwechsel. Dasselbe Kind, zwanzig Jahre später. Emma ist inzwischen zu Frau Blume herangereift und unglückliche Mitarbeiterin in einer Personalberatungsfirma. Sie sitzt gerade im Meeting zusammen ihren Kollegen und dem Team von Michael Rot und versucht, ihre Ideen an den Mann zu bringen.

Aber Michael Rot ist irritiert. Denn Emma Blume hält ihren Kopf schief, macht einen Schmollmund und lächelt ihn lieblich an. Bisher hat das oft funktioniert. So konnte sie vor ein paar Tagen einen Verkehrspolizisten genau mit dieser Gestik und Mimik dazu bringen, ihr kein Knöllchen auszustellen, obwohl sie definitiv falsch abgebogen war. Doch er beließ es bei einem „Das nächste Mal passen Sie besser auf".

Doch in diesem Meeting geht etwas schief. Denn Michael Rot reagiert nicht auf das körpersprachliche Zeichen von Frau Blume. Ganz im Gegenteil, er lässt Emma Blume links liegen und konzentriert sich auf ihren Chef. Denn er kann sie mit dieser Kopfhaltung nicht ernst nehmen.

Ein schräg gestellter Kopf ist eine Unterwerfungsgeste. Wie oben erwähnt, lernen Kinder schnell, damit bei Erwachsenen ihre Ziele durchzusetzen. Denn diese Geste löst so ähnlich wie beim Wolf eine Art Beißhemmung aus, die den Erwachsenen dazu veranlasst, den Wünschen des Kindes nachzugeben. In vielen Fällen behalten jedoch auch erwachsene Menschen diese Geste bei, weil sie manchmal funktioniert und Vorteile bringt. Zum schräg gestellten Kopf neigen vor allem Frauen, Männer sind da eher die Ausnahme.

Doch der Preis dafür ist, dass man von seiner Umwelt auch als schwach und unterwürfig wahrgenommen wird. Bei einer Verkehrskontrolle ist das egal. Wenn Sie eine Frau sind, funktioniert ein schräg gestellter Kopf verbunden mit einem Schmollmund und einem leicht gesenkten Blick sehr gut. Denn er spricht das primäres Hilfs- und Schutzbedürfnis im Mann an, und genau das ist ja hier auch das Ziel. Besonders gut eignet sich der schräg gestellte Kopf im Balzverhalten zwischen Mann und Frau. Männer fühlen sich sofort männlicher und stärker, wenn die Frau – meistens bewusst – den Kopf schief legt.

Abb. 34: Auch, wer den Kopf senkt und von unten her schaut, wirkt schwach und devot. Im Business sollte man auf solche Gesten verzichten, weil sie als Schwäche wahrgenommen werden.

Doch im Business ist das anders. Dort will frau ja meist anders wahrgenommen werden, nämlich als kompetent, fähig und verantwortungsbewusst. Dann muss der schräge Kopf weg und frau sollte sich mit erhobenem Kopf präsentieren. Das gilt im Übrigen auch für

Bewerbungsfotos, Autorenfotos in Zeitschriften oder für Fotos in den Social Media. Schauen Sie einmal Porträtfotos Ihrer Bekannten auf Facebook oder Xing an. Sie werden erstaunt sein, wie viele Frauen sich dort mit schräggestellten Kopf präsentieren – und wie wenige Männer das tun. Lassen Sie dann solche Fotos auf sich wirken und prüfen Sie, welchen Eindruck diese Bilder jeweils bei Ihnen hinterlassen. Wem trauen Sie eher zu, schwierige Führungsaufgaben zu übernehmen oder einen wichtigen Kunden zu betreuen? Dem geraden oder dem zur Seite geneigten Kopf?

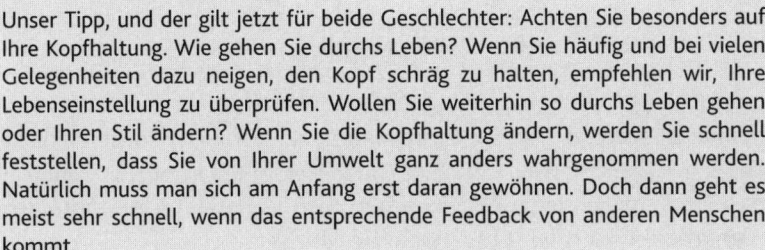

Der schulterbreite Stand
Unser Tipp, und der gilt jetzt für beide Geschlechter: Achten Sie besonders auf Ihre Kopfhaltung. Wie gehen Sie durchs Leben? Wenn Sie häufig und bei vielen Gelegenheiten dazu neigen, den Kopf schräg zu halten, empfehlen wir, Ihre Lebenseinstellung zu überprüfen. Wollen Sie weiterhin so durchs Leben gehen oder Ihren Stil ändern? Wenn Sie die Kopfhaltung ändern, werden Sie schnell feststellen, dass Sie von Ihrer Umwelt ganz anders wahrgenommen werden. Natürlich muss man sich am Anfang erst daran gewöhnen. Doch dann geht es meist sehr schnell, wenn das entsprechende Feedback von anderen Menschen kommt.

Doch nicht immer bringt ein gerader Kopf Vorteile. Die Ausnahme sind Situationen, in denen Sie sich mit jemandem streiten oder eine Konfrontation erleben. Wenn Sie jetzt den Kopf gerade halten und vielleicht auch noch eine dominante Stellung einnehmen und zum Beispiel mit breiten Beinen und nach vorne gerecktem Oberkörper dastehen, wird sich Ihr Kontrahent herausgefordert fühlen. Falls er sich stärker fühlt, wird der Streit eskalieren. Es kann jedoch auch sein, dass er klein beigibt und selbst den Kopf zur Seite neigt. Das ist die klassische Unterwerfungsgeste.

Natürlich können wir Ihnen nicht sagen, was richtig ist. Wenn es für Sie von Vorteil ist, den Streit zu deeskalieren, sollten Sie es tun. Gerade im Job macht es häufig wenig Sinn, sich mit Menschen anzulegen. Hier bringt Sie ein konstruktives Gespräch auf der Sachebene meist viel weiter als Steinzeitspiele. Letztere sind allerdings viel beliebter.

Auch bei Zöllnern oder Militärs in fremden Ländern, bei deutschen Polizisten in Verkehrskontrollen oder in ähnlich prekären Situationen sollten Sie besser deeskalieren. Denn gerade die drei genannten Berufsgruppen sind immer die Stärkeren und zeigen Ihnen das auch gerne. Wenn Sie jedoch nett lächeln, den Kopf leicht schräg halten und bei Bedarf den Blick senken, kommen Sie leichter an einem Knöllchen oder einer ausführlichen Gepäckkontrolle vorbei.

Doch wenn Sie Stärke zeigen müssen, dann tun Sie das auch. Letztendlich sollte Ihr Ziel darin liegen, die Wahlfreiheit zu haben. Menschen, die beides – Stärke zeigen und nachgeben – können, können entscheiden, mit welchen Mitteln sie erfolgreich sind. Menschen, die sich nicht trauen, auch mal Stärke zu zeigen, werden häufiger manipuliert, angegriffen oder untergebuttert. Probieren Sie es einfach aus.

Die Mimik

Im letzten Kapitel unseres Körpersprachelexikons widmen wir uns dem schwierigsten Teil. Wie Sie bisher feststellen konnten, haben wir uns in den vorangegangen Kapiteln von den Füßen bis zum Kopf vorgearbeitet. Jetzt fehlt nur noch die Mimik.

Auch die Mimik ist natürlich ein wichtiges körpersprachliches Instrument, das uns viel über die Gedanken und Befindlichkeiten unseres Gegenübers verrät. Doch, wie wir Ihnen bereits eingangs geschildert haben, haben wir im Verlauf unseres Lebens auch gelernt, Menschen zu täuschen. Täuschen und Lügen lernen wir zuerst mit der Sprache. Wenn ein Kind zu lügen versucht, sehen wir das meist recht schnell an der Mimik oder anderen verräterischen Gesten im Gesicht. Doch die Mimik ist das nächste, was ein Kind zu beherrschen lernt.

„Schau nicht so" oder „Mach mal ein fröhliches Gesicht" gehören zu den Standardsätzen mancher Eltern. Wenn ein Kind missmutig oder traurig schaut, hat es jedoch meist einen Grund dafür. Wenn wir als Erwachsene diesen Grund nicht beseitigen, sondern nur die Mimik des Kindes verändern möchten, halten wir es auf Dauer dazu an, sich zu verstellen. Manche Kinder lernen das schon früh und perfekt. Dann wird auch bei der ungeliebten Tante, einem unangenehmen Besucher oder bei einem schlecht schmeckenden Essen ein „Keep-Smiling"-Gesicht aufgesetzt.

Diesen Aspekt von Erziehung kennen viele Menschen nicht. Doch leider ist das so: Das Meiste von dem, was wir tun und können, haben wir als Kind irgendwo gelernt oder abgeschaut – oft bei einem Erwachsenen.

Je älter ein Mensch daher wird, desto schwerer fällt die Deutung der Mimik. Gerade Menschen, die viel lügen, beherrschen ihre Mimik recht gut. Es gibt Menschen, die lächeln, auch wenn sie ihr Gegenüber in Wirklichkeit hassen. Mit dem übrigen Körper ist eine solche Verstellung bereits sehr viel schwieriger. Aus diesem Grund sollten wir insbesondere die Mimik mit Vorsicht bewerten und stets die übrigen Zeichenfolgen mit beachten.

Doch natürlich erlaubt auch die Mimik wertvolle Rückschlüsse auf die Befindlichkeiten Ihres Gegenübers.

Erste Reaktion immer authentisch

Als Faustregel gilt, dass kurze Reaktionen auf neue Ereignisse sehr aufschlussreich sind. Meist fangen wir uns sehr schnell wieder und kehren zur beherrschten Mimik zurück, wenn wir etwas Neues erfahren. Doch in den ersten Sekunden nach Empfang einer neuen Botschaft sind wir vollauf damit beschäftigt, diese zu verarbeiten und können die Mimik überhaupt nicht beherrschen.

Der Neue

Wenn also ein neuer Mitarbeiter im Meeting das Wort ergreift und die Mundwinkel des Marketingchefs in diesem Moment kurz und verächtlich zucken, bevor er wieder zum unverbindlichen Dauergrinsen zurückkehrt, wissen Sie als Beobachter, dass er den Neuen nicht schätzt.

Ein weiterer Aspekt der Mimik betrifft den Persönlichkeitstyp. Es gibt große Unterschiede in der Mimik bei jedem unserer drei besprochenen Typen. Schauen wir uns dazu nochmals Carsten Blau an, den Kontroller unseres imaginären Unternehmens.

Unsere drei Typen und ihre Mimik

Carsten Blau hat das perfekte Pokerface. Alle seine Bewegungen bleiben bis ins Letzte beherrscht. Das gilt auch für die Gesichtsmuskeln. An Carsten Blau sollten Sie die Deutung der Mimik erst üben, wenn Sie sich bereits zu den Fortgeschrittenen zählen. Dennoch können Sie bei Carsten Blau etwas erkennen. Doch es sind wirklich nur kleine Zeichen, hier ein klitzekleines Zucken beispielsweise an den Mundwinkeln oder Augenbrauen, dort ein sich abwendender Blick oder ein angedeutetes Lächeln. Auch positive Emotionen wie Freude oder Glück kann er kaum ausdrücken. Selbst wenn er eine großzügige Gehaltserhöhung mit zusätzlichem Bonus bekommt, wird er kaum Freudensprünge machen oder laut schreien, sondern wahrscheinlich mit unbewegtem Gesicht sofort überlegen, wie er das Geld investieren kann. Solche Menschen gibt es wirklich.

Das Gegenteil davon ist Anke Grün. Sie trägt ihre Gefühle praktisch immer vor sich her und ist so gut wie gar nicht in der Lage, sich zu verstellen. Freude, Leid, Überraschung – Sie erkennen das sofort an der Mimik. Anke Grün wird sich nie lange beherrschen können und sollte es auch gar nicht erst versuchen. Ihr ist aus diesen Gründen zu empfehlen, in schwierigen Situationen gleich in die Offensive zu gehen, weil sie sich sowieso nicht verstellen kann.

Dann haben wir noch Michael Rot. Er stellt ungefähr die Mitte zwischen den beiden Extremen dar, die wir gerade geschildert haben. Seine Mimik ist ebenfalls wenig aussagekräftig, doch er äußert sich sehr deutlich über die Gestik. Allerdings können Sie an seiner Mimik sehr wohl erkennen, woran Sie gerade sind. Auch hier werden es eher die kurzen Veränderungen sein, die Sie weiterbringen. Doch diese sind meist sehr stark ausgeprägt.

Woraus setzt sich die Mimik eigentlich zusammen? Von unseren 26 Gesichtsmuskeln setzen wir meist acht Muskelpaare für die Mimik ein. Das sind vor allem die Muskeln um die Augen, um die Nase und um den Mund. Die Ohren spielen bei den meisten Menschen kaum noch eine Rolle, während sie bei manchen Tieren ebenfalls sehr ausdrucksstark sind.

Die Augen

„Die Augen sind der Spiegel der Seele" sagt ein Sprichwort. Wenn wir einen Menschen treffen, schauen wir ihm zuerst in die Augen. Nichts irritiert uns so stark wie ein abgewandter Blick in einem Gespräch. Und über den Blick steuern wir Aufmerksamkeit, Dominanz und das Verhalten anderer Menschen. Diese wenigen Beispiele zeigen bereits, welche Bedeutung die Augen und der Blick für uns besitzen.

Doch der Reihe nach. Was gibt es an den Augen überhaupt alles zu sehen? In erster Linie sind die Augen unser wichtigstes Sinnesorgan, das Lichtimpulse aus unserer Umwelt über die Rezeptoren in der Netzhaut, die sich an der Rückwand des Augapfels befinden, in Nervenimpulse umwandelt. Diese Nervenimpulse gelangen über den Sehnerv in das Gehirn und werden dort nach einem komplexen Filtervorgang in Bilder verwandelt, die unsere Wahrnehmung von der Wirklichkeit bestimmen. Wir „sehen" also gar keine Bilder, sondern alle Bilder werden im Gehirn aus elektrischen Impulsen zusammengesetzt. Diese Tatsache sollten wir uns gelegentlich in Erinnerung rufen, auch um uns bewusst zu machen, welchen vielschichtigen Täuschungen unser Sehsinn dadurch unterliegen kann.

Vor der Netzhaut, die unser eigentliches Sehorgan darstellt, befinden sich mehrere Mechanismen, die unser Auge schützen und die Menge und die Art des Lichts beeinflussen, das ins Auge und damit bis zum

Gehirn vordringen können. Die Aktionen dieser Schutzfilter können wir bei unserem Gegenüber beobachten und daraus zahlreiche Rückschlüsse über dessen Gedanken ziehen.

Die Pupille. Beginnen wir bei der Pupille. Sie ist das Schwarze im Auge und besteht aus einer Öffnung, die durch einen feinen Muskelring vergrößert oder verkleinert werden kann. Bei einer Kamera entspricht die Pupille der Blende. Wenn sie weit offen ist, fällt viel Licht ein. Meist ist das der Fall, wenn es dunkel ist. Dann benötigt das Auge viel Licht, um etwas zu erkennen. Gewisse Drogen oder Medikamente rufen diesen Effekt ebenfalls hervor. Wird es außen heller, zieht sich die Pupille zusammen, um das Augeninnere vor zu viel Licht zu schützen. Gleichzeitig nimmt dabei die Sehschärfe ähnlich wie bei einer Lochkamera zu, weil die kleinere Pupillenöffnung einen schärferen Lichtstrahl erzeugt.

Hier wird es zum ersten Mal spannend. Wenn sich bei Ihrem Gesprächspartner während eines Gesprächs und bei gleichbleibenden Lichtverhältnissen auf einmal die Pupillen verengen, will er etwas schärfer sehen. Er will Details oder hat ein Problem zum Beispiel mit einer Aussage, die Sie gemacht haben. Diese Pupillenbewegungen werden ausschließlich durch das Reptiliengehirn verursacht, wir können sie nicht bewusst steuern.

Sobald die Pupillen weiter werden, entspannt sich unser Gegenüber wieder. Große Pupillen wirken auf uns sympathisch und vertraut. Früher machten sich das die feinen Damen des Hofes zunutze, indem sie sich Belladonna, einen Extrakt der Tollkirsche, in die Augen träufelten. Belladonna lähmt den Pupillenmuskel und weitet damit die Pupillen, was einen geheimnisvollen und gleichzeitig vertrauten Gesichtsausdruck zaubert. Der Preis dafür ist eine gewisse Unschärfe in der Wahrnehmung, weil die Augen nicht mehr fokussieren können. Das gleiche Mittel verwendet der Augenarzt, wenn er Ihren Augenhintergrund untersuchen will.

Schließen der Augen. Ein weiterer Schutzmechanismus der Augen wird durch die Augenlider gebildet. Mit ihrer Hilfe schützt sich das Auge vor Licht, Schmutz und anderen Gefahren. Auch wenn wir schlafen, schließen wir die Augen und verhindern damit, dass uns äußere Einflüsse stören. Sehen können wir dennoch, zum Beispiel im Traum, was ein weiterer Beweis dafür ist, dass alle Bilder nur virtuell in uns erzeugt werden.

Die Bewegungen der Augenlider sind ebenfalls sehr aufschlussreich bei der Deutung der Mimik. Auch hier steht die biologische Bedeutung, nämlich die Schutzfunktion, an erster Stelle. Will uns unser limbisches System vor äußeren Einflüssen schützen, wird es zuerst einmal die Augen schließen oder zumindest die Öffnung verkleinern. Dieser Schutz ist primär gegen Licht, Staub und andere materielle Dinge gedacht. Doch es kann auch ein Schutz vor imaginierten Einflüssen sein. Denn unser limbisches System unterscheidet nicht, welche Art Bedrohung auf uns zukommt, sondern es reagiert einfach.

Wenn also Ihr Gesprächspartner auf einmal die Augenlider zusammenkneift oder sich seine Augen verengen, weist das stets auf Stress oder eine unangenehme Empfindung bei ihm hin. Sie haben ihn in diesem Moment vielleicht verärgert oder irritiert. Gleiches kann auch passieren, wenn eine dritte Person den Raum betritt, Ihr Gesprächspartner kurz hinschaut und sich dabei seine Augen verengen. In diesem Fall können Sie ziemlich sicher sein, dass er diese Person nicht mag.

Abb. 35: Beim Verengen der Augen und Pupillen sieht man schärfer, nimmt aber nur einen kleinen Ausschnitt der Umgebung wahr. Menschen schauen so, wenn sie etwas ergründen wollen oder sich für Details interessieren.

Es gibt jedoch wie beim Pupillenreflex auch eine zweite Bedeutung beim Verengen der Augen. Denn auch hier fokussiert sich der Blick auf ein Detail, das in der Ferne liegen kann oder nur in den Gedanken des Gesprächspartners existiert. Den Unterschied können Sie an der übrigen Zeichenfolge erkennen. Bei Unbehagen wendet sich die Person meist ab, schließt die Augen kurz oder zeigt andere Zeichen der Ablehnung. Beim Fokussieren hingegen erhöht sie ihre Aufmerksamkeit, beugt sich vielleicht vor oder schiebt zumindest den Kopf vor.

Wenn sich eine Person in einem wichtigen Gespräch auf diese Weise fokussiert, sollten Sie auf der Hut sein. Denn auch jetzt kann etwas schieflaufen. Vielleicht passt ein Detail nicht. Oder die Person ist auf ein Problem aufmerksam geworden, das Sie übersehen haben. Sprechen Sie daher das Thema ruhig an und fragen Sie nach, was los ist. Das kann Sie vor einer unangenehmen Entwicklung im weiteren Gespräch bewahren.

Weiten der Augen. Die Augen können sich auch weit öffnen – zum Beispiel vor Schreck. In diesem Moment will derjenige so viele Informationen wie möglich erhalten und öffnet die Augen und die Pupillen ganz weit. Zwar sieht er dann unscharf, doch auch vor einem unscharfen Säbelzahntiger rennt man besser weg. Hier ist keine Detailfokussierung mehr nötig. Beim Öffnen der Augen werden meist auch die Augenbrauen mit angehoben.

Einen richtigen Schreck erkennen Sie sehr deutlich. Die zugehörige Zeichenfolge besteht in den gerade beschriebenen weit aufgerissenen Augen, einer kurzen Schockstarre oder einem Zurückweichen des ganzen Körpers und einem Zurücknehmen der Arme. Häufig dreht die Person ganz kurz danach die Füße zur Tür oder in eine andere Fluchtrichtung. Damit bereitet sich das limbische System auf eine schnelle Flucht vor.

Abb. 36: Wer die Augen weit aufreißt, will möglichst viel sehen. Dies passiert entweder, wenn man erschrickt oder sich in Gefahr befindet und sich orientieren muss.

Doch manchmal fällt der Schreck nur verhalten aus. Zum Beispiel, wenn der Kunde das Kleingedruckte liest oder der Personalchef in Ihrem Bewerbungsschreiben auf eine lange Lücke im Lebenslauf stößt. Dann weiten sich vielleicht nur die Augen, während der übrige Körper unter Kontrolle bleibt.

> Achten Sie daher in einem Gespräch vor allem auf die Größe und den Zustand der Augen und Pupillen. Hier bekommen Sie die wertvollsten körpersprachlichen Informationen des Gesichts, weil wir die Augen praktisch nicht willentlich beeinflussen können.

Die zweite Bedeutung der großen und offenen Augen ist Sympathie, Zuneigung oder Wohlwollen. Wenn sich eine Frau die Augen schminkt, vergrößert sie damit ihre Augen, um sympathischer und sexy zu wirken. Um das zu wissen, benötigt man gar kein Buch über Körpersprache. Auch hier verfolgt das limbische System eine ähnliche Absicht wie beim Erschrecken: Es will dem Gehirn möglichst viele Informationen zukommen lassen, in diesem Fall positive Informationen. Da es sich sicher wähnt, verzichtet es auf jeden Schutz für die Augen und öffnet sie weit. Im Unterschied zum Erschrecken, bei dem die Augen meist nur sehr kurz geweitet werden, um sich dann zu verengen und auf das Problem zu fokussieren, bleiben sie im entspannten und harmonischen Zustand die meiste Zeit über offen und groß. Sie sind dabei nicht ganz so weit aufgerissen, wie wenn ein Säbelzahntiger oder in der heutigen Zeit eher der Chef plötzlich und unerwartet um die Ecke biegt. Natürlich gibt auch die übrige Zeichenfolge Auskunft darüber, wie es um die Stimmung steht. Bei entspannten Menschen sehen Sie das stets auch an der übrigen Körperhaltung.

Auch beim Flirten können Sie an den Augen gut erkennen, woran Sie gerade sind. Wenn Ihr Date große Augen macht, liegen Sie im grünen Bereich. Doch wehe, die Augen verengen sich. Dann sollten Sie Ihre letzten Worte oder Taten nochmals kritisch überprüfen. Denn irgendetwas ist schiefgelaufen.

Das Blinzeln der Augenlider. Forscher haben herausgefunden, dass sich unsere Blinzelfrequenz immer dann erhöht, wenn wir unter Stress stehen. Leider sagt uns das schnelle Blinzeln nicht, woher der Stress kommt. Vielleicht sind wir mit etwas unzufrieden. Oder wir lügen. Oder wir stehen unter Anspannung, weil wir gleich etwas Wichtiges tun müssen. Oder ein Mensch hat den Raum betreten, der uns in Stress versetzt. Es kann jedoch auch sein, dass wir einfach nur verwirrt sind.

Wenn Sie also an einem Gesprächspartner wahrnehmen, dass er auf einmal schneller blinzelt als zuvor, wissen Sie einfach nur, dass bei ihm gerade etwas passiert. Sie wissen aber nicht was. Das müssen Sie jetzt herausfinden, indem Sie die übrige Körpersprache aufmerksam beobachten und natürlich auch auf die Inhalte achten, die im Gespräch ausgetauscht werden. Vielleicht ist es schon ausreichend, einfach das Thema zu wechseln.

Wenn ein Redner auf der Bühne beispielsweise stark blinzelt, kann es sein, dass er einfach nur unter Stress steht, weil er aufgeregt und wenig geübt im öffentlichen Reden ist. Wenn er jedoch zu Beginn seiner Rede sehr ruhig war und nur bei bestimmten Passagen blinzelt, dann stressen ihn gerade diese Teile seiner Rede. Vielleicht ist es für ihn ein schwieriges Thema, vielleicht lügt er auch. Oder er wurde durch einen Zwischenruf verwirrt. Mit letzter Sicherheit können Sie das aus der Körpersprache nicht erfahren. Aber Sie können der Wahrheit vielleicht über weitere Indizien näherkommen.

Der Blick. „Schau mir in die Augen, Kleines" ist wohl eines der bekanntesten Filmzitate, gesprochen von Humphrey Bogart zu Ingrid Bergman in dem Filmklassiker *Casablanca*. Natürlich entspricht dieser Machospruch nicht mehr der heutigen Vorstellung von Political Correctness. Und doch weist er auf das elementarste Kommunikationsmittel hin, über das wir verfügen. Nichts ist stärker als ein Blick, und das nicht nur in der Liebe. In unzähligen Romanen findet sich der Hinweis auf den Blick. „Sie schauten sich lange in die Augen" oder „Sein Blick verriet mir mehr als tausend Worte". Auch bei der Arbeit spielen Blicke ständig eine Rolle, zwischen Kollegen, zwischen Ihnen und dem Chef oder dem Kunden.

Daher schauen wir uns den Blick einmal genauer an. Der Blick besteht aus zwei Elementen. Wir nutzen ihn vor allem, um damit Kontakt zu einer anderen Person aufzubauen. Doch er verrät uns noch viel mehr: Denn aus der Blickrichtung erfahren Sie noch einiges mehr über die Gedanken der Person vor Ihnen.

Fangen wir mit dem Blick als Steuerungselement an. Wenn Sie sich mit einem Menschen unterhalten, schauen Sie sich dabei normalerweise in die Augen. Natürlich nicht die ganze Zeit, doch Wegschauen und Pausen sind meist nur ganz kurz. Im Regelfall dienen sie dazu, sich ganz kurz abzuschirmen, sich zu entspannen und die Gedanken wieder neu zu sammeln. Denn wenn wir den Blick in die Augen einer anderen Person gerichtet haben, sind wir in der Regel hoch konzentriert.

Der Blick als Machtinstrument. Der Blick ist auch ein Machtinstrument. Vielleicht kennen Sie das Spiel, bei dem man sich so lange in die Augen sieht, bis einer wegschauen muss. Wenn Sie es mit einer höherrangigen oder dominanteren Person zu tun haben, passiert genau das Gleiche: Wenn diese Person etwas durchsetzen oder sich ihrer Macht versichern will, schaut sie Sie an. Sobald Sie den Blick senken oder zur Seite richten, signalisieren Sie damit, dass Sie sich unterwerfen. Die Sache ist erledigt. Wenn Sie dem Blick jedoch in einer solchen Situation standhalten, wird der andere aufrüsten: Er wird jetzt vermutlich verbal angreifen oder anders versuchen, seinen Machtstatus zu sichern. Oder er schaut weg, und Sie bekommen später eine unangenehme Aufgabe zugewiesen.

Wenn Sie selbst führen müssen, ist es immens wichtig, dass Sie den Blick zu Ihrem Gesprächspartner halten oder aushalten – zum Beispiel in diesen Situationen:

- Wenn Sie ein Disziplinargespräch führen, werden Sie Ihren Mitarbeiter nur vom Ernst der Lage überzeugen können, wenn Sie ihn in den kritischen Momenten fest anschauen oder sogar fixieren. Chefs, die ihren Blick in solchen Momenten in ihren Papieren auf dem Schreibtisch vergraben, werden vom Mitarbeiter nicht ernst genommen. Zumindest dessen limbisches System wird nicht überzeugt – doch gerade dieses entscheidet, wie mit der Rüge umgegangen wird. Ist sie mit einem scharfen und durchdringenden Blick verbunden, wird sie mit „Priorität sehr hoch" abgespeichert und künftig berücksichtigt. Ist der Blick jedoch abwesend, kommt sie in die „Ablage Papierkorb", die es sogar in unserem Gehirn gibt, und verpufft wirkungslos.
- Eine Variante davon ist das Halten des Blicks bei gleichzeitigem Schweigen. „Herr Müller, jetzt sagen Sie mir mal, was Sie sich dabei gedacht haben!" Wenn Sie jetzt noch den Blick zu Herrn Müller suchen, ihm mit leicht zurückgezogenem Kopf in die Augen schauen und einfach schweigen, wird Herr Müller unter Druck geraten. Denn eine solche Pause, verbunden mit diesem Blick, hält kaum ein Mensch aus. Allerdings bringen viele Vorgesetzte oder Verhandlungsführer die Stärke für einen solchen Auftritt nicht mit. Probieren Sie es aus. Mit diesem Verhalten gewinnen Sie deutlich an Standing. Wenn Ihr Gesprächspartner natürlich das Gleiche macht, sich zurücklehnt und den Blick kalt lächelnd erwidert, haben Sie einen ebenbürtigen Gegner gefunden. Jetzt müssen Sie sich etwas Neues einfallen lassen.

- Sehr spannend ist die Preisverhandlung im Verkaufsgespräch. Bereits in simulierten Gesprächen in unseren Trainings sehen wir einen Unterschied: Gute Verkäufer halten den Blick, vielleicht sogar mit einem entspannten Lächeln, wenn sie mit ihrer ersten Preisvorstellung herausrücken. Der Kunde weiß dann, dass es dem Verkäufer ernst ist und die spätere Verhandlung wird für ihn schwer. Der unsichere Verkäufer hingegen schaut in diesem entscheidenden Moment meist kurz weg. Das wertet der Kunde als Schwäche. Sofern er selbst stark ist, wird er sofort mit dem harten Verhandeln beginnen. Achten Sie also in diesem magischen Moment ganz besonders auf Ihren Blick.

Der Boxkampf
Auch aus dem Sport kennen wir das Ritual des „In-die-Augen-Starrens". Vor einem Boxkampf beispielsweise gibt es immer diese Szene, bei der sich die beiden Kontrahenten gegenüberstehen, umringt von ihrem Team, und sich oft minutenlang in die Augen schauen. Auch wenn dieses Ritual ziemlich inszeniert wirkt, ist es in diesem Moment für die beiden Kontrahenten echt. Sie messen ihre Kräfte schon einmal mental. Natürlich verliert dabei nie einer, weil sich hier stets zwei extreme Alphamännchen gegenüberstehen. Manchmal artet das „Blickmessen" auch in ein verbales Duell oder selten – und dann zur Freude der Medien – in ein körperliches Kräftemessen aus, was zeigt, wie viel Dynamik in diesem harmlosen Spielchen steckt. Menschen, die sich im normalen Leben prügeln, messen vorher im Übrigen oft auch ihre Kräfte per Blick. Und wenn dabei einer nachgibt und nach unten schaut, verhindert das oft die körperliche Auseinandersetzung.

Der abgewandte Blick. Ein Mensch, der den Blick abwendet, will sich instinktiv schützen. Seine Augen sollen nicht zu viel sehen oder zu viele und vielleicht unangenehme Sinneseindrücke in das Sehzentrum vorlassen. Wir wenden uns ab,
- wenn wir etwas Schlimmes sehen,
- wenn wir einer Situation ausweichen wollen oder
- wenn uns eine Situation sehr unangenehm ist.

In manchen Situationen wenden wir uns so deutlich ab, dass der ganze Körper mit einbezogen wird. Wenn wir uns wegdrehen, ist das für unser Gegenüber sehr auffällig. Doch das Abwenden kann auch sehr subtil erfolgen und nur durch eine kurze Augenbewegung ausgedrückt werden. Daher ist es auch hier wieder wichtig, auf solche kurzen und subtilen Zeichen zu achten – diese kann ein Mensch kaum kontrollieren, und sie sagen sehr viel über die wirklichen Gefühle und Empfindungen in einem solchen Moment aus.

Natürlich gibt es auch hier wieder Zeichenfolgen, mit denen der Körper das Abwenden unterstützt. Am auffälligsten ist es, wenn ein Mensch die Hände vor die Augen hält. Dann will er sich komplett abschirmen. Dies passiert zum Beispiel in Momenten großer Trauer oder großen Leids. Hier will jemand mit sich allein sein und schützt seine Augen. Es kann jedoch auch passieren, wenn Sie sich plötzlich daran erinnern, dass Ihr Küchenfenster offen steht, und ein Gewitter heranzieht, Sie aber gerade im Büro sind. Auch dann können Sie in eine spontane Krise geraten und Ihr limbisches System will Sie schützen.

Im Businessgespräch erleben wir manchmal kurze Momente, in denen sich der Gesprächspartner eine Hand vor die Augen hält. Auch das gibt einen Hinweis darauf, dass er sich abschirmen will, weil er etwas Unangenehmes denkt oder hört. Auch das kann ein Zeichen für Sie sein, dass das Gespräch eine schwierige Wendung nimmt.

Doch es gibt noch andere Gründe, warum jemand den Blick abwendet. Dahinter können auch Scham oder Unsicherheit stecken. Wir haben oben ja den dominanten Blick geschildert. Wenn Sie jemanden auf diese Weise fixieren und diese Person den Blick senkt oder zur Seite wendet, schützt sie sich damit vor Ihrer aggressiven Angriffsenergie. Bei einem echten Machtkampf wird daraus sicher ein hartes Blickduell. Doch Menschen, die sich schwächer fühlen oder denen es an Selbstsicherheit mangelt, neigen sehr schnell dazu, den Blick zu senken. Das offenbart dann häufig eine persönliche Schwäche oder Unsicherheit.

Solche Menschen werden häufig ausgenutzt oder gar gemobbt, weil sie durch ihre Unsicherheit Menschen in ihrem Umfeld – leider – dazu motivieren, sich diese Schwäche zunutze zu machen. Wenn Sie selbst zu dieser unterwürfigen Geste neigen, empfehlen wir sehr dringend, sich damit auseinanderzusetzen und starke körpersprachliche Gesten einzuüben oder Ihr Selbstbewusstsein mit anderen Mitteln zu trainieren. Das funktioniert. Wie das im Einzelnen geht, erfahren Sie weiter hinten in diesem Buch.

Menschen, die Scham empfinden, wenden ebenfalls den Blick ab. Meist geht das zwar aus dem Zusammenhang hervor, dennoch sollten Sie diese Möglichkeit zum Beispiel in Mitarbeitergesprächen immer im Auge behalten. Menschen schämen sich manchmal auch, ohne dass das von außen ersichtlich ist.

Eine weitere Möglichkeit, warum jemand den Blick abwendet, sind sogenannte „innere Dialoge". Dazu finden Sie im folgenden Kapitel weitere Hinweise.

Im Gespräch den Blick halten. Wie wir oben bereits erwähnt haben, ist der Blick eines der wichtigsten Kommunikationsmittel überhaupt. Bei der Beurteilung eines Menschen oder des Inhalts eines Gesprächs orientieren wir uns in erster Linie am Blick. Dabei achten wir vor allem darauf, ob jemand dem Blick standhält und ihn erwidert oder ob er dem Blick ausweicht. Das tun im Übrigen alle Menschen, egal ob sie je ein Buch über Körpersprache gelesen haben oder nicht. Daher sollten Sie auch in Ihrer eigenen Kommunikation ganz besonders auf Ihren eigenen Blick achten.

Wenn Ihnen Ihr Gegenüber im Gespräch permanent ausweicht, wird Sie das stark irritieren. Obwohl wir wissen, dass es dafür viele verschiedene Gründe geben kann, kommen bei Ihnen vor allem zwei Möglichkeiten an:
- Entweder glauben Sie, dass Ihr Gegenüber unsicher ist.
- Oder Sie glauben, dass die andere Person etwas zu verbergen hat, Sie anlügt oder Ihnen ausweicht.

Die übrige Zeichenfolge bestimmt, welchen der beiden Eindrücke Sie gewinnen:
- Wenn ein Mensch den Blick zur Seite wendet oder direkt nach unten schaut und dabei eine zurückhaltende Körperhaltung einnimmt und zusätzlich den Kopf senkt, denken Sie vermutlich an Unsicherheit.
- Wenn er den Blick jedoch schräg nach unten richtet, wird das bei Ihnen wahrscheinlich eher das Gefühl von Ausweichen oder Anlügen auslösen.

In jedem Fall ist ein solcher Blick schädlich für ein erfolgreiches Gespräch. Sie sind davon irritiert, Ihr Gesprächspartner wahrscheinlich nicht vollständig präsent und das Gespräch kann leicht misslingen.

Daher sollten Sie in einer Gesprächssituation stets den Blick suchen und Ihren Gesprächspartner ansehen. Allerdings sollten Sie ihn nicht fixieren, so wie Sie das vom Boxkampf kennen. Setzen Sie einen ruhigen, freundlichen Blick auf. Wenn das Gespräch entspannt verläuft, wird Ihr Blick von allein immer wieder für eine halbe Sekunde zur Seite ausweichen. Das ist ganz normal und baut Druck ab. Doch

Sie sollten immer wieder den Blick zum Gegenüber suchen und ihm offen und selbstbewusst in die Augen schauen. Damit signalisieren Sie Offenheit und Ihre Bereitschaft, sich auf den anderen einzulassen.

Mit dem Blick kontrollieren

Wenn Sie vor einer Gruppe von Menschen sitzen oder stehen und eine Präsentation halten oder moderieren, ist Ihr Blick ein wesentliches Mittel, um die Menge zu kontrollieren. Halten Sie Blickkontakt zu Ihrem Publikum, sonst werden Sie nicht wahrgenommen!

Bei kleinen Gruppen von bis zu maximal 20 Teilnehmern sollten Sie alle Menschen persönlich ansehen, wenn Sie selbst sprechen. Schauen Sie daher stets reihum, vergessen Sie nicht die Menschen rechts und links außen, und schauen Sie jedem etwa drei Sekunden in die Augen.

Bei großen Gruppen, zum Beispiel wenn Sie eine Rede halten, sollten Sie alle wichtigen Ecken des Raumes mit Ihrem Blick ausfüllen. Merken Sie sich am besten markante Menschen an verschiedenen Plätzen im Saal und schauen Sie diese der Reihe nach an. Ab ein paar Metern Entfernung kann niemand mehr sagen, ob Sie ihm wirklich in die Augen schauen. Wenn Ihr Blickkontakt zur Gruppe verloren geht, wird die Unruhe im Raum sofort zunehmen.

Ein Dompteur im Zirkus macht es übrigens genauso. Er kontrolliert seine Löwen oder Tiger vor allem über den Blick. Wenn ein Löwe unruhig wird, bekommt er sofort einen scharfen Kontrollblick zugeworfen. Dann weiß er wieder, wer der Chef im Ring ist und fügt sich. Doch wehe, wenn der Blickkontakt abreißt. Dann wird es für den Dompteur lebensgefährlich. Das funktioniert übrigens auch mit Hunden und Katzen. Dafür müssen Sie sich also keinen Löwen ausborgen.

Die Blickrichtung. Können Sie am Blick eines Menschen erkennen, ob er lügt? Nein, ganz so einfach geht es nicht. Doch Sie können an der Blickrichtung erkennen, in welchem Teil des Gehirns die Gedanken weilen, während sich ein Mensch mit Ihnen unterhält. Wenn die Blickrichtung dann nicht mit dem Inhalt übereinstimmt, wird es spannend. Denn dann liegt es durchaus im Bereich des Möglichen, dass Sie Ihr Gegenüber doch bei einer Lüge ertappen können.

Bestimmt ist es Ihnen schon einmal aufgefallen, dass die Augen eines Gesprächspartners immer wieder einmal in die rechte oder linke Ecke des Auges und dort entweder nach oben oder nach unten wandern? Manchmal geschieht das nur für eine Sekunde, doch manchmal verweilen die Augen auch viel länger in dieser Position.

Das passiert nicht zufällig. Die Augen folgen nämlich unbewusst dem Bereich im Gehirn, in dem gerade eine Aktivität stattfindet. Und Sie als Beobachter können so herausfinden, was Ihr Gesprächspartner gerade tut. Dabei werden vor allem drei Gehirnaktivitäten unterschieden:

- Ein Mensch kann sich erinnern,
- er kann konstruieren und
- er kann sich in einem inneren Dialog befinden und mit sich selbst ein wichtiges Thema ausdiskutieren.

Die pinkfarbene Katze

Denken Sie jetzt ganz spontan an eine pinkfarbene Katze. Was machen Ihre Augen? Vermutlich wandern sie, aus Ihrer Sicht, in die linke obere Ecke. Dort liegt das Zentrum für Konstruktion. Ihr Gehirn muss die pinkfarbene Katze konstruieren, weil es in Wirklichkeit keine pinkfarbenen Katzen gibt.

Machen Sie jetzt die Gegenprobe und denken Sie an die violette Milka-Kuh. Vermutlich werden Ihre Augen jetzt in ihre rechte obere Ecke wandern. Dort liegt Ihr Zentrum fürs Erinnern. Und violette Milka-Kühe gibt es ja „wirklich", sowohl im Fernsehen als auch auf der Schokoladenpackung. Sie haben diese also mit Sicherheit bereits häufiger in Ihrem Leben gesehen und können sich daran erinnern.

Wenn wir Sie jetzt fragen, wie Sie ethisch dazu stehen, dass lila Kühle die echten Kühe langfristig verdrängen werden und ob Sie es noch verantworten können, künftig Schokolade an Kinder zu verschenken, werden Ihre Augen vermutlich nach rechts unten wandern. Das ist Ihre Ecke für innere Dialoge. Sie diskutieren in diesem Fall mit sich selbst, welche Antwort die richtige ist oder ob Sie dieses Thema überhaupt interessieren muss.

Abb. 37: Beim Blick nach links oben konstruiert die Person etwas.

Abb. 38: Beim Blick nach rechts oben erinnert sie sich.

Abb. 39: Wenn sich der Blick sehr deutlich und lange nach rechts unten richtet, befindet sich diese Person in einem inneren Dialog.

Die folgenden Blickrichtungen können wir unterscheiden:
- **Erinnern an Bilder:** Die Augen schauen nach rechts oben
- **Erinnern an Töne:** Die Augen schauen nach rechts Mitte.
- **Konstruieren von Bildern:** Die Augen schauen nach links oben

- **Konstruieren von Tönen:** Die Augen schauen nach links Mitte.
- **Innerer Dialog:** Die Augen schauen nach rechts unten.
- **Erinnern an Gefühle:** Die Augen schauen nach links unten.

Als Eselsbrücke können Sie sich merken, dass Sie zur Konstruktion auf die Seite schauen, auf der Ihr Herz schlägt. Denken Sie dabei einfach an ein künstliches, konstruiertes Herz, und schon werden Sie es behalten.

Doch diese Regeln stimmen nicht immer. Die Blickrichtung „rechts" für Erinnern und „links" für Konstruieren gilt nur für Rechtshänder, doch auch da nicht für alle. Bei Linkshändern sind die Seiten vertauscht. Allerdings sind manche Menschen verkappte Linkshänder, die dennoch meist ihre rechte Hand benutzen. Zudem gibt es noch andere Gründe, warum die Seiten im Gehirn vertauscht sind und die Augenbewegungen von unseren Regeln oben abweichen.

Daher sollten Sie die Blickrichtung zuerst überprüfen, bevor Sie diese bei einem Gesprächspartner anwenden. Dazu verfahren Sie ganz einfach:

Die Blickrichtung testen

Wenn Sie als Personalchef ein Bewerbungsgespräch mit einem neuen Bewerber führen, fragen Sie ihn zu Beginn des Gesprächs ganz locker und im Rahmen des üblichen Small Talks: „Was gab es denn bei Ihnen heute Morgen zum Frühstück?". Praktisch jeder Mensch hat gefrühstückt und wird sich daran auch gerne erinnern. Also wandern seine Augen zum Beispiel in die rechte obere Ecke. Also merken Sie sich die rechte Seite als Erinnerungsseite.

Dann können Sie noch die Gegenprobe machen und stellen eine Konstruktionsfrage. Dafür eignet sich zum Beispiel. „Wie fahren Sie denn heute Abend nach Hause?" Da diese Frage in der Zukunft liegt, muss der Proband konstruieren und sollte in diesem Moment in die andere Richtung, also nach links oben schauen. Also kennen Sie jetzt auch die Konstruktionsecke. Wenn es nicht klappt, hat er Proband die Frage als Erinnerungsfrage aufgefasst, weil er sich zum Beispiel an sein Auto erinnert. Dann müssen Sie eine neue Frage stellen.

Egal, ob der Proband bei der Erinnerungsfrage jetzt nach links oder nach rechts schaut, diese Seite ist seine Erinnerungsseite. Dorthin wird er immer sehen, wenn er sich an etwas erinnert. Und die andere Seite bleibt die Konstruktionsseite. Das können Sie im weiteren Gespräch nun nutzen.

Blickrichtungen im Gespräch nutzen

Stellen wir uns vor, dass Sie den Bewerber nach seinem Verhältnis zu seinem letzten Chef fragen und dafür vielleicht auch ein Beispiel wissen möchten. Der Bewerber setzt sich aufrecht hin und erzählt freudig, was für ein tolles Verhältnis er zu seinem Chef hatte. Er untermauert das mit einer kleinen Geschichte. Da er sich an diese Geschichte ja erinnern sollte, erwarten Sie, dass seine Augen nach rechts oben gehen.

Doch was macht der Proband? Seine Augen wandern nach links und bleiben dort länger. Für Sie sieht das so aus, als ob der Bewerber die Geschichte konstruiert. Weniger vornehm ausgedrückt, könnte man auch sagen, er lügt. Dumm gelaufen. Denn wenn Sie jetzt Ihr Handwerkszeug beherrschen, können Sie nachbohren. Natürlich werden Sie nicht sagen: „Sie lügen". Zum einen besteht immer eine schwache Möglichkeit, dass der Bewerber aus einem anderen Grund nach rechts schaut. Weil er zum Beispiel bedingt durch den Stress des Bewerbungsgesprächs jedes Wort seiner wahren Geschichte abwägt und damit Erinnerungen konstruiert. Doch das ist extrem unwahrscheinlich. Zum anderen würde Sie eine solche Aussage nicht unbedingt weiterbringen, weil der Bewerber dann alles abstreiten würde. So gewinnen Sie nichts.

Nein, Sie fragen jetzt einfach weiter. Sie gehen der Geschichte auf den Grund. Sie bohren nach, interessieren sich für Details, vergleichen Fakten und achten dabei immer auf die Augen und natürlich auch auf die übrige Körpersprache. Entweder erhalten Sie noch weitere Indizien, dass etwas nicht stimmt, oder der Bewerber knickt irgendwann von selbst ein und erzählt die Wahrheit.

Wenn Sie sich selbst in der Situation des Bewerbers befinden, sollten Sie ebenfalls daran denken, dass Ihr Gegenüber vielleicht dieses Buch oder diese Methode kennt. Die einzig sichere Methode, sich keine Lügen anmerken zu lassen, ist, keine zu erzählen. Allerdings, und das ist der Trost für notorische Lügner, sind die Blickrichtungen noch längst keine Beweise für Lügen, sondern höchstens Indizien.

Ebenfalls spannend wird es, wenn der Bewerber im Interview seine Augen während des Gesprächs länger nach rechts unten richtet. Dann befindet er sich im inneren Dialog. Wenn das mal kurz passiert, ist das ganz normal. Es kann zum Beispiel sein, dass er sich auf die Frage nach dem Frühstück innerlich fragt: „Muss ich diese Frage jetzt wirklich beantworten? Warum will er denn das wissen?" Dann ist das ein innerer Dialog, bei dem die Augen kurz unten sind. Doch sie sollten ja nach rechts oben gehen, sobald er vom Frühstück berichtet. Wenn die Augen fast immer nach unten gerichtet sind, besteht ein sehr ausgeprägter Dialog mit sich selbst.

Die Ursachen sind unterschiedlich. Es gibt Menschen, die sich in einem steten inneren Dialog befinden. Das kann ein Hinweis auf ständiges Grübeln oder in seltenen Fällen auf eine psychische Störung sein. Ein solcher Mensch ist meist wenig im Hier und Jetzt und wird Fragen nur verzögert oder gar nicht beantworten. Das kann ein Dauerzustand sein oder auch während einer schweren persönlichen Krise auftreten. Diese Besonderheit weist jedoch immer auf einen Menschen hin, der unter Druck nach innen und nicht nach außen geht. Carsten Blau von unserem imaginären Unternehmen würde wahrscheinlich so reagieren, wenn er sich mit einem gravierenden privaten oder beruflichen Problem herumschlagen müsste. Bei Michael Rot und Anke Grün hingegen sind innere Dialoge selten und meist nur kurz ausgeprägt. Sie gehen beide viel schneller zum Handeln über und haben daher ihren Blick überwiegend nach vorne gerichtet.

Grüblerische Blicke und innere Monologe wirken oft irritierend. Solche Menschen wirken bereits rein intuitiv auf Sie abwesend und unaufrichtig. Daher sollten Sie sich gelegentlich überprüfen, wo Ihr Blick in Gesprächen in der Hauptsache weilt.

Anders sieht es aus, wenn sich der Blick eines sonst offenen Gesprächspartners im Gespräch plötzlich und für längere Zeit zur Dialogecke wendet. Dann läuft dort gerade eine schwerwiegende innere Diskussion ab. Je nachdem, in welchem Zusammenhang das passiert, sollten Sie hier direkt eingreifen und behutsam nach dem Grund fragen oder zumindest die Information mitnehmen, dass Ihr Gegenüber an einer Ihrer Aussagen gerade schwer zu knabbern hat.

Natürlich kann der Blick auch in die Dialogecke wandern, wenn der Gesprächspartner lügt. In diesem Fall steht nicht die Konstruktion der Lüge im Vordergrund, sondern Ihr Gegenüber fragt sich, was er Ihnen auftischen soll, wie weit er gehen kann oder ob er jetzt überhaupt lügen darf. Natürlich erhalten Sie durch die Blickrichtung auch in diesem Fall wieder keinen echten Beweis für eine Lüge. Doch Sie erfahren immerhin, dass Ihr Gesprächspartner aus der offenen Gesprächssituation in eine verdeckte Gesprächssituation abgerutscht ist und Ihnen vermutlich einen Teil seiner Gedanken vorenthält. In einem offenen und ganz normalen Gespräch wird er Ihnen überwiegend in die Augen schauen und nur kurz unterbrechen, um passend zu den Gesprächsinhalten in die Erinnerungs- oder Konstruktionsecke abzuschweifen.

Die zweite Schwierigkeit beim Deuten der Blickrichtung besteht darin, dass der Blick nur ganz kurz in einen Augenwinkel wandert oder dass Ihr Gegenüber zum Beispiel vor dem Erinnern noch eine kleine Diskussion mit sich führt, wie wir das gerade geschildert haben. Sie benötigen also eine gewisse Übung beim Deuten der Blickrichtung, zudem sollten Sie nie von einer einzelnen Beobachtung ausgehen, sondern auch hier wieder versuchen, die Dinge im Zusammenhang zu bewerten. Bei den meisten Menschen ist der Blick im Gespräch auf den Gesprächspartner gerichtet. Die Blickrichtung wird oftmals nur für eine halbe Sekunde verändert und ist nur dann zu beobachten, wenn in einem Gespräch neue Aspekte angesprochen werden. Diese Momente müssen Sie erkennen, wenn Sie damit arbeiten wollen. Allerdings befinden sich die Pupillen bei komplexeren Erinnerungs- oder Konstruktionsvorgängen bei vielen Menschen sehr oft in den entsprechenden Augenwinkeln.

Daher ist die Blickrichtung ein sehr hilfreiches und zuverlässiges Mittel, um die Gedankengänge Ihres Gegenübers mitzuverfolgen.

Kurze Blicke

Wir erleben oft im Seminar, dass Teilnehmer anfangs Schwierigkeiten damit haben, die Blickrichtung in entsprechenden Übungen zu erkennen. Da gibt es die Menschen, denen „einfach nichts" anzusehen ist. Wir machen dann mit der „schwierigen" Person etwas Small Talk und fragen unvermittelt: „Letzten Sonntag war das Wetter doch so schön. Was haben Sie denn unternommen?" Bei zehn von zehn Teilnehmern wandern die Pupillen sofort und automatisch in die Erinnerungsecke, oftmals wirklich nur für eine Sekunde. Das sehen alle Beobachter ganz deutlich – und die Welt stimmt wieder.

Das Problem ist hierbei, dass Sie zwar die Richtung, in die die Gedanken des anderen gehen, stets erkennen können, die Gedanken jedoch oft nicht dort sind, wo sie aus Ihrer Sicht als Beobachter zu sein haben. In Übungssituationen liegt das auf der Hand, weil die Teilnehmer natürlich meist mehr konstruieren, als sie sollen, oder bewusst darauf achten, was ihre Augen machen. Das kann man umgehen, indem man den Gesprächspartner überrascht, ablenkt oder in Stress versetzt. Dann versagen die Kontrollmechanismen.

Doch auch im echten Leben kann es passieren, dass die Blickrichtung oder andere körpersprachliche Zeichen nicht stimmen. Sie stimmen natürlich immer mit dem wirklichen Zustand des Gegenübers über- ein, aber dieser kann vielleicht abgelenkt oder in Gedanken ganz woanders sein. Dann lesen Sie quasi auf der falschen Seite im Buch. Aus diesem Grund erfordert die Beobachtung von Körpersprache einige Erfahrung. Zudem darf nicht jeder Einzelfall auf die Goldwaa- ge gelegt werden. Doch mit diesen Einschränkungen funktioniert es hervorragend.

Der Mund

Auch mit dem Mund können Sie zahlreiche körpersprachliche Signale senden. Der Kussmund beispielsweise sagt etwas ganz anderes aus als ein fest zusammengepresster Mund. Doch beides unterscheidet sich nur durch einige geringfügige Bewegungen der Lippen und der Muskeln rund um den Mund. Und ein Lächeln geht vor allem vom Mund aus. Die übrigen Gesichtspartien werden zwar mit einbezogen, doch ohne den Mund können wir nicht lächeln.

Das Öffnen und Schließen des Mundes. Der Mund kann offen oder geschlossen sei. Wenn wir entspannt sind und uns sicher fühlen, sind wir auch bereit, den Mund zu öffnen. In einer solchen Stimmung können wir lächeln. Je mehr uns eine Sache emotional berührt, desto herzlicher wird unser Lächeln ausfallen. Es erstreckt sich bis zu den Augen und auf das übrige Gesicht. Bei einem richtigen Lächeln lächeln auch die Augen mit. Lächeln ist eine universelle Geste, die von allen Menschen auf diesem Planeten als Sympathie- und Entspannungsgeste verstanden wird. Wenn jemand vor Ihnen steht und lächelt, ist alles okay.

Doch aufgepasst! Es gibt auch ein falsches Lächeln. In diesem Fall beruht das Lächeln nicht auf einem vom Reptiliengehirn gespeisten positiven Zustand, sondern auf einem aktiven Befehl des Gehirns: „Lächle mal, damit der andere denkt, dass du ihn magst." Leider weiß unser Bewusstsein nicht, welche Muskeln es betätigen muss, um ein echtes Lächeln zu erzeugen. Es vergisst zum Beispiel die Augenpartie. Diese bleibt dann hart und kalt, das Lächeln ist nur am Mund zu sehen.

Diesen Unterschied können Sie mit einiger Beobachtung schnell herausfinden. Natürlich unterscheidet sich ein „echtes" Lächeln auch durch die übrige Zeichenfolge vom „falschen" Lächeln. So ist im ersten Fall der Körper zugewandt, die Hände sind offen und die ganze Haltung ist entspannt. Beim falschen Lächeln finden Sie hingegen deutliche Anzeichen von Anspannung oder Zurückhaltung.

Im Job ist es spannend, Menschen auf ihr Lächeln hin zu beobachten. Wenn Sie beispielsweise einen neuen Vorschlag einbringen und Kollegen oder Vorgesetzte darauf mit einem echten Lächeln reagieren, befürworten diese Ihren Vorschlag höchstwahrscheinlich. Menschen, die darauf mit einem falschen oder gequält wirkenden Lächeln reagieren, finden Ihren Vorschlag hingegen wahrscheinlich eher deplatziert.

Abb. 40: Beim echten Lächeln lächeln die Augen mit. Dieses Lächeln erkennen wir sofort.

Menschen, die im Gespräch spontan den Mund öffnen, wollen meist etwas sagen. Manchmal fühlen sie sich jedoch gehemmt und sprechen es nicht aus. Doch das Öffnen sehen Sie recht leicht. Wenn Sie ein solches Mundöffnen feststellen, können Sie Ihren Gesprächspartner ermuntern, seine Gedanken auszusprechen. Natürlich sollten Sie das nett formulieren.

Das Gegenteil vom offenen Mund ist der verschlossene oder sogar fest zusammengepresste Mund. Menschen, die ihren Mund die ganze Zeit über zusammenpressen, sind häufig sehr zurückhaltend und äußern vor allem kaum Gefühle.

Spannender ist es jedoch, die Lippenbewegungen Ihrer Gesprächspartner zu beobachten. Wenn jemand zum Beispiel in einer bestimmten Gesprächssituation auf einmal die Lippen zusammenkneift, will er in diesem Moment etwas zurückhalten. Sein limbisches System sorgt dafür, dass nichts den Mund verlassen kann. Hier sollten Sie überlegen, was gerade passiert ist und was Ihr Gesprächspartner Ihnen nicht sagen will.

Ein solches Signal kann natürlich auch auf eine massivere Störung in Ihrer Kommunikation hinweisen. Ihr Gesprächspartner will Ihnen in diesem Moment überhaupt nichts mehr sagen oder sich vor Ihnen sogar abschirmen.

Auch wenn Sie Menschen beobachten, die zum Beispiel am Rechner sitzen, können Sie aus der Stellung der Lippen Rückschlüsse auf die Stimmung ziehen, mit der der oder die Betreffende arbeitet. Menschen, die sich mit ihrer aktuellen Aufgabe schwertun oder durch diese gestresst sind, pressen häufig die Lippen zusammen. Wenn ihnen hingegen die Aufgabe Spaß macht, werden sie den Mund leicht geöffnet halten. Wer mit den Lippen sogar noch ein Liedchen pfeift, ist meist in guter Stimmung und vermittelt den Eindruck gelassener Entspannung.

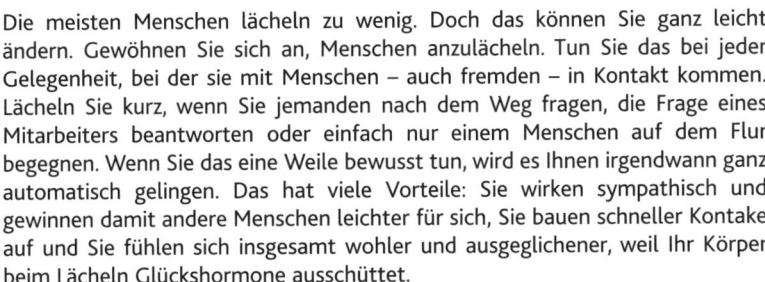

Lernen Sie lächeln!

Die meisten Menschen lächeln zu wenig. Doch das können Sie ganz leicht ändern. Gewöhnen Sie sich an, Menschen anzulächeln. Tun Sie das bei jeder Gelegenheit, bei der sie mit Menschen – auch fremden – in Kontakt kommen. Lächeln Sie kurz, wenn Sie jemanden nach dem Weg fragen, die Frage eines Mitarbeiters beantworten oder einfach nur einem Menschen auf dem Flur begegnen. Wenn Sie das eine Weile bewusst tun, wird es Ihnen irgendwann ganz automatisch gelingen. Das hat viele Vorteile: Sie wirken sympathisch und gewinnen damit andere Menschen leichter für sich, Sie bauen schneller Kontake auf und Sie fühlen sich insgesamt wohler und ausgeglichener, weil Ihr Körper beim Lächeln Glückshormone ausschüttet.

Falls Ihnen das Lächeln nicht auf Anhieb gelingt, können Sie das folgendermaßen trainieren: Setzen Sie sich alleine in einen ruhigen Raum, legen Sie vielleicht eine entspannende Musik auf und schließen Sie die Augen. Lassen Sie jetzt alles los und denken Sie an eine schöne Situation, die sie in der letzten Zeit erlebt haben. Lächeln Sie dabei. Es kann nichts passieren, weil ja keiner zuschaut. Halten Sie das ein paar Minuten durch und wiederholen Sie die Übung regelmäßig. Mit dieser einfachen Übung trainieren Sie Ihre Gesichtsmuskeln, die das Lächeln auslösen, und gewöhnen Ihren Körper daran, schnell in den Zustand des entspannten Lächelns zu gehen. Wenn Sie diese Übung eine Woche durchgeführt haben, wird Ihnen auch echtes Lächeln gegenüber fremden Menschen sehr viel leichter fallen.

Noch auffälliger werden diese Zeichen, wenn jemand mit der Hand seinen Mund verschließt. Schlägt sich Ihr Gesprächspartner mitten im Gespräch auf einmal die Hand vor den Mund, wäre ihm fast etwas herausgerutscht. Er wollte etwas sagen, konnte es jedoch im letzten Moment gerade noch unterdrücken. Dumm nur, wenn Sie das bemerkt haben. Denn Sie wissen jetzt, dass er nicht alle seine Gedanken frei äußert. Natürlich können Sie nachfragen und versuchen, doch noch an diese Information zu kommen.

Solche spontanen Äußerungen lassen sich kaum vermeiden. Das kann Ihnen unter Umständen auch passieren, vor allem wenn Sie sich in einer sehr angespannten Gesprächssituation befinden. Wenn Ihr Gesprächspartner nun seinerseits nachfragt, was Sie denn sagen wollten, können Sie schnell in Schwierigkeiten kommen. Entweder Sie antworten nun offen und ehrlich, oder Ihnen fällt schnell ein Thema ein, mit dem Sie ablenken können. Trotzdem: Der Eindruck, Sie wollten etwas verschweigen, steht im Raum.

Manchmal streichen sich Menschen mit der Hand auch einfach nur um den Mund, während sie sprechen oder zuhören. Dieses Zeichen sagt aus, dass sich derjenige gerade nicht äußern will. Doch sein Geist arbeitet aktiv, und wahrscheinlich hört er Ihnen sogar konzentriert zu. Die Geste kann zum Bespiel bedeuten: „Ich bin ganz Ohr und durchdenke das Thema gerade, doch ich will mich noch nicht dazu äußern, weil ich mit dem Nachdenken noch nicht fertig bin." Geben Sie Ihrem Gesprächspartner dann etwas Zeit. Wenn er sich äußern will, wird er die Hand vom Mund nehmen und einfach sprechen.

Allerdings kann es auch vorkommen, dass Menschen die Hand sehr häufig vor den Mund halten, während sie sprechen. Dies ist fast immer unbewusst und weist auf Probleme hin, sich frei zu äußern. Solche Menschen sind vielleicht gehemmt oder frustriert oder aus einem anderen Grund nicht zu klarer Kommunikation fähig. Meist nuscheln solche Menschen ja auch und sind nur schwer verständlich. Vermeiden Sie selbst solche Gesten. Sprechen Sie stets frei und lassen Sie die Hände vom Mund weg. Das irritiert Ihr Gegenüber und hinterlässt einen irritierenden und meist auch negativen Eindruck.

Das Kinn

Das Kinn steht für Angriffslust. Wer es nach vorne reckt, will angreifen, auch im Meeting. Wer es zurücknimmt oder senkt, gibt nach und ist defensiv. Im Volksmund gilt ein hervorstehendes und auch ein kantiges Kinn als Merkmal sehr durchsetzungsfähiger Menschen.

 Wenn also Ihr Kollege bei der Abteilungsbesprechung das Kinn nach vorne reckt, wissen Sie, dass Sie sich warm anziehen müssen, weil gleich ein Angriff erfolgen wird. Gleiches gilt auch, falls Sie bei einer Verkehrskontrolle einen Polizisten zu sehr reizen. Auch er wird zuerst das Kinn nach vorne recken, bevor er Ihnen erklärt, was Sie alles falsch gemacht haben.

Das Gegenteil ist der Fall, wenn jemand seinen Kopf leicht senkt und sein Kinn damit zurücknimmt. Diese Geste ist defensiv. Im Meeting haben Sie jetzt gewonnen, einem Polizisten bei der Verkehrskontrolle wird so eine Geste wahrscheinlich nicht passieren.

Auf Kinnhaltung des „Gegners" achten

Achten Sie in Auseinandersetzungen und Konfliktsituationen stets auf die Kinnhaltung Ihres Kontrahenten. Wenn dieser Zeichen von Aggression zeigt, sollten Sie deeskalieren, falls Sie das Gespräch weiter in einer sachlichen Atmosphäre führen möchten. Denn wenn Sie jetzt selbst in die Aggression gehen, und sei es nur durch Ihre Körpersprache, besteht die Gefahr, dass sich Ihr Thema zu einem ernsten Konflikt ausweitet.

Auch aus der Bewegung der Muskeln rund um das Kinn können Sie viel ersehen. Das Kinn ist mit den seitlichen Kaumuskeln verbunden. Wenn jemand diese Muskeln anspannt, sehen Sie das am Kinn und an den Backen. Dieses Zeichen steht für Anspannung oder auch für Aggression. Auch wenn jemand seine Zähne zusammenbeißt, verheißt das nichts Gutes. Auch darüber drückt er seine Anspannung aus. Diese kann natürlich verschiedene Ursachen haben: Entweder reagiert er auf eine tatsächliche oder von ihm wahrgenommene Bedrohung, zum Beispiel in einem Konflikt. Oder er durchlebt einen inneren Konflikt. So oder so sollten Sie sehr aufmerksam beobachten, wenn Sie solche Anspannungszeichen bei einem Gesprächspartner beobachten und unbedingt herausfinden, warum er oder sie diese Zeichen zeigt.

Sehr häufig wird das Kinn auch für eine andere Geste genutzt: Wenn jemand intensiv nachdenkt, stützt er das Kinn oftmals mit seiner Hand oder führt die Hand anders zum Kinn. Das hinterlässt einen intellektuellen Eindruck. Passen Sie mit dieser Geste jedoch auf. Wenn Sie mitten im Gespräch in anstrengenden Denkphasen gelegentlich dazu neigen, Ihr Kinn zu stützen, ist das in Ordnung. Doch manche Menschen machen daraus ihr Markenzeichen und präsentieren sich sehr häufig auf diese Weise. Meist wird diese Geste noch mit einer vorgebeugten und manchmal auch sehr gemächlichen Körperhaltung kombiniert. Sie hinterlassen damit jedoch den Eindruck eines zwar gründlichen und genauen Denkers, dem es jedoch an Tatkraft und Durchsetzungsvermögen mangelt. In Gesprächsrunden tun sie sich so schwer, Menschen zu überzeugen und Ihre Ziele durchzusetzen. Denn wenn wir unser Kinn anstatt die Arbeit in die Hand nehmen oder es gar verstecken, bremsen wir unsere Tatkraft massiv auf.

Manchmal findet man diese Geste auch auf Porträt- oder Bewerbungsfotos. Dort wirkt sie nach unserer Auffassung nicht immer positiv. Wenn die Hand im Gesicht ist, verstellt sie gleichzeitig den Blick auf das Gesicht. So entsteht Unklarheit, die unser limbisches System sehr deutlich wahrnimmt. Menschen, die sich frei, offen, ohne Hände und mit gerade ausgerichtetem Kopf und Blick präsentieren, werden sehr viel positiver wahrgenommen. Zudem wird die fehlende Tatkraft bereits über das Foto transportiert.

Die Nase

In der Nase sitzt unser Geruchssinn. Diese Erkenntnis ist nicht unbedingt neu. Doch vielen Menschen ist nicht bewusst, wie wichtig der Geruchssinn für uns ist. Denn wir nehmen ihn meist kaum wahr oder achten nur dann darauf, wenn uns ein sehr schlechter Geruch massiv stört oder ein sehr guter Geruch, zum Beispiel der nach Kaffee und frischen Brötchen am Sonntagmorgen, aus dem Bett an den Küchentisch treibt.

Gerüche sind die einzigen Sinneseindrücke, die ungefiltert von der Nase ins limbische System vordringen. Sie wirken dort sehr unmittelbar. Alle anderen Sinneseindrücke, vor allem die der Augen und der Ohren, durchlaufen unzählige Filter, ehe sie das limbische System erreichen und dort Handlungen auslösen. Gerüche spielen zum Beispiel beim sogenannten ersten Eindruck eine große Rolle, wenn wir einen Menschen zum ersten Mal treffen. Wir entscheiden unbewusst auch aufgrund des Körpergeruchs, ob wir uns sympathisch sind oder nicht. Die Redensart, jemanden „riechen zu können" kommt nicht von ungefähr.

Doch aufgepasst! Unser Geruchssinn spricht vor allem auf natürliche Gerüche an. Wenn wir unserem olfaktorischen ersten Eindruck durch eine zu starke Parfümierung nachhelfen, kann dieser Schuss leicht nach hinten losgehen. Denn die künstliche Duftnote kann Menschen genauso abstoßen wie wenn das Deo nach einem anstrengenden Arbeitstag nicht mehr wirkt.

 Unser Tipp: Benutzen Sie gerade bei Erstkontakten mit Kunden oder bei Bewerbungsterminen nur sehr dezente Duftnoten. Andernfalls laufen Sie Gefahr, Ihr Gegenüber stark zu irritieren.

Bewegungen, die mit der Nase zu tun haben, bedeuten daher stets eine Menge. Die Redensart „die Nase rümpfen" zeigt deutlich, dass das auch der Volksmund schon lange weiß. Doch was bedeutet es denn genau, wenn jemand die Nase rümpft? Ihr Gegenüber ist in diesem Moment irritiert. Entweder hat er wirklich einen schlechten Duft wahrgenommen oder er verbindet die aktuelle Gesprächssituation in seiner Vorstellung mit einem Duft. Vielleicht hat sein Unterbewusstsein Erinnerungen über Düfte abgespeichert. Das kommt häufig vor, doch wir achten kaum darauf.

In jedem Fall stimmt etwas nicht, wenn jemand die Nase rümpft. Häufig ist es sogar abfällig gemeint. Manchmal passiert das nur für eine Sekunde und gibt Ihnen einen Hinweis darauf, dass Ihrem Gesprächspartner an der entsprechenden Stelle im Gespräch etwas nicht passt.

Gleiches gilt, wenn jemand die Nase zwischen seinen Fingern reibt. Auch das weist stets auf eine Störung im Gespräch oder einen irritierenden Sachverhalt hin. Das Reiben der Nase ist jedoch ein sehr viel schwächeres Signal als das Rümpfen der Nase. Sie sollten zudem nicht jedes Mal, wenn Ihr Gesprächspartner mit seiner Nase beschäftigt ist, denken, dass Ihr Gespräch gerade scheitert. Denn oft werden diese unbewussten Bewegungen auch von Gedankenketten ausgelöst, die nicht unmittelbar mit dem aktuellen Gesprächsinhalt zusammenhängen. Doch wenn die Geste häufiger auftritt, kann es Sinn machen, nach der Ursache zu forschen.

Stirn und Augenbrauen

Neben den genannten Körperteilen sind außerdem die Stirn sowie die Augenbrauen sehr aufschlussreich, wenn es um das Erkennen von Gefühlen bei einem Gesprächspartner geht.

Die Stirn „in Falten legen" steht schon sprichwörtlich für angestrengtes Nachdenken, verbunden mit Sorgen oder einem nervösen Gefühl. Doch gerade beim Stirnrunzeln ist der Zusammenhang extrem wichtig. Denn er kann sehr unterschiedlich sein.

Menschen, die sich in unangenehmen Situationen befinden, runzeln die Stirn. In einem Gespräch kann dies der Fall sein, wenn der Gesprächspartner ein Problem sieht, sich in die Enge getrieben fühlt oder unangenehme Gedanken oder Assoziationen hat. Um was es sich jeweils handelt, müssen Sie durch Nachfragen oder Bewerten des übrigen Zusammenhangs herausfinden.

Stirnrunzeln kann jedoch auch ein Zeichen für starke Konzentration sein. Menschen, die sich sehr anstrengen müssen, Ihnen zu folgen, werden die Stirn ebenfalls in Falten legen und dabei vielleicht auch noch die Augenbrauen stark zusammenziehen. Lassen Sie sich daher durch diese Geste nicht irritieren, sondern beachten Sie den Verlauf des Gesprächs, um die Ursache zu ergründen.

Außerdem gibt es die sogenannten Wichtigkeitsfalten. Wenn Menschen von Dingen berichten, die ihnen wirklich wichtig sind, legen sie die Stirn in deutliche Querfalten. Meist sind es drei. Anhand dieser Wichtigkeitsfalten können Sie daher Rückschlüsse auf die Bedeutung des Gesagten ziehen. Wenn also jemand von drei verschiedenen Tätigkeiten aus seiner Arbeit berichtet und dabei nur bei einer dieser Tätigkeit die Wichtigkeitsfalten zeigt, wissen Sie, was für ihn wirklich von Bedeutung ist. Gleiches gilt, wenn Sie beispielsweise jemandem gegenüber sitzen, der von einem neuen Projekt erzählt, für das er Sie unbedingt gewinnen will. Schauen Sie auch hier, ob Sie die Wichtigkeitsfalten sehen. Sind sie da, ist Ihrem Gegenüber das Projekt sehr wichtig. Fehlen sie, könnte das ein Indiz dafür sein, dass Ihr Gesprächspartner das Projekt nur mit niedriger Priorität verfolgt.

Abb. 41: Wer die Augenbrauen runzelt oder stark zusammenzieht, konzentriert sich sehr stark und hört aufmerksam zu. Dieses Zeichen ist kein Ablehnungszeichen, auch wenn es manchmal danach aussieht.

Der grimmige Blick

In diesem Zusammenhang ist uns ein eigenes Verkaufsgespräch noch gut in Erinnerung, bei dem es um das Durchführen mehrerer Trainings ging. Wir saßen mit zwei Mitarbeitern der Personalabteilung zusammen und erläuterten unsere Vorgehensweise. Immer wenn der Inhalt sehr abstrakt wurde, beugte sich die Personalerin nach vorne, zog die Augenbrauen stark zusammen und legte ihre Stirn in Falten. Diese Haltung irritierte ungemein, weil sie auf den ersten Blick Ablehnung signalisierte. Doch der übrige Gesprächsfluss wies keinesfalls auf eine Störung hin, sondern verlief sehr positiv, sodass wir mit unseren Erläuterungen einfach fortfuhren. Wir erhielten dann auch den Auftrag.

Erst später lernten wir, dass insbesondere Menschen mit einer sehr starken visuellen Wahrnehmungsfähigkeit ein Problem damit haben, abstrakte Inhalte aufzunehmen und zu verarbeiten. In solchen Momenten müssen sie sich extrem stark konzentrieren. Bei dieser Personalerin war dies offensichtlich der Fall und wir erlebten bei ihr den körperlichen Ausdruck für „höchste Konzentration". Dieser wirkte auf den ersten Blick wie „Ablehnung". Die ausgeprägte visuelle Wahrnehmungsfähigkeit der Personalerin bedeutet in diesem Fall, dass solche Menschen gehörte Inhalte sofort in eigene Bilder im Kopf übersetzen. Bei Abstraktionen funktioniert das meist nicht. Richtig wäre damals gewesen, unsere Botschaften stärker in konkrete Bilder und Beispiele zu verpacken. Dann hätten wir eine entspanntere Mimik erlebt und wären auch leichter verstanden worden.

Gleichzeitig zeigte uns diese Geschichte, wie wichtig es ist, Körpersprache im Kontext zu bewerten und sich nicht durch einzelne Zeichen irritieren zu lassen. Die zugehörige Zeichenfolge sowie der Inhalt sind entscheidend. Hier war vor allem das Vorbeugen des Oberkörpers aussagekräftig. Menschen, die sich vorbeugen, lehnen nicht ab, sondern bringen sich ein.

Frisur, Haare und Bart

Auch die Haare zählen zur Körpersprache. Da wir unsere Frisur meist über einen längeren Zeitraum tragen, vermitteln wir damit einen bestimmten Eindruck. Stellen Sie sich nur mal vor, dass Ihr neuer Geschäftspartner entweder ein Typ mit langem Pferdeschwanz oder mit einem akkurat frisierten Seitenscheitel ist. Mit wem würden Sie lieber zusammenarbeiten?

Sie sollten beim ersten Kontakt also durchaus auch mal auf die Haare schauen und diesen Eindruck auf sich wirken lassen. Das verrät so einiges über Ihr Gegenüber. Im weiteren Gespräch ist es zudem spannend, was Menschen so alles mit ihren Haaren machen. Auch daraus können Sie vieles schließen. „Sich die Haare raufen" ist ja eine bekannte Redensart.

Natürlich müssen wir Frisuren geschlechtsspezifisch sehen. Ein Pferdeschwanz bedeutet bei einer Frau etwas anderes als bei einem Mann. Aber jetzt möchten wir Ihnen zuerst ein paar grundlegende Gedanken zur Friseur und auch zu Bärten bei Männern mit auf den Weg geben:

Haare gehören zu unserem Aussehen und bestimmen damit das Bild, das wir anderen vermitteln. Wir können dieses Bild gestalten. Jede Entscheidung für oder gegen eine bestimmte Frisur ist dabei stets auch eine Entscheidung, wie wir auf andere wirken wollen und welche Botschaft wir dabei nach außen senden. Jeder Mensch wird sich diese Frage stellen, wenn er in einen Spiegel schaut und sich überlegt, ob ihm seine Haarpracht noch gefällt. Doch vielfach fällen wir diese Entscheidung für oder gegen ein bestimmtes Aussehen unbewusst. Jemand, der angepasst ist und keine besondere Botschaft senden will, wird eine unauffällige Durchschnittsfrisur tragen. Doch auch in diesem Moment sendet er eine Botschaft: Er vermeidet vielleicht Individualität und strahlt damit Durchschnittlichkeit aus.

Doch schauen wir uns zuerst ein paar Beispiele ganz praktisch an. Wir wollen dabei nicht alle Varianten einer Frisur beleuchten, sondern Ihnen lediglich Hinweise geben, wie Sie die Haare in die Analyse Ihres Gegenübers mit einbeziehen können. Allerdings auch hier ein Hinweis: Prüfen Sie den ersten Eindruck immer anhand weiterer Zeichen, die Sie im Gespräch erhalten. Nicht jeder Eindruck muss stimmen. Manchmal sind Menschen auch in einer Umbruchsituation und haben ihr Äußeres noch nicht an diese Veränderung im Inneren angepasst. Und natürlich stellen wir der besseren Verständlichkeit wegen die extremen Varianten einer Frisur dar. Manche Menschen liegen irgendwo dazwischen und sind nicht so klar zuzuordnen wie unsere geschilderten Prototypen.

Frisuren bei Frauen

Das versteckte oder offene Gesicht. Beginnen wir mit dem weiblichen Geschlecht. Hier gibt es eine unendliche Vielfalt an Möglichkeiten, die Haare zu tragen und zu gestalten. Uns interessiert zuerst, welcher Bereich des Gesichts von den Haaren verdeckt oder freigelassen wird.

Es gibt Frauen, bei denen ein dichter Pony die Stirn bedeckt oder bei denen die langen Haare seitlich herunterfallen und große Teile des Gesichts verdecken. Vom Gesicht selbst ist kaum etwas zu sehen, häufig sind sogar die Augen hinter der Haarpracht verborgen. Hier drängt sich unwillkürlich der Eindruck auf, dass sich diese Person vor etwas versteckt. Dieser Eindruck ist häufig zutreffend. Allerdings muss man natürlich auch Modeerscheinungen berücksichtigen.

Menschen, die ihr Gesicht nicht zeigen, wollen unbewusst auch den Zugang zu ihrem Inneren verbergen. Sie als Gegenüber spüren das, weil Sie bei solchen Menschen Schwierigkeiten haben, die Mimik vollständig zu sehen. Das kann Sie im Gespräch stark irritieren oder ablenken. Jugendliche tragen solche Frisuren oft in der Pubertät, in der schwierigen Zeit des Erwachsenwerdens. Auch Menschen mit geringem Selbstwertgefühl verstecken sich manchmal gerne hinter ihren Haaren.

Den gegenteiligen Typ stellen Frauen dar, die die Haare nach hinten gekämmt haben oder sie als Pferdeschwanz oder Zopf tragen. Das Gesicht ist hier sichtbar. Solche Menschen verkörpern Klarheit, Zielstrebigkeit und Umsetzungswillen. Die Gesichtszüge werden offen gezeigt, die Mimik ist gut erkennbar und der Ausdruck ist klar.

Eine extreme Ausprägung von Klarheit liegt dann vor, wenn die Haare sehr straff zurückgekämmt sind. Das kann auch auf Strenge in der Lebensführung hinweisen. Solche Frauen sind im Gespräch häufig ebenfalls streng, zielstrebig und auf Fakten fokussiert. Sie lassen wenig Gefühle zu. Wenn die Haare hingegen locker nach hinten gekämmt sind oder seitlich offen getragen werden, spricht das für einen gefühlsorientierten Typ.

Natürlich gibt es auch Zwischenformen, und nicht jede Frau, bei der ein paar Haare ins Gesicht fallen, versteckt sich vor etwas. Doch wenn Sie einem Menschen ins Gesicht schauen, erkennen Sie selbst sehr leicht, ob das Gesicht offen gezeigt oder versteckt wird. Zudem sollten Sie auch hier die übrige Zeichenfolge beobachten und Ihren ersten Eindruck mit weiteren körpersprachlichen Signalen abgleichen. Menschen, die ihr Gesicht verstecken, zeigen auch sonst häufig Zeichen von Unsicherheit.

Spannend sind auch spontane Veränderungen in der Art, wie die Haare getragen werden: Wenn eine Frau mit streng hinten zusammengefassten Haaren diese auf einmal öffnet, wird sie sich auch innerlich öffnen. Im Business-Gespräch wird dies wohl eher selten der Fall sein, aber vielleicht beim Abendessen in entspannter Atmosphäre. Wenn hingegen plötzlich jemand seine Haare zusammenfasst und wieder streng nach hinten legt oder straff zusammenbindet, so ist dies meist ein Zeichen von innerer Konzentration und Fokussierung. Manche Frauen binden sich zum Essen jedoch auch einfach die Haare zusammen, damit sie nicht stören.

Lange und kurze Haare. Haare können kurz oder lang getragen werden. Beides vermittelt einen völlig unterschiedlichen Eindruck. Wenn kurze Haare noch mit einer männlich wirkenden Businesskleidung und flachen Schuhen kombiniert werden, sodass ein eher harter Eindruck entsteht, hinterlässt diese Frau einen männlich-geschäftlichen Eindruck. Sie wird sich auch im Gespräch männlicher Sprachmuster und Verhaltensweisen bedienen und versuchen, durch männliche Strategien erfolgreich zu sein.

Tritt eine Frau hingegen betont weiblich auf, trägt die Haare lang und offen, kleidet sich weiblich und trägt Schuhe mit hohen Absätzen, so wird sie sich auch im Gespräch oder im Beruf eher weiblich verhalten. Damit meinen wir nicht, dass sie defensiv auftritt oder sich in ihrem Beruf zurücknimmt, sondern dass sie ihre weiblichen Attribute in den Vordergrund stellt und ihren Erfolg selbstbewusst sucht. Im Verhalten kann sich das durch eine besondere Leichtigkeit im Umgang mit Menschen, den Einsatz von mehr Charme und einer zugewandten Körpersprache zeigen. Doch ihr Auftreten kann sich auch auf ihren Führungsstil auswirken, der dann in der Regel verstärkt kommunikationsorientiert ist.

Manche Businesscoachs raten Frauen, entweder ihre langen Haare auf Schulterlänge abzuschneiden oder immer eine Hochsteckfrisur zu tragen. Diesen Tipp unterstützen wir ausdrücklich nicht. Frauen sollten sich unserer Ansicht nach auch als Frau darstellen, um zu wirken. Natürlich gibt es viele Abstufungen zwischen den beiden genannten Ausprägungen, doch wenn Sie Frauen im Business aufmerksam beobachten, werden Sie schnell diese beiden grundlegenden Typen erkennen und unterscheiden lernen.

Hinter dem kurzhaarigen Typ mit dem betont männlichen Auftritt steckt häufig der Glaubenssatz, dass man als Frau in einer Männerwelt vor allem erfolgreich wird, wenn man sich dieser Welt auch optisch und im Verhalten anpasst. Wir glauben das nicht, sondern sind ganz im Gegenteil davon überzeugt, dass eine Frau ihre weiblichen Anteile herausstellen sollte, wenn sie wirklich erfolgreich werden will. Natürlich sollte das nicht mädchenhaft und niedlich wirken, sondern Selbstbewusstsein ausstrahlen. Dieser Eindruck wird zudem nicht nur durch die Haarlänge bestimmt, da auch kurze Haare sexy und weiblich wirken können. Es geht – wie immer – um den Gesamteindruck. Zudem ist es auch eine Frage des Typs. Doch auch ein sportlicher oder sachlicher Typ kann entweder seine weiblichen oder seine männlichen Attribute betonen.

Jeder Mensch trägt weibliche und männliche Anteile in sich. Beide sind wichtig und machen unser Wesen aus. Doch wir kommen nur in unsere wirkliche Kraft und werden nur dann erfolgreich, wenn wir unsere zentrale Kraft – und bei einer Frau sind das die weiblichen Anteile – leben können. Denn nur dann sind wir wirklich authentisch und wirken auf unsere Umgebung kraftvoll.

Wir wollen das Thema hier nicht weiter vertiefen, da es sich ja um ein Körpersprachebuch handelt. Daher ist es uns vor allem wichtig, dass Sie diesen Aspekt in Ihre Analyse von Menschen mit aufnehmen.

Frisuren bei Männern

Vollbart. Auch bei Männern fallen bei der Frisur vor allem die beiden Kategorien „offen" oder „versteckt" sowie „betont männlich" oder „soft" auf. Während Frauen ihr Gesicht natürlich nur durch ihre langen Haare verstecken können, nutzen Männer dazu vor allem ihren Bart.

Träger eines Vollbarts stellen ihr Gegenüber häufig vor eine besondere Herausforderung. Ein Bart verdeckt einen Teil der Mimik. Das kann zu ernsten Schwierigkeiten in der Kommunikation führen, weil der Gesprächspartner den Vollbartträger nicht richtig einschätzen kann. Der Gesprächspartner fühlt sich entweder verunsichert oder er distanziert sich im Auftreten. Beides kann Nähe, Herzlichkeit oder Intimität erschweren.

Ein Vollbart steht häufig für Strenge, Eigenwilligkeit und eingeschränkte Kommunikationsfähigkeit. Patriarchen sowohl im Unternehmen als auch in der Familie werden im Film häufig mit Bart dargestellt. Mit Männlichkeit hat ein Bart hingegen meist wenig zu tun, weil wir Männlichkeit vor allem über markante Gesichtszüge in der Kinn- und Backenpartie sowie der Nasenregion identifizieren. Der Vollbart verdeckt diese Regionen. Einzige Ausnahme stellt der „Drei-Tage-Bart" dar, der eine extrem männliche Ausstrahlung haben kann, weil er die genannten Gesichtszüge verstärkt.

Eine weitere Variante ist der Abenteurer, der nach zwei Monaten im Urwald oder auf Trekkingtour im Himalaja ebenfalls einen buschigen Vollbart hat. Doch im Regelfall wird er sich im ersten Hotel mit fließendem Wasser den Bart wieder entfernen. Selbst im Film sind Abenteurer und vor allem der sympathische Held und stets ohne Bart oder meist sogar frisch rasiert dargestellt, egal ob die Szene im dichten Urwald oder im Mittelalter spielt.

Doch verzweifeln Sie nicht, wenn Sie selbst Vollbartträger sind. Wenn Sie sich damit wohlfühlen, ist das natürlich vollkommen in Ordnung. Doch vielleicht sollten Sie sich dennoch fragen, wie es für Sie denn ohne Bart wäre. Vielleicht können Sie damit ja Ihre Wirkung auf andere Menschen verbessern. Interessanterweise trennen sich Menschen häufig in oder nach Umbruchphasen von ihrem Bart und verändern anschließend auch zahlreiche andere Aspekte in ihrem Leben.

Neben dem Vollbart gibt es natürlich noch weitere Varianten, den Bart zu tragen. Der Kaiser-Wilhelm-Backenbart ist zum Glück weitgehend aus der Mode. Er repräsentiert den typischen Patriarchen des 19. Jahrhunderts und steht für eine Zeit, in der Machtsymbole in der Gesellschaft sehr dominant vertreten waren. Menschen, die sich heute doch damit zieren, werden stets als unnahbar und autoritär wahrgenommen.

Trotzdem möchten wir natürlich noch erwähnen, dass sich gerade Bärte auch der Mode anpassen. Derzeit schmückt ein rothaariger Mann mit Vollbart sämtliche Boss-Kataloge. Alles reine Geschmackssache also.

Schnauzbart. Eine andere Form, Bart zu tragen, ist der Oberlippen-bart oder Schnauzbart, den es in verschiedenen Varianten gibt. Clark Gable ist sicher der Prototyp des charmanten Verführers, der seinen gepflegten Oberlippenbart sehr gut einzusetzen wusste. Rudi Völler hingegen repräsentiert eher den gemütlichen und lustigen Schnauz-bartträger, während der Wahlrossbart von Günter Grass eher den tiefsinnig-grüblerischen Intellektuellen symbolisiert. Allen Schnauz- und Oberlippenbärten ist gemeinsam, dass der Träger damit etwas darstellen oder zeigen will. Solche Menschen benötigen Aufmerk-samkeit und setzen sich gerne in Szene. Dahinter steht häufig auch ein verletzliches oder empfindsames Ego. Das sollten Sie beachten, wenn Sie es mit einem Schnauzbartträger zu tun haben.

Lange Haare. Lange Haare bei Männern haben eine grundlegend andere Bedeutung als bei Frauen. Meist stehen Sie für Individualis-mus und für Menschen, die sich nicht an Normen anpassen. Dies kann der Abenteurer sein, der sein Leben mit Freeclimbing verbringt, oder der kreative Werber, dem egal ist, was andere über ihn denken.

Wenn Sie mit solchen Menschen im Business zu tun haben, sollten Sie das stets einkalkulieren und wissen, dass Sie solche Menschen nicht mit Regeln, Normen oder Druckszenarien beeindrucken kön-nen. Solche Menschen sind häufig eine wertvolle Ressource bei krea-tiven Prozessen oder in der Problemlösung. Für Routineaufgaben hingegen eignen sie sich weniger. Wenn es sich um einen neuen Mitarbeiter von Ihnen handelt, sollten Sie natürlich prüfen, ob diese Person in Ihre Organisation passt und ob sie mir ihr gut zurecht-kommen.

Ein besonderer Fall liegt vor, wenn Männer die langen Haare in einen Pferdeschwanz nach hinten binden. Dann handelt es sich um eine Person, die nicht ihre Individualität demonstrieren, sondern auch noch auffallen will. Denn der Pferdeschwanz ist ein fast schon pro-vozierendes Signal an die Umwelt, die Andersartigkeit auch wahr-zunehmen und zu würdigen. Wenn Sie es mit einem Pferdeschwanz-träger zu tun haben, können Sie diesen leicht über Lob und Zuspruch gewinnen. Solche Menschen sind meist umgänglich, wenn ihr Be-dürfnis nach Anerkennung gewürdigt wird. Ihr Motivationsgefüge entspricht in etwa dem von Anke Grün.

Kurze Haare. Wer die Haare kurz trägt, passt sich meist an oder will über seine Haare keine besonderen Signale setzen. Doch es gibt ein paar Ausnahmen. Wer die Haare extrem kurz trägt, verkörpert damit häufig den jung-dynamischen Managertyp, der die Dinge anpackt und schnell umsetzt. Die Botschaft dahinter ist: „Ich trage keinen Ballast mit mir herum und gehe Dinge an." Solche Menschen sind meist innerlich klar und wissen, was sie wollen. Michael Rot könnte eine solche Frisur tragen.

Wer seine Haare hingegen sorgfältig scheitelt oder akkurat in eine bestimmte Richtung kämmt, ist der wohlgeordnete Typ. Carsten Blau könnte eine solche Frisur tragen. Er vermittelt damit die Botschaft: „Ich achte aufs Detail, bin ordentlich und will dafür auch gewürdigt werden."

Eine Glatze verkörpert nach außen männliche Kraft und Dynamik, auch wenn viele unfreiwillige Träger einer Glatze dies tief in ihrem Inneren ganz anders sehen. Doch die Deutung wird unterstützt durch medizinische Befunde, dass der frühe Haarausfall häufig durch einen Überschuss an männlichem Testosteron bedingt ist. Manche Vertreter extremer politischer Richtungen tragen ja genau aus diesem Grund eine Glatze, um damit ihre Männlichkeit zum Ausdruck zu bringen.

Wenn Sie also wenig bis gar keine Haare mehr auf dem Kopf haben, sollten Sie wissen, dass Sie auf Kunden, Kollegen oder Geschäftspartner sehr männlich wirken. Ihr Umfeld erwartet von Ihnen, dass Sie sich durchsetzen können, Dinge in die Hand nehmen und dynamisch und zielstrebig an Aufgaben herangehen. Nutzen Sie diese Vorschusslorbeeren für Ihren Erfolg!

Männliche und weibliche Typen. Auch bei Männern gibt es Typen, die eine stark männliche oder eine eher feminine Ausstrahlung haben. Sie stellen das meist sehr schnell fest, wenn Sie mit der betreffenden Person zu tun haben. Wie sich eine männliche Ausstrahlung in der Haarpracht äußert, haben wir zuvor besprochen. Kurze oder gar fehlende Kopfhaare und ein zackiger Haarschnitt sind sicher die auffälligsten Merkmale dafür.

Eher feminine Typen tragen die Haare in der Regel länger. John Lennon wäre ein Vertreter eines solchen Typs. Sie können ihn vom Abenteurertyp vor allem anhand der übrigen körpersprachlichen Zeichenfolge unterscheiden. Die Bewegungen sind eher weich und verbindlich. Auch in der Sprache wird sich ein femininer Mann weich und verbindlich ausdrücken und häufig die Akzeptanz seines Gegenübers suchen. Als Führungskraft könnte er Probleme bekommen, weil er von seinem Umfeld nicht akzeptiert wird.

Für Sie ist wichtig zu wissen, dass sich beide Typen grundlegend in ihrem Verhalten und in ihrer Art der Gesprächsführung unterscheiden. Sie sollten darauf eingehen und sich zum Beispiel im Kundenkontakt Ihrem Gegenüber flexibel anpassen. Dann werden Sie mit beiden Typen gut zurechtkommen.

Sonnenbrille und Botox

Ähnlich wie ein dichter Bart oder Kopfhaare, die das Gesicht verdecken, verwehrt auch eine Sonnenbrille den Blick in die Augen und erschwert damit die Deutung der Mimik. Dies gilt in besonderem Maße für eine verspiegelte Sonnenbrille. Wenn Sie im Gespräch also eine Sonnenbrille aufsetzen, erzeugen Sie eine Störung! Daher sollten Sie die Brille unbedingt abnehmen, wenn Sie mit Menschen wichtige Gespräche führen, außer die Brille zählt zu Ihrem Image oder ist berufsbedingt wichtig. Oder Sie sind Karl Lagerfeld oder Heino.

Aus der Art, wie Menschen mit ihrer normalen Brille umgehen, können Sie ebenfalls Rückschlüsse auf deren inneren Zustand ziehen. Wenn jemand zum Beispiel hastig seine Brille abnimmt, unterbricht er den Augenkontakt zum Gegenüber. Das kann bedeuten, dass er unsicher ist, etwas zu verbergen hat oder aus einem anderen Grund nervös wird. Gleiches gilt, wenn er die Brille mit einem Finger hochschiebt. Hier ist der Grund interessant, warum sie auf der Nase nach unten rutscht. Es könnte zum Beispiel sein, dass er nervös ist, leicht schwitzt und die Brille aus diesem Grund ins Rutschen gerät. Überprüfen Sie Ihren Eindruck jedoch stets anhand anderer körpersprachlicher Zeichen, weil ein einzelnes Merkmal auch andere Ursachen haben kann.

An dieser Stelle möchten wir noch ein anderes Thema ansprechen. Schönheitsoperationen und Botox-Behandlungen sind ein neuer Trend unserer Zeit. Wir möchten dieses Thema hier nicht kommentieren, jedoch erläutern, was solche bewussten Veränderungen auf der körpersprachlichen Ebene bedeuten: Wenn sich jemand liften, seine Falten entfernen oder Botox spritzen lässt, um die Stirnfalten zum Verschwinden zu bringen, greift er damit in seine natürliche Mimik ein. Denn die Mimik kann nicht mehr so, wie die darunter liegenden Muskeln es wollen, weil sie vielleicht durch das Botulinumtoxin gelähmt sind oder weil die Haut künstlich gestrafft ist. Die betreffende Person lächelt mit ihrem Mund dann zum Beispiel wie bisher, doch das Lächeln kann sich nicht auf das übrige Gesicht ausweiten. Es entsteht ein maskenhafter Eindruck, das Lächeln wirkt unecht. Diesen Eindruck bekommt der Gesprächspartner mit. Er fühlt eine Störung im Gesprächsverlauf, ohne dass er vielleicht begründen kann, woran das liegt. Doch er wird anders reagieren, als das der Sender – die Person mit der glatt gespritzten Stirn – beabsichtigt und vielleicht ebenfalls ein künstliches Lächeln aufsetzen. Auch wenn das oftmals nur Nuancen im Kommunikationsverlauf sind, können sie einen nachhaltigen Einfluss auf das Ergebnis haben. Denken Sie nur an eine heikle Kundenbeziehung oder an ein kritisches Mitarbeitergespräch. Hier kommt es ja vor allem auf authentische Körpersprache und eine genaue Übermittlung der eigenen Absichten an.

Kleider machen Leute

Auch Kleidung ist ein Teil von Körpersprache. Die alte Volksweisheit „Kleider machen Leute" bringt es auf den Punkt. Denn beim ersten Kontakt analysieren wir die Kleidung genauso wie die Mimik oder die Körperhaltung. Bei der Wahl der richtigen Kleidung kann man viel falsch oder auch richtig machen. Wir wollen Ihnen hier einige allgemeine Aspekte zur Kleidung zeigen, damit Sie Menschen künftig besser danach einschätzen können. Natürlich sollten Sie auch Ihre eigene Garderobe daraufhin überprüfen und künftige Auftritte entsprechend planen, wenn Sie das nicht bereits tun.

Mit Kleidung drücken Sie viel aus. In erster Linie sind das die folgenden Punkte:
* Welchen Status habe ich?
* Welche Einstellung habe ich zum Leben?
* Welcher Typ bin ich?
* Gehöre ich dazu oder möchte ich mich lieber abgrenzen?
* Will ich beeindrucken, auffallen oder mich lieber anpassen?

Protzig auftreten

Stellen Sie sich vor, dass Sie für eine Geschäftsidee 500.000 Euro von einer Bank leihen möchten. Was ziehen Sie an? Sie sind vielleicht der kreative Querdenker. Also gehen Sie in einer alten Jeans, in T-Shirt und – immerhin – schwarzem

Designersakko und edlen Markenschuhen zur Bank. Doch Ihr Termin misslingt. Die Bank lehnt den Kreditwunsch ab, obwohl Ihre Geschäftsidee und der zugehörige Businessplan plausibel klingen.

Die nächste Bank ist an der Reihe. Diesmal machen Sie es anders. Sie gehen mit zwei Freunden hin. Vorher investieren Sie und besorgen sich einen richtig feinen Anzug bei einem italienischen Designerlabel. Dazu kommen gute Schuhe und ein paar unauffällige, aber teure Accessoires. Ihre Freunde treten genauso auf. Von Ihrem Freund, Michael Rot, leihen Sie sich den Cayenne aus und fahren damit bei der Bank vor. Sie parken demonstrativ genau vor der Eingangshalle im Halteverbot und marschieren dann in die Bank. Ihr Auftreten entspricht Ihrer Kleidung. Was wird passieren? Sie gehen höchst wahrscheinlich mit Ihrem Kredit in der Tasche nach Hause. Die 40 Euro für das Knöllchen verschmerzen Sie locker.

Sie halten diese Geschichte mit der Bank für übertrieben und denken, das passiert nur im Film? Weit gefehlt. Das passiert im wahren Leben, und zwar häufig. Jeder Hochstapler arbeitet so, und auch die teure Businesswelt basiert gelegentlich auf Schein und nicht nur auf Sein.

Der Grund dafür ist recht einfach. Wenn wir eine Entscheidung fällen, entscheidet in Wirklichkeit unser Bauch, unser Reptiliengehirn. Bei komplexen Entscheidungen zum Beispiel ist die Großhirnrinde vollkommen überfordert, wie Forscher herausgefunden haben. Also delegiert das Großhirn die Entscheidung zurück an das Reptiliengehirn. Und dieses orientiert sich an einfach zugänglichen Fakten. Das ist zum Beispiel der äußere Eindruck. Schicke und teure Klamotten und ein Porsche vor dem Haus signalisieren Erfolg. Also wird der Banker die Kreditzusagen vielleicht danach orientierten. Natürlich würde er diesen Entscheidungsweg dementieren, wenn Sie ihn danach fragen würden, und sich auf seine Kompetenz, seine Ratio und die Analyseabteilung seines Hauses berufen. Ja, ganz bestimmt! Wenn Sie sich an diverse Bankenskandale um Kredite der letzten Jahre erinnern, werden Sie diesen Sachverhalt dutzendfach bestätigt finden. Kleider machen Leute!

Eine andere Geschichte zeigt noch viel deutlicher, was die richtige Kleidung alles bewirken kann. Sie allen kennen bestimmt die Geschichte des „Hauptmanns von Köpenick". Der Schuster Friedrich Wilhelm Voigt drang im Jahr 1906 bekleidet mit der Uniform eines Hauptmannes der preußischen Armee in das Rathaus der Stadt Köpenick bei Berlin ein und entwendete dort die Stadtkasse. Außerdem verhaftete er den Bürgermeister. Aufgrund seiner Uniform stellte niemand seine Autorität infrage.

Diese Geschichte könnte auch heute noch so passieren. Das liegt nicht (nur) an der Naivität vieler Menschen, sondern daran, wie wir erzogen werden und wie unser Verhalten geprägt wird. Kleider gehören dazu.

In den folgenden Abschnitten geben wir Ihnen einige Anhaltspunkte, mit denen Sie Kleidung von Menschen im Business besser einschätzen können.

Die Statuskleidung

Kleidung ist auch ein Statussymbol und wird dafür verwendet, diesen sozialen Status zu demonstrieren. Denken wir an Michael Rot: Er ist dominant und auf seinen Status bedacht. Das drückt er auch über seine Kleidung aus. Feine und hochwertige Anzüge, eine teure Uhr und Manschettenknöpfe zeigen, was er darstellt. Sie lassen keinen Zweifel daran, dass er wichtig ist und auch gerne so wahrgenommen werden will.

Könige früherer Zeiten trugen ebenfalls teure und aufwendige Kleider, Roben oder Mäntel. Krone und Zepter betonten außerdem den besonderen Status des Trägers. Säße ein König nackt oder in durchschnittlicher Kleidung auf dem Thron, würde das kaum passen. Die Kirche zum Beispiel hüllte ihre Kardinäle in Purpurgewänder – im Mittelalter ein immens teurer Farbstoff.

Menschen, die einen besonderen Status bekleiden, heben sich stets auch durch besondere Kleidung von ihrer Umgebung ab. Das gilt im Business wie im übrigen gesellschaftlichen Leben. Daher können Sie anhand der Kleidung schnell ablesen, wie viel Wert ein Kunde oder Geschäftspartner auf Status legt. Jemand, dem Status wichtig ist, will auch von Ihnen beeindruckt werden, wenn er mit Ihnen Geschäfte macht.

Uniformen

Uniformen drücken Gleichheit aus. Eine Armee steckt ihre Soldaten in eine Uniform, damit man diese im Feld erkennt und von den Feinden unterscheiden kann. Ganz ähnlich im Sport: Die unterschiedlichen Trikots machen deutlich, wer zur eigenen und wer zur gegnerischen Mannschaft gehört.

Gleichzeitig soll eine Uniform auch ein Gefühl von Zusammengehörigkeit und Vertrautheit zwischen den Trägern vermitteln. Jeder, der die gleiche Uniform trägt, identifiziert sich damit idealerweise auch mit den Zielen und Werten der jeweiligen Organisation und ordnet sich auch deren Regeln unter. Darüber hinaus vermittelt eine Uniform auch nach außen eine klare Botschaft: „Ich gehöre dazu und werde durch meine Organisation geschützt."

Dabei werden Uniformen längst nicht nur beim Militär, bei der Polizei oder bei anderen (ehemals staatlichen) Organisationen wie der Post eingesetzt. Auch Unternehmen setzen häufig auf Uniformen in Form von gleicher Arbeitskleidung oder bestimmten Bekleidungsregeln. Damit soll vor allem der Teamgeist erhöht und die Motivation verbessert werden. Manchmal werden Uniformen sogar der ganzen Bevölkerung „verordnet", denken wir nur an das China unter Mao Tse-tung.

Auch die heutige Business-Arbeitskleidung kann als Uniform verstanden werden. Dezente gestreifte Krawatte, helles Hemd und dunkles Sakko – fertig ist der männliche Büromensch des 21. Jahrhunderts. Frauen sind hier noch im Vor- oder – je nach Perspektive – auch im Nachteil, weil ihr Business-Outfit noch mehr Gestaltungsspielräume zulässt.

Was sagen Uniformen im Sinne der Körpersprache aus? Welche Schlüsse lassen sie über den Träger zu?

Uniformen verdecken Individualität. In Organisationen mit Uniformen finden wir daher eher Menschen, die an die Organisation angepasst sind. Selbstständige und individuelle Persönlichkeiten sind eher selten. Natürlich gibt es diese auch, doch in der Regel verlassen sie ein stark durch Uniformen geprägtes Umfeld schnell wieder. Zudem stützen sich Menschen in Uniform gerne auf die Autorität ihrer Uniform und nicht nur auf ihre eigene. Wenn Sie also mit Menschen in Uniform zu tun haben, sollten Sie das im Umgang mit diesen berücksichtigen. Stellen Sie also öffentlich nie die Autorität eines Militärs oder eines Polizisten in Uniform infrage, sondern setzen Sie Ihre Ziele anders durch. Appellieren Sie nicht an die Person, sondern an die Interessen der Organisation hinter der Person. Dann sind Sie erfolgreich.

Gleiches gilt auch im Businesskontext. Der Jungmanager im absolut angepassten Standardanzug wird sich weniger leicht mit innovativen

Ideen auseinandersetzen als die Person, die im Rahmen der Business-kleidung individuelle Akzente setzt.

Dennoch gilt zu kalkulieren, wie Sie sich selbst positionieren. Wenn Sie in einem stark konformen Geschäftsumfeld, zum Beispiel bei einer Bank, als Querdenker einen innovativen Beratungsauftrag ver-kaufen möchten, sollten Sie unbedingt durch Kleidung auffallen. Wenn Sie bei derselben Bank jedoch einen Kredit wollen oder die IT-Abteilung beraten möchten, sollten Sie sich anpassen. Andernfalls werden Sie als Fremdkörper wahrgenommen und abgelehnt. Beim Kredit gilt natürlich die oben geschilderte Ausnahme, dass Sie mit Status punkten können. Doch es sollte beim edlen Anzug bleiben, treten Sie in diesem Fall bitte nicht als Individualist auf.

Der individuelle Auftritt

Wir allen haben wohl noch Steve Jobs in Erinnerung, den Unter-nehmensgründer von Apple. Stets trat er in Jeans und schwarzem Rollkragenpullover auf. Diese Kleidung war zwar weder innovativ noch statusorientiert, doch sie trug genauso zur Marke Apple bei wie ein schneeweißes Notebook. Steve Jobs wurde auch durch dieses Outfit legendär.

Immer wieder treffen wir Menschen, die einen individuellen Auftritt pflegen und sich damit zur Marke machen oder zumindest signalisie-ren, dass sie Uniformen ablehnen. Das können Kleinigkeiten sein wie eine Fliege oder ein Halstuch anstelle einer Krawatte bei Männern oder eine buntes Hemd oder Sakko. Jenseits der Businesswelt gibt es natürlich zahlreiche weitere Möglichkeiten, durch Kleidung und Out-fit aufzufallen.

Was bedeutet das für die Körpersprache, oder besser die Kleider-sprache? Sobald Sie zum Beispiel bei einer Besprechung mit einer anderen Abteilung oder einem anderen Unternehmen einen Men-schen kennenlernen, der individuell gekleidet ist, können Sie davon ausgehen, dass dieser Mensch auch anders auftritt als der Main-stream. Er wird mehr kritische Fragen stellen, mehr innovative Ideen einbringen, eher für Neues als für Althergebrachtes sein und schon mal die bisherigen Ansätze durcheinanderbringen. Auf der anderen Seite wird er empfänglich für Lob und Anerkennung sein und diese Wertschätzung vielleicht sogar sehr offen einfordern.

Nutzen Sie solche Menschen als Ressource und lernen Sie, mit Ihnen umzugehen, falls Sie das nicht sowieso schon tun. Sie sind wichtig für ein Unternehmen. Nach unserem eingangs geschilderten Typenschema entsprechen sie sehr stark dem Profil von Anke Grün. Sie sind vor allem an Innovation und an neuen Dingen interessiert. Daher kollidieren sie schon mal mit Menschen wie Carsten Blau. Doch wenn sie mit Blau kooperieren, bringen sie Projekte wirklich voran. Allerdings werden Sie keine Freude mit solchen Menschen haben, wenn Sie in ihrem Team vor allem Routineaufgaben erledigen müssen und feste Verfahrensweisen haben. Dort langweilen sich „grüne" Individualisten nur und stören irgendwann die Abläufe.

Unser Expertentipp
Wenn Sie selbst ein Individualist sind, sollten Sie sich ein unverwechselbares Image zulegen. Bauen Sie sich als Marke auf und schärfen Sie diese Marke mit einem einheitlichen Auftritt. Also nicht heute mit Fliege und morgen mit Hawaiihemd, sondern immer mit Fliege oder nur mit Hawaiihemd. So werden Sie von Ihrer Umgebung nach und nach mit diesem Auftritt wahrgenommen und können innerhalb dieses Rahmens Ihr Talent zum unkonventionellen Denken und Handeln ausleben und werden dabei auch akzeptiert.

Lässige und legere Kleidung

In den letzten Jahren haben sich die Kleidungsregeln merklich gelockert. Hochwertige Businesskleidung mit Krawatte ist nicht mehr zu jedem Anlass notwendig und die Designerjeans löst immer häufiger die Anzughose ab. Banken haben zudem den „Casual Friday" erfunden, um sich wenigstens einen Tag in der Woche locker zu geben.

Doch zu locker ist auch nicht gut. Wie auch bei der übrigen Körpersprache nehmen wir das Outfit unseres Gegenübers ständig unbewusst wahr und speichern es irgendwo ab. So entsteht ein Bild. Dazu eine Anekdote:

Businessanzug und Hausschlappen
Im Rahmen unserer Trainertätigkeit hatten wir häufiger mit einem großen Unternehmen zu tun. Dort gab es eine hochrangige männliche Führungskraft, die ebenfalls an den entsprechenden Meetings teilnahm. Diese Person war stets korrekt in Businessanzug und Krawatte gekleidet. Offensichtlich hatte es sich

dieser Mensch jedoch zur Gewohnheit gemacht, die engen Straßenschuhe im Büro durch bequeme Hausschlappen zu ersetzen. Und, warum die Gewohnheiten zu sehr verändern, zum Meeting, das nur wenige Türen entfernt war, erschien er stets in eben diesen Hausschlappen. Sie können sich vorstellen, dass dieser Anblick für uns mehr als irritierend war. Dennoch gewöhnten wir uns alle schnell daran und weil der Betreffende ein scharfer Denker und sehr konstruktiv war, schätzten wir ihn sehr. Dennoch möchten wir eine solche „Individualisierung" nicht zur Nachahmung empfehlen.

Unsere Empfehlungen zu legerer Kleidung:

- Überlegen Sie, wie leger Sie sich im Businesskontext präsentieren. Es geht stets um das Image Ihres Unternehmens, aber auch um Ihr eigenes Image. Natürlich haben sich die Bekleidungsgewohnheiten gelockert, und das ist gut so. Doch tragen Sie nicht dazu bei, diese noch weiter aufzulockern.
- Im Zweifel gilt: besser „overdressed" als „underdressed". Wenn Sie in einer Runde der am besten Gekleidete sind, haben Sie deutliche kommunikative Vorteile, besonders wenn Sie etwas verkaufen oder durchsetzen wollen. Wenn Sie hingegen nach unten abfallen, wird auch Ihr Standing in der Gruppe sinken. Und: Eine Krawatte können Sie auch schnell mal ausziehen. Das wird problemlos akzeptiert, besonders wenn Sie es mit einem netten Spruch kommentieren. Doch nachträglich eine Krawatte anziehen geht gar nicht.
- Planen Sie Ihr Image: Wen oder was wollen Sie darstellen? Passt ein sehr legeres Outfit oder kann es Ihnen schaden? Weichen Sie lieber aus, indem Sie etwas Chic- Kreatives anziehen, anstatt die ganz alte Jeans aus dem Schrank zu kramen.
- Überlegen Sie auch, was Sie bei firmeninternen Events anziehen, die eher freizeitorientiert sind, wie Grillfeste, Betriebsausflüge oder Ähnliches. Gerade wenn Sie Führungskraft sind, werden Ihre Leute ganz genau registrieren, wie Sie auftreten. Daher muss Ihr Auftritt auch dort authentisch und stimmig sein. Beim Grillen passt vielleicht die alte Jeans und ein T-Shirt, aber nicht die bunt karierten Shorts, die vor 20 Jahren mal modern waren.

Natürlich können Sie solche Zeichen auch deuten, wenn Sie einen leger gekleideten Menschen zum Beispiel im Bewerbungsgespräch vor sich sitzen haben. Wenn Sie einen Vertriebler für anspruchsvolle IT-Produkte suchen, der auf Vorstandsebene verkaufen soll, dieser jedoch in einem schäbigen Outfit vor Ihnen sitzt, ist durchaus die Frage erlaubt, ob der Bewerber zu Ihren Kunden passt.

Die Frauenfrage. In der Beschreibung unserer Outfits haben wir uns vor allem an Businesskleidung für Männer orientiert. Diese ist einfacher zu beschreiben. Sinngemäß gelten alle Hinweise jedoch auch für Frauen. Doch diese haben viel mehr Möglichkeiten, sich für einen bestimmten Auftritt zu entscheiden und damit eine bestimmte Wirkung zu erzielen.

Wie wir bereits bei den Frisuren geschildert haben, steht eine Frau zuallererst vor der grundlegenden Entscheidung, ob sie sich dem männlichen Mainstream anpasst oder Wert auf ein mehr oder weniger betont weibliches Auftreten legt. Beim eher weiblichen Outfit gibt es weitere Varianten wie betont sexy, seriös, konservativ oder modern. Zudem sollte eine Frau wissen, ob sie eher auffallen oder sich eher anpassen will. Alle geschilderten Varianten sind richtig – sie sollten nur mit der eigenen Grundeinstellung übereinstimmen. Denn nur so wirken die übrige Körpersprache und die Kleidung stimmig und authentisch.

Noch stärker als bei Männern empfehlen wir Frauen, durch den Auftritt ihre eigene Marke zu kreieren und ihren Auftritt damit unverwechselbar zu machen. So kann man sich ein eigenes Image aufbauen und davon beruflich profitieren.

Die roten Stiefel

Wir haben einmal eine Vertrieblerin im Pharmabereich kennengelernt, die vor allem mit Apotheken zu tun hatte. Ihr Markenzeichen waren schwarze edle Hosenanzüge kombiniert mit knallroten Lederstiefeln. Man kann dazu stehen, wie man will, doch das Outfit passte perfekt zur Person und sie war damit überall bekannt – und überdurchschnittlich erfolgreich.

4. Die Fallstudien

Fallstudie 1: Einstieg ins Verkaufsgespräch

Der Start

Kommen wir wieder zurück zu unserem Unternehmen und den drei Akteuren Michael Rot, Anke Grün und Carsten Blau. Inzwischen ist es halb elf und die drei finden sich im Konferenzraum ein. Dort warten bereits ihre Gäste von der Personalberatungsagentur, um mit den Verhandlungen zu beginnen. Alle nehmen am Konferenztisch Platz. Es ist ein lang gezogener Tisch mit fünf Plätzen auf jeder Seite. Eine Seite ist dem Fenster zugewandt.

Michael Rot ist Gastgeber und steuert den Platz an der Wand in der Mitte des Tisches an. Er bietet seinen Gästen die gegenüberliegende Tischseite an. Anke Grün setzt sich auf seine rechte Seite, Carsten Blau nimmt als letzter auf der linken Seite des Chefs Platz. Die Gäste verteilen sich ähnlich. Herr Löwe nimmt gegenüber von Rot Platz, Frau Blume platziert sich gegenüber von Frau Grün. Herr Klein setzt sich ganz links außen hin.

Abb. 42: So sieht eine aktive und positive Gesprächssituation aus. Beide Partner sind einander zugewandt, engagiert nach vorne gebeugt, die Hände befinden sich für beide sichtbar auf dem Tisch. Die Füße der beiden stehen fest auf dem Boden, die Fußspitzen sind einander zugewandt.

Das Gespräch beginnt. Wir wollen uns hier nur kurze Ausschnitte anschauen, die für die Entwicklung und Deutung körpersprachlicher Signale entscheidend sind.

Anfangs sitzen alle Akteure leicht angespannt und steif da. Doch Michael Rot ist ein guter Entertainer und schon nach ein paar Minuten allgemeinen Small Talks sind alle einigermaßen entspannt. Die Sitzhaltung lockert sich, alle lehnen sich zurück, die Arme und der Oberkörper entspannen sich. Lediglich Klein macht nicht mit und bleibt steif und zurückgelehnt in seinem Sitz. Auffällig ist, dass die Sitzhaltung der fünf Akteure im Verlauf der nächsten Minuten immer symmetrischer wird. Alle lehnen sich zurück, die Hände liegen auf dem Tisch und die Beine sind entspannt nach vorne gerichtet. Das Gespräch dreht sich um allgemeine Fragen. Allmählich wird das Thema eingekreist und die Anwesenden gehen langsam zum eigentlichen Anlass des Gesprächs über.

Abb. 43: Und hier dieselbe positive Gesprächssituation in einer entspannten Phase. Beide Partner lehnen sich zurück, bleiben sich jedoch noch zugewandt. Die Beine berühren sich fast, was auf Sympathie schließen lässt. Solche Phasen treten in Gesprächen immer wieder ein, wenn beide eine Denkpause brauchen. Lediglich die Hände sind unter dem Tisch verborgen, was hier aber noch nichts zu bedeuten hat.

Plötzlich gibt es einen Bruch: Herr Löwe erläutert gerade, dass in der Anfangsphase des Projekts stets ein Mitarbeiter der Agentur im Unternehmen von Rot anwesend sein wird. Als Michael Rot das hört, versteift sich seine Haltung. Er richtet sich auf, schiebt das Kinn leicht nach vorne und hebt den Kopf. Seine Hände umklammern die Armlehnen seines Stuhls. Doch Löwe bemerkt nichts davon und redet einfach weiter. Die Haltung von Rot wird immer angespannter und auch Anke Grün zeigt immer mehr Anzeichen von Nervosität.

Frau Blume rettet schließlich die Situation: Sie unterbricht ihren Chef in seinem Redefluss und wendet sich direkt an Rot. Sie fragt ihn, ob bis hierhin alles klar sei oder ob es Fragen gäbe. Michael Rot lässt sich nicht lange bitten und sagt recht unverblümt, dass er keinen Berater als Dauergast im Unternehmen wünsche.

Abb. 44: Eine solche Gesprächsphase ist ungut und sollte vermieden werden. Der rechte Gesprächspartner dominiert die Gesprächspartnerin und drängt sie in die Enge. Sie versucht auszuweichen und würde am liebsten flüchten (schräg gestellte Fußspitze). In einer solchen Situation können keine guten Ergebnisse erzielt werden.

Wir lassen die beiden hier weiterreden und stellen nach einer Weile fest, dass sich Michael Rot und auch Anke Grün wieder entspannen und ihre frühere Haltung einnehmen. Die Situation wirkt symmetrisch. Lediglich Carsten Blau hat keine sichtbaren Veränderungen gezeigt. Er beobachtet das Gespräch aufmerksam, während Herr Klein zum wiederholten Mal seine E-Mails auf seinem Smartphone checkt.

Das Setting

Bisher konnten wir drei Gesprächsphasen beobachten:

Mit der Zuweisung der Plätze beginnt bereits das Spiel um die stärkere Position und die Macht. Der Platz an der Wand ist der stärkere, weil die Wand im Rücken Sicherheit vermittelt. Als dominanter Gastgeber nimmt Michael Rot ganz selbstverständlich diesen Platz ein. Zugleich setzt er sich in die Mitte, weil dieser Platz das Zentrum bedeutet. Chefs sitzen immer im Zentrum. Bei einem länglichen Konferenztisch, bei dem auch die beiden Stirnseiten bestuhlt sind (was in unserem Beispiel nicht der Fall ist), säße Rot am Kopfende. Rote Machermenschen suchen sich stets den Platz im Mittelpunkt heraus. Wenn dort bereits jemand sitzt, kann es sein, dass er höflich, aber bestimmt aufgefordert wird, diesen Platz wieder freizugeben. Von diesem Platz aus schöpft ein Machtmensch Kraft. Kann er nicht dort sitzen, wird er unruhig, beginnt zu stören oder kommt nicht in seinen Energie- und Aktionsfluss.

Zu seiner Rechten sitzt Anke Grün als seine stärkste Unterstützung. Rechts ist immer der Platz der Nummer zwei. Auch das ist faszinierend zu beobachten. Links sitzt dann eine weitere Ressource des Chefs, die in diesem Fall jedoch von untergeordneter Bedeutung ist.

Die Gegenseite ordnet sich ähnlich an. Herr Löwe besetzt das zweite Kraftzentrum im Raum gegenüber von Rot. Frau Blume setzt sich gegenüber von Frau Grün, vielleicht weil sie das Gefühl hat, dort besser zu wirken und nur Herr Klein setzt sich weiter weg. Warum, wissen wir nicht. Vielleicht will er nicht am Prozess teilhaben oder er sieht seinen Platz links vom Chef besetzt und will den rechten Platz nicht einnehmen, weil er sich dort nicht wohlfühlt.

Auch wenn das für Sie als Leser jetzt übertrieben wirkt, können wir Ihnen versichern, dass beim Betreten sechs limbische Systeme den Raum genauestens nach Stärken und Schwächen durchforsten und sich bemühen, den für jeden besten Platz zu ergattern. Wenn alle richtig sitzen, fühlen sie sich wohl und entspannt. Doch wenn jemand nach seinem Gefühl falsch sitzt, wird er dies als Störung im gesamten Gespräch empfinden.

Unsere Empfehlung: Wenn Sie Gastgeber sind, steht Ihnen die erste Wahl zu. Wählen Sie stets einen Platz aus, der Ihnen Kraft gibt und Ihr Team gut platziert. Wenn Sie zum Team gehören, sollten Sie Ihrem Chef den Platz nicht streitig machen. Sonst erzeugen Sie einen Konflikt in den eigenen Reihen. Wenn Ihr Chef den „Chefplatz" nicht einnimmt, will er nicht führen. Häufig geht die Führung dann unbewusst denjenigen über, der sich auf den zentralen Platz setzt.

Als Gastgeber sollten Sie auch darauf achten, dass Ihre Gäste die Möglichkeit haben, den „Gegenplatz" zu besetzen und sich dort zu entfalten. Sitzen Sie am Kopfende, sollte der Verhandlungsführer die Möglichkeit haben, am Fußende in der Mitte zu sitzen. Bei langen Tischen sitzen sich beide Parteien an den Seiten gegenüber mit den jeweiligen Verhandlungsführern in der Mitte. Es ist nicht sinnvoll, die Gegenpartei bewusst in eine schwächere oder ungünstige Sitzposition zu drängen. Das wird sich immer negativ auf den Gesprächsverlauf auswirken und zu schlechten Ergebnissen führen. Das gilt sinngemäß auch für ein Zweiergespräch.

Als Gast sollten Sie dafür sorgen, dass Sie in eine starke Position kommen. Wenn man Ihnen die freie Wahl lässt, dann suchen Sie sich immer einen Platz in einer zentralen Position aus, entweder in der Mitte oder am Kopfende eines langen Tisches. Bei runden Tischen sollten Sie darauf achten, im Rücken eine Wand zu haben und nicht direkt in ein Fenster zu schauen, in das die Sonne hereinscheint und Sie blenden könnte.

„Pacing" – die Auflockerungsphase

Am Anfang eines Gesprächs passieren körpersprachlich interessante Dinge: Menschen, die sich zum ersten Mal treffen, sind noch nicht aufeinander abgestimmt. Zu diesem Zeitpunkt ist ihre Körpersprache asymmetrisch. Die Beinhaltung ist unterschiedlich, einer beugt sich nach vorne, der andere lehnt sich zurück, die Hände sind mal da und mal dort. Doch im Verlauf des Gesprächs „schwingen" sich die Gesprächspartner aufeinander ein. Als äußeres Zeichen gleicht sich die Körperhaltung an und wird symmetrisch. Dieser Prozess wird auch als „Pacing" bezeichnet. Menschen fühlen sich erst wohl, wenn diese Phase erfolgreich verläuft. Sie können das feststellen, wenn Sie die Körperhaltung Ihrer Gesprächspartner oder Sitzungsteilnehmer beobachten. Wahrscheinlich werden Sie verblüfft sein, wie ähnlich diese auf einmal werden kann. In einem Seminar mit offenem Stuhlkreis, der einen ungehinderten Blick auf den Körper zulässt, erleben wir zum Beispiel ein paar Minuten nach den üblichen Einleitungssätzen und Eröffnungsritualen, dass alle Teilnehmer die Beine übereinanderschlagen und sich entspannt zurücklehnen. Oftmals weicht nicht einer davon ab.

Auch im Zweiergespräch kommt ein solches Pacing zustande. Sobald sich beide Gesprächspartner entspannt haben und in Harmonie befinden, sitzen sie sehr ähnlich da. Je nach Stimmung im Gespräch kann das entspannt oder angespannt sein. Sobald beide angespannt und gleichzeitig symmetrisch wirken, ist alles in Ordnung. Von außen sehen Sie daher ganz einfach, wo sich ein Gespräch gerade befindet.

Pacing ist überall zu finden
Pacing geht noch viel weiter. Liebespaare laufen meist im Gleichschritt. Auch Gruppen verfallen beim Laufen in eine Art Gleichschritt. Und bei Tieren gibt es dieses Pacing ebenfalls: So ist der Gänsemarsch, der im Übrigen auch bei Enten vorkommen kann, nichts anderes als ein angepasster gleichförmiger Gang, durch den diese Tiere ihre Verbundenheit ausdrücken. Wenn die Enten dann von einem Hund aufgescheucht werden und aufgeregt zum nächsten Gewässer fliehen, löst sich diese Gleichförmigkeit natürlich wieder auf.

Small Talk ist im Übrigen ein Ritual, um dieses Pacing zu erreichen. Beim Small Talk entspannen Menschen, schauen sich ihr Gegenüber in Ruhe an und versichern sich unbewusst, dass keine Gefahr von der Umgebung ausgeht. Das klappt jedoch nur, solange sich der Small Talk mit einfachen und unverbindlichen Themen beschäftigt. Auch wenn Sie also das Wetter für unerheblich halten und Fußball hassen, sollten Sie sich darauf einlassen. Es kommt der späteren Gesprächsharmonie sehr zugute. Außerdem haben Sie natürlich die Möglichkeit, den Small Talk so zu lenken, wie Sie sich das wünschen, und Sie werden keine Lebenszeit für langweilige Gespräche vergeuden. Wie das geht, können Sie im Buch „Small Talk – Reden Sie sich zum Erfolg!" von Caroline Krüll nachlesen.

Sowohl im Einzelgespräch als auch bei Gruppentreffen sollten Sie als Gesprächsführer am Anfang also stets darauf achten, genügend Raum für Pacing zu lassen. Denn wenn Sie zu früh mit dem Hauptthema oder gar einem Problem beginnen, bleiben die Gesprächspartner eventuell in einem angespannten Zustand und behalten diesen auch bei. Dadurch werden konstruktive Lösungen oftmals erschwert oder gar verhindert.

Brüche im Gespräch

Solange das Gespräch harmonisch verläuft, sind die Gesprächsteilnehmer mehr oder weniger stark „gepact". Sie befinden sich im Gleichklang. Das sehen Sie sehr einfach von außen in der Rolle eines neutralen Beobachters. Doch auch als Teilnehmer können Sie das gut feststellen, sogar im Zweiergespräch. Vergleichen Sie dazu einfach immer wieder die Körperhaltungen. Solange diese mehr oder weniger identisch sind, verläuft das Gespräch gut.

Wichtig ist nun, dass Sie jede Abweichung von diesem Gleichklang feststellen. Denn dieser hat stets etwas zu bedeuten. Sie sehen das an verschiedenen Zeichen. Deutliche Brüche, so wie sie oben bei Michael

Rot aufgetreten sind, äußern sich durch eine markante oder manchmal auch nur subtile körpersprachliche Veränderung am Gesprächspartner. Die Veränderung kann vielfältige Züge annehmen. Solange die Asymmetrie anhält, ist die Störung noch nicht beseitigt. Doch sobald Sie das Problem angehen und Ihrem Gesprächspartner die Möglichkeit geben, sich zu äußern oder das Thema anders zu lösen, wird er wieder in den Ausgangszustand zurückkehren. Über das Pacing erhalten Sie damit ein Instrument an die Hand, um den Gesprächsverlauf sehr wirksam zu beobachten und auch zu steuern.

Wichtig ist dabei zu wissen, dass Sie gute Gesprächsergebnisse nur in einem gepacten Zustand erreichen werden. Bei asymmetrischen und damit nicht gepacten Zuständen erzielen Sie im Regelfall keine tragfähigen Ergebnisse. Dies gilt insbesondere für Verhandlungen, Verkaufsgespräche oder Mitarbeitergespräche. Anders sieht es in Konfliktgesprächen aus. Dort kann zu Beginn natürlich kein Pacing auftreten, weil das Gespräch bereits mit einem Konflikt startet. Wenn Sie den Konflikt lösen möchten, sollten Sie im späteren Verlauf des Gesprächs Pacing anstreben. Denn auch hier kann nur eine stabile Lösung erzielt werden, wenn beide Gesprächspartner zumindest in Teilen übereinstimmen. Wenn Sie im Gespräch jedoch nur beabsichtigen, Ihren Standpunkt klarzumachen oder der Gegenseite einen Warnschuss zu verpassen, wird es auch ohne Pacing gehen.

Pacing ist natürlich nur ein Teil dessen, was Sie durch die Beobachtung der Körpersprache erreichen können. Darüber hinaus bestehen vielfältige Möglichkeiten, weitere Informationen zu erhalten, wenn Sie Ihre Gesprächspartner aufmerksam beobachten. Darauf sind wir ja weiter oben eingegangen.

Spiegelneuronen und Pacing

Wie „lesen" wir überhaupt Körpersprache? Wir haben ja bereits die Spiegelneuronen erwähnt. Diese Zellen in unserem Gehirn sind unser „Organ" für Empathie und Deutung von Körpersprache. Wenn wir einen Menschen in einer bestimmten Körperhaltung sehen, sorgen die Spiegelneuronen dafür, dass wir dessen Haltung intuitiv verstehen und auch bei uns genau die Gefühle erzeugen, die mit dieser Haltung verbunden sind. Außerdem sorgen die Spiegelneuronen dafür, dass wir diese Haltung auch selbst einnehmen können. Dieser Vorgang verstärkt in uns die Gefühle, die der andere gerade hat, denn unsere Gefühle und Stimmungen sind ja sehr stark an unsere Körperhaltung gekoppelt.

Zudem streben fast alle Menschen danach, sich an den anderen anzugleichen, sich also zu „pacen". Warum das so ist, wissen die Forscher noch nicht. Vermutlich gibt es einer Gruppe Sicherheit, im selben Gefühl wie die anderen

Gruppenmitglieder zu sein. Auf diese Weise könnte bei der Steinzeithorde auch Alarm ausgelöst worden sein. Wenn zum Beispiel ein Stammesmitglied einen heranschleichenden Säbelzahntiger entdeckte, versteifte sich seine Körperhaltung. Die anderen nahmen unwillkürlich dieselbe Haltung an. Auch bei ihnen wurde daraufhin Adrenalin ausgeschüttet und der Körper in Kampf- oder Fluchtbereitschaft versetzt. Erwies sich der vermeintliche Tiger als ein harmloses Kätzchen, entspannte sich der Späher wieder und die Gruppenmitglieder folgten via Spiegelneuronen und Änderung der Körpersprache seinem Beispiel. Das alles passierte in Sekunden und wurde wahrscheinlich zu Zeiten entwickelt, als wir noch nicht über Sprache verfügten. Dennoch konnten wir schon damals effizient über Körpersprache kommunizieren und tun das noch heute.

Die Fähigkeiten unserer Spiegelneuronen in Verbindung mit unseren Steinzeitgenen können Sie nun gezielt einsetzen, um Menschen zu „pacen". Machen Sie dazu im nächsten Gespräch die folgende Übung, natürlich ohne das Ihrem Gegenüber zu sagen:

Mit Pacing gezielt ein Gespräch steuern

1. Nehmen Sie gezielt die Körperhaltung Ihres Gegenübers ein bzw. spiegeln Sie diese. Wenn er sich zum Beispiel leicht angespannt nach vorne beugt, dann beugen Sie sich ebenfalls nach vorne. Bleiben Sie kurz in dieser Haltung, bis Sie das Gefühl haben, dass sich eine harmonische Stimmung zwischen Ihnen eingependelt hat.
2. Verändern Sie jetzt behutsam Ihre Haltung. Lehnen Sie sich langsam zurück und öffnen Sie Ihre Schultern. In den meisten Fällen werden Sie zu Ihrem Erstaunen feststellen, dass Ihr Gesprächspartner es Ihnen nachmacht. Auch er wird sich langsam zurücklehnen, und zwar ohne dass ihm das bewusst ist.
3. Gleichzeitig wird Ihr Gegenüber auch die Stimmung annehmen, die mit diesem Gefühl gekoppelt ist. War seine Stimmung zuvor noch angespannt, wird er sich jetzt merklich entspannen. Sie können das über sein Sprechtempo und andere Zeichen feststellen.
4. Machen Sie jetzt die Gegenprobe und neigen Sie sich wieder nach vorne. Auch jetzt werden Sie erleben, dass Ihnen Ihr Gegenüber höchstwahrscheinlich folgt. Ihr Gesprächspartner geht auch jetzt wieder in das veränderte Gefühl hinein und gerät wieder unter Spannung.

Mit dieser wirklich verblüffend einfachen Technik erhalten Sie die Möglichkeit, ein Gespräch zu steuern. Wenn ein Gespräch zum Beispiel schwierig wird und zu eskalieren droht, werden sich die Menschen nach vorne beugen und verkrampfen. Das verstärkt das Gefühl von Anspannung, das weitere Gespräch ist erschwert. Doch Sie möchten das Gespräch in ruhigere Fahrwasser zurückführen. Nehmen Sie dazu ebenfalls die Stresshaltung des Gegenübers an, warten kurz und neigen sich dann wie oben beschrieben langsam zurück. Ihr Gegenüber folgt, ändert seine Haltung und wird ruhiger. Klingt ganz einfach und ist es auch. Voraussetzung dafür ist lediglich, dass Sie die Kontrolle über Ihre Körpersprache behalten und auch den anderen aus einer Metaposition heraus beobachten.

Mit der gleichen Technik können Sie auch mehr Schwung bei zurückhaltenden Gesprächspartnern erzeugen, indem Sie sich einfach vorbeugen und damit Spannung erzeugen. Probieren Sie es aus.

Fallstudie 2: Die Preisverhandlung im Verkaufsgespräch

Unser oben geschildertes Gespräch zieht sich noch eine Weile hin. Inzwischen sind alle Positionen ausgetauscht, beide Seiten sind sich hinsichtlich des Beratungspakets einig und das Gespräch nähert sich dem Abschluss. Jetzt geht es nur noch um den Preis. Wir wollen einen kurzen Augenblick hineinschauen.

Michael Rot eröffnet diese Runde: „Ja, Herr Löwe, das klingt ja alles wunderbar. Was wird uns der Spaß denn kosten?" Herr Löwe, bisher souveräner Mitspieler im Ring, zeigt plötzlich Zeichen von Unsicherheit. Seine sonst sehr feste Stimme wird leiser und leicht stockend, als er sagt: „Wir bieten Ihnen die erste Projektphase für 24.000 Euro an." Dabei weicht sein Blick kurz aus und wandert nach links auf den Tisch, er klammert sich für einen kurzen Augenblick an der Armlehne fest.

Dieser Moment dauert nur eine halbe Sekunde, doch Michael Rot hat die Zeichen mitbekommen. Er hakt sofort ein: „24.000 Euro! Sie machen wohl Witze! Für diesen Preis werden wir Sie auf keinen Fall beauftragen. Ich erwarte von Ihnen ein deutliches Entgegenkommen."

Unsere Interpretation

Was ist hier passiert? In einem Verkaufsgespräch gibt es einen neuralgischen Punkt, an dem selbst gute Verkäufer oder Verhandler immer wieder Fehler machen. Es ist die Preisverhandlung, und zwar der Moment, an dem zum ersten Mal der Preis genannt wird. In dieser einen Sekunde entscheidet sich, wer den besseren Abschluss machen wird.

Die Preisverhandlung ist ein Kräftemessen. Jeder will so gut wie möglich abschneiden. Der Einkäufer, in diesem Fall Michael Rot, will einen möglichst niedrigen Preis, um seine Kosten gering zu halten, während Herr Löwe natürlich einen für sich guten Preis erzielen möchte. Beide wissen nicht, wo die jeweilige Schmerzgrenze liegt. Sobald über den Preis gesprochen wird, liegen die Nerven blank. Denn jetzt geht es um sehr viel. Jeder der beiden beobachtet den anderen und fragt sich, ob und wie weit er verhandeln und vor allem Druck aufbauen kann.

Wenn, wie oben geschildert, Herr Löwe bei der Nennung des Preises Unsicherheit und damit Schwäche zeigt, ist das fatal. Michael Rot erhält damit nämlich das Signal, dass Löwe schwach ist. Er wird dies ganz automatisch nutzen, wenn er etwas von seinem Job versteht und sofort Druck aufbauen. Dies passiert häufig unbewusst. Dominante Menschen sind darauf geeicht, bei anderen Menschen diese Zeichen von Schwäche auszumachen. Herr Löwe wird nun große Schwierigkeiten haben, dem Druck standzuhalten. Seine Schwächezeichen werden sich wiederholen und er wird unter Umständen einem für ihn ungünstigen Abschluss zustimmen müssen.

Abb. 46: Die gleiche sichere Haltung für einen Mann. Hier sind die Beine locker entspannt, beide Beine stehen auf dem Boden, der Rücken ist angelehnt.

Wie sähe die Alternative aus? Auf die Frage „Was soll es denn kosten?" müsste Löwe die volle körpersprachliche Souveränität behalten. Er müsste Sicherheit ausstrahlen, sich vielleicht entspannt zurücklehnen, leicht lächeln und mit sicherer und fester Stimme seinen Preis vortragen. Auch rhetorisch könnte er Druck aufbauen, indem er sagt: „Herr Rot, weil Sie es sind und weil wir uns so freuen, mit Ihnen erstmalig zusammenzuarbeiten, biete ich Ihnen unsere hervorragende Beratung zum Preis von nur 24.000 Euro an. Mit dabei wären auch alle Berichte und die Büropauschale. Dieses Angebot ist so günstig, dass Sie überhaupt nicht ablehnen können." Dabei müsste er Rot fest in die Augen blicken und den Kopf ein kleines bisschen nach vorne schieben, um einen Hauch von Angriffslust zu demonstrieren.

Abb. 47: Diese Haltung wirkt sehr unsicher. Die Person ist nicht angelehnt, die Füße stehen eng beieinander, die Hände sind unsicher über den Schenkel gekreuzt. Aus einer solchen Haltung heraus wird man keine harten Verhandlungen führen können.

Was soll Michael Rot jetzt noch sagen? Er hat es sehr schwer, einen Grund für einen Preisnachlass zu finden. Natürlich wird sich ein geübter Einkäufer durch ein solches Verhalten nicht wirklich einschüchtern lassen. Doch er weiß, dass er einem Profi gegenübersitzt, den er keinesfalls mit einfachen Mitteln beeinflussen kann. Die Preisverhandlung wird daher dauern, und beide werden erst einen Vertrag schließen, wenn sie mit den Konditionen auch wirklich zufrieden sind.

Halten Sie das für übertrieben? Wir können Ihnen versichern, dass Verkaufsgespräche und vor allem Preisverhandlungen an solchen „Kleinigkeiten" wie einem standhaften Blick in die Augen entschieden werden. Denn darüber signalisieren sich die Verhandlungspartner, wie stark sie sind. Dabei ist es egal, ob es um kleine Einkäufe oder Millionendeals geht. Wir haben das zudem Dutzende von Malen in simulierten Situationen im Seminar beobachtet und erleben es zudem ständig im realen Leben.

Werden Sie Top-Einkäufer!

Sie können Ihre Fähigkeiten, über den gezielten Einsatz von Körpersprache besser einzukaufen, leicht testen und verbessern. Beginnen Sie, wenn Sie das nächste Mal beispielsweise ein Paar hochwertige Schuhe einkaufen. Probieren Sie dort ausgiebig Schuhe an und lassen Sie sich beraten. So bauen Sie schon einmal eine Beziehung zum Verkäufer oder zur Verkäuferin auf. Wenn Sie sich dann für ein Paar oder besser noch für zwei entschieden haben, geht es los.

Stellen Sie sich gerade hin, richten Sie sich etwas auf und schauen Sie den Verkäufer fest an. Sagen Sie dann mit fester Stimme: „Diese Schuhe gefallen mir sehr. Ich nehme Sie, wenn Sie mir im Preis entgegenkommen. Was können Sie denn tun?" Halten Sie dabei den Blick, achten Sie auf einen gerade gehaltenen Kopf und lächeln Sie freundlich.

Was wird passieren? In den meisten Fällen wird der Verkäufer nachgeben. Er macht Ihnen ein Angebot. Oder er holt seinen Chef. Auch dann haben Sie gewonnen, wenn Sie Ihren Auftritt wiederholen. Der Chef gibt nach unserer Erfahrung fast immer nach, besonders wenn er am Umsatz beteiligt ist. Manchmal bekommt man statt einem Preisnachlass jedoch auch Schuhspanner oder Schuhpflege – das ist doch auch schon ein Erfolg!

Revier- und Dominanzverhalten

Wir möchten das Verkaufsgespräch an dieser Stelle zum Anlass nehmen, das Thema Dominanz zu beleuchten. Vieles von dem, was Menschen tun und was Körpersprache zeigt, hat mit Revier- und Dominanzverhalten zu tun. Denn Dominanz ist einer der wichtigsten Triebe und zählt damit zu einem Grundbedürfnis von uns Menschen. Natürlich sind nicht alle Menschen gleich dominant. Körpersprachlich gibt es ein fein abgestimmtes Verhalten, um Dominanzunterschiede zu zeigen. Nachfolgend möchten wir Ihnen wichtige Zeichen vorstellen, damit Sie dieses Verhalten besser deuten können.

Dominanz begegnet Ihnen im Business oder im Privatleben ständig. Gerade in größeren und einflussreichen Unternehmen finden sich dominante Menschen auf allen Ebenen, doch auch bei Mittelständlern oder in anderen Organisationen gibt es fast immer Menschen, die über einen hohen Grad an Dominanz verfügen.

Wie sollten Sie mit Dominanz umgehen? Das hängt natürlich davon ab, wie dominant Sie selbst sind. Wenn Sie wie Michael Rot ein sehr durchsetzungsfähiger Mensch sind, dann sollten Sie sich Ihrer Stärke bewusst sein und auch wissen, wie Sie damit umgehen. Ihre Fähigkeit, sich durchzusetzen, wird Ihnen das Leben sicherlich erleichtern. Sie erreichen einfach mehr. Auf der anderen Seite sollten Sie jedoch auch einen Blick dafür bekommen, wo Sie auf Dominanzgesten verzichten können. Denn dominante Menschen neigen dazu, jeden in ihrem Umfeld ihre Überlegenheit spüren zu lassen – ob das nun gerade passt oder nicht. Damit machen Sie sich häufig unbeliebt und riskieren unnötige Konflikte. Ihr Ziel sollte es sein, die eigene Wirkung auf andere bewusst und wohldosiert einzusetzen. Denken Sie nur an den Polizisten, der andere Menschen oftmals unnötig mit einem breitbeinigen Stand herausfordert.

Auch für wenig dominante Menschen ist das Wissen um Dominanzgesten wichtig. Sie können sich nämlich einen gewissen Grad an Dominanz antrainieren, um sich besser durchsetzen zu können. Das funktioniert zwar nicht bei echten „Alphatieren". Doch im alltäglichen Umgang mit anderen Menschen kann man sehr wohl etwas an seinem Auftritt verbessern und stärker wirken.

Die dominante Haltung

Dominante Menschen bringen ihre Überlegenheit zuerst einmal auf der unmittelbaren körperlichen Ebene zum Ausdruck. Ein klassisches Zeichen ist, wenn sich ein Mensch größer macht. Die Redensart „sich vor jemandem aufbauen" bringt das auf den Punkt. Der dominante Mensch „baut" sich vor dem anderen auf und strafft die Schultern und reckt den Kopf, um größer zu wirken. Außerdem streckt er das Kinn leicht vor, was ebenfalls vergrößernd wirkt. Dann stemmt er die Hände in die Seiten, um dadurch den von ihm eingenommenen Raum zu vergrößern. Ein breitbeiniger Stand vervollständigt die typische Dominanzgeste, weil die Person dadurch ebenfalls an Körperfläche zunimmt. Wer so vor seinem Gegner steht, schüchtert diesen alleine durch die Körperhaltung ein, weil er damit ausdrückt: „Ich bin größer und stärker als du und könnte dich im Zweifel besiegen."

Typischerweise können Sie dieses „Aufbauen" in Situationen beobachten, in denen es um Dominanz auf einer sehr unmittelbaren körperlichen Ebene geht: Polizisten schüchtern so vermeintliche Gegner ein, Türsteher an der Disco vermitteln damit Stärke, Cowboys im Western signalisieren dem Gegner körperliche Überlegenheit. Vor einer Schlägerei messen sich die beiden Gegner in aller Regel ebenfalls erst einmal über eine solche Körpersprache.

Was löst eine solche Dominanzgeste beim Gegenüber aus? Wie oben geschildert, prüft das limbische System des Gegenübers sofort, wie die Bedrohung einzustufen ist. Wirkt der andere gefährlicher und ist das Gegenüber eher mit angstvollen Grunderfahrungen ausgestattet, wird es nachgeben. Die Reaktion ist Flucht oder Wegducken. Doch wenn der andere ebenfalls über ein gesundes Dominanzverhalten verfügt, wird er den Kampf aufnehmen. Er wird sich „aufbauen", größer machen, die Beine spreizen und dieselbe Haltung einnehmen wie der Aggressor. Ein Konflikt ist vorprogrammiert. Dabei ist es völlig egal, ob das geschilderte Verhalten nachts in der Kneipe oder im Büro passiert. Das limbische System macht hierbei keinen Unterschied, sondern es reagiert stets gleich und vorhersehbar.

Menschen, die zu Dominanzgesten neigen, provozieren daher unbewusst Konflikte. Denn mit ihrer Haltung fordern sie permanent die Umgebung heraus. Meist ist ihnen das überhaupt nicht bewusst, und sie wundern sich höchstens, warum sie so häufig anecken. Hier hilft es, die eigene Körpersprache zu überprüfen und sich bewusst eine andere Haltung anzutrainieren. Der Grat zwischen dominantem und selbstsicherem Auftreten ist schmal, daher sollte man die eigene Körpersprache sehr bewusst überprüfen.

Dominanz in der Begrüßung

Dominante Menschen erkennen Sie leicht am direkten Auftritt. Ein Dominanter wird auch körpersprachlich die Initiative übernehmen und Sie „führen". Er kommt auf Sie zu und streckt Ihnen die Hand zur Begrüßung entgegen. Oder er bleibt dort, wo er ist und zwingt Sie, zu ihm zu kommen. Häufig ist es eine Mischung aus beidem, wobei der Dominante aber deutlich macht, wo die Grenze ist, bis zu der Sie laufen sollen oder dürfen. Diese Grenze hängt von Ihrem eigenen Rang ab. So wird er zum Beispiel nur kurz um seinen Schreibtisch herumkommen, um Sie zu begrüßen, aber stets in dessen Nähe bleiben, wenn Ihr Rang mittelhoch ist. Wenn Sie sehr rangniedrig sind, wird er vielleicht überhaupt nicht aufstehen. Nur wenn Sie gleich- oder höherrangig sind, wird er Ihnen vielleicht bis zur Tür entgegenkommen. Dominante Menschen sind in dieser Hinsicht sehr genau.

Im weiteren Gespräch wird er Ihnen einen Platz zuweisen. Niemals sollten Sie sich selbst zuerst setzen.

Auch der Blick ist interessant. Dominante und ranghöhere Menschen können es sich leisten, Sie nicht anzuschauen. Wenn Sie keine Gefahr für das limbische System Ihres dominanten Gesprächspartners bedeuten, wird dieser vielleicht weiterhin seine Papiere auf dem Tisch anschauen, während er das Gespräch führt. Dadurch sollen Sie an Ihre wahre und geringe Bedeutung erinnert werden. Das ändert sich jedoch schlagartig, wenn Sie ihm gefährlich werden – wenn Sie zum Beispiel widersprechen oder eigene Gedanken äußern. Dann haben Sie auf einmal die volle Aufmerksamkeit und werden als Problem wahrgenommen. In der Regel folgt jetzt eine Zurechtweisung oder etwas anderes, um die Hierarchie wiederherzustellen. Somit können Sie am Grad der Zuwendung Ihres Gegenübers ermessen, wie wichtig Sie sind, aber auch, wie sehr Sie ihm bereits näher rücken. Sobald Sie einen Konflikt provoziert haben, sind Sie dabei, Ihre eigenen Ideen durchzusetzen. Glückwunsch! Die Frage ist nur, wie lange Sie sich jetzt halten werden.

Dominanz im Meeting

Haben Sie schon einmal darauf geachtet, wie Ihr Chef das Meeting betritt? Der typische Auftritt sieht etwa so aus: Der Chef kommt als letzter, entweder auf die Minute pünktlich oder etwas zu spät. In seinem Schlepptau, meist ein paar Meter hinter ihm, befindet sich eine Assistentin mit ein paar Unterlagen in der Hand. Ohne jemanden anzuschauen, schreitet er mit ruhigen, aber bestimmten Schritten zu seinem Platz am Kopfende des Tisches. Dort sichtet er seine Unterlagen, redet vielleicht noch kurz mit seiner Assistentin und setzt sich hin. Erst dann blickt er in die Runde und mustert die Anwesenden. Wehe, wenn jetzt noch einer zu spät kommt. Er muss mit einem Rüffel rechnen.

Woher wir Ihren Chef kennen? Ganz einfach. Unserer war auch so.

Dominanz im Zweiergespräch

Wenn Sie zwei Personen in einem Gespräch in sitzender Position sehen, finden Sie sehr schnell heraus, wer von beiden die dominante Person ist: Der Dominante sitzt meist zurückgelehnt in seinem Stuhl. Wenn er ein Mann ist, spreizt er häufig seine Beine. Diese Geste bedeutet absolute Dominanz. Wer es sich leisten kann, seine wichtigsten Teile ungeschützt dem anderen darzubieten, der fühlt sich in diesem Moment sehr sicher und weiß, dass kein Angriff zu befürchten ist. Genau das sagt diese Geste aus. Der Dominante wird zudem das Gespräch steuern. Er erteilt Ihnen mit Blicken oder Gesten die Erlaubnis zu reden. Doch er wird Sie auch unterbrechen, wenn er das für nötig hält. Doch wehe, wenn Sie unterbrechen. Dann müssen Sie mit einer starken verbalen Zurechtweisung rechnen.

Abb. 48: Diese Haltung repräsentiert eine extrem dominante Sitzhaltung. Die Beine sind weit gespreizt, die Arme hinter dem Kopf verschränkt. Wer so sitzt, schüchtert sein Gegenüber automatisch ein.

Sobald Sie selbst die Initiative ergreifen, wird sich die Sitzhaltung des Dominanten ändern. Er wird sich aufrichten, nach vorne beugen, den Kopf nach vorne recken und Sie auf diese Weise einzuschüchtern versuchen. Sobald Sie darauf eingehen und sich kleiner machen, wird er wieder in seine entspannte zurückgelehnte Haltung zurückkehren.

Auf diese Weise stellt der dominante Gesprächspartner sicher, dass seine Interessen stets gewahrt bleiben.

Umgang mit dominanten Gesprächspartnern

Sie haben zwei Möglichkeiten, auf einen dominanten Gesprächspartner zu reagieren. Diese hängen davon ab, wie dominant Sie selbst sind, in welchem Verhältnis Sie zu der betreffenden Person stehen und was Sie erreichen möchten.

Wenn Ihr Gesprächspartner ein Kunde oder ein Geschäftspartner ist, mit dem Sie eine Übereinkunft erreichen möchten, empfehlen wir Ihnen dringend, im Gespräch zu deeskalieren. Provozieren Sie den anderen nicht, verzichten Sie selbst auf dominante Gesten und konzentrieren Sie sich vor allem auf den Inhalt. Wenn Sie dem anderen seinen Willen lassen, werden Sie Ihre eigenen Ziele schneller und einfacher erreichen. Dazu brauchen Sie keinesfalls eine unterwürfige Körpersprache zu zeigen. Es reicht, auf provozierende Gesten und Sätze zu verzichten.

Anders sieht es natürlich aus, wenn Sie sich im Gespräch durchsetzen wollen oder auch müssen. Das kann der Fall sein, wenn Sie es mit einem Dienstleister oder Kollegen zu tun haben, der versucht, Sie über seine Dominanz an die Wand zu spielen. Doch es kann auch schon mal beim eigenen Chef nötig werden, sich zur Wehr zu setzen. Letzteres ist ein heikles Thema. Doch gerade Machtmenschen, die ihre Macht sehr häufig unreflektiert an anderen Menschen ausleben, verstehen manchmal nur eine dominante und klare Sprache. Wenn Sie sich also zutrauen, Ihrem Chef Widerstand zu leisten, dann sollten Sie nicht alles hinnehmen, was von ihm kommt.

Schreien Sie zurück!

In einem Seminar hatten wir eine Teilnehmerin, deren Hauptproblem die eigene Chefin war. Diese Chefin war nach Beschreibung unserer Kundin sehr cholerisch und lebte ihre Launen sehr unreflektiert an ihren Mitarbeitern und vor allem an unserer Klientin aus. Sie baute sich dazu regelmäßig vor ihrer Mitarbeiterin auf, stemmte die Hände in die Seiten und schrie sie an. Unsere Teilnehmerin wirkte sehr bedrückt und in sich zusammengesunken, als sie das erzählte. Spontan rutschte einem anderen Teilnehmer bei der Schilderung dieses Falles heraus: „Dann schrei doch mal zurück!" Wir vergaßen die Sache wieder.

In einem Folgeseminar trafen wir diese Teilnehmerin einige Wochen später wieder. Sie wirkte glücklich und zufrieden und hielt sich sehr aufrecht. Erstaunt fragten wir, was los sei und wie es mit ihrer Chefin ginge. Vergnügt sagte sie: „Ich habe zurück geschrien. Das war die Lösung." Sie erzählte weiter, dass sie eine Schreiattacke Ihrer Chefin spiegelverkehrt mit einem eigenen Wutausbruch beantwortet habe. Daraufhin habe Ihre Chefin auf einmal innegehalten. Sie entschuldigte sich und das Verhältnis der beiden Frauen entwickelte sich ab diesem Zeitpunkt hervorragend.

Sie werden sich gegen einen dominanten Menschen nur dann erfolgreich durchsetzen können, wenn Sie selbst über ein ausreichendes Maß an Dominanz verfügen. Denn wenn Sie einem echten Machtmenschen gegenüberstehen, wird dieser sehr genau spüren, wie echt Ihre Gegenattacke ist. Wenn Sie sich selbstsicher und stimmig in Szene setzen, wird er sie vielleicht akzeptieren. Doch wenn Sie von vorneherein feststellen, dass Sie der Sache nicht gewachsen sind, sollten Sie sich lieber fügen oder sich erst einmal an leichteren Aufgaben versuchen.

Fallstudie 3: Das Bewerbungsgespräch

Am Nachmittag hat Anke Grün einen weiteren Termin. Ein Bewerber für die ausgeschriebene Stelle in der Marketingabteilung stellt sich vor. Er ist Berufseinsteiger, kommt frisch von der Uni und es scheint sein erster Bewerbungstermin zu sein.

Anke Grün bittet ihn in ihr Büro. Mit unsicheren, zögernden Schritten betritt der Bewerber den Raum und bleibt gleich an der Türe stehen. Die Personalerin begrüßt ihn per Handschlag und bittet ihn, an einem kleinen Besprechungstisch in der Ecke Platz zu nehmen. Sein Händedruck ist schwach, die Hand feucht. Stockend kommt er der Aufforderung nach, kann sich erst nicht entscheiden und nimmt dann den Platz in der Ecke. Dort setzt er sich angespannt vorne auf die Stuhlkante und beugt den Oberkörper nach vorne. Die Hände verschließt er leicht verkrampft zwischen seinen Beinen. Anke Grün ist etwas irritiert. Kaffee oder Wasser lehnt er ab.

Das Gespräch beginnt. Der Bewerber hält seinen Blick auf den Tisch gesenkt und vermeidet den Blickkontakt zu Anke Grün. Sie startet mit ein paar lockeren Fragen zur Aufwärmung und allmählich entspannt sich der Bewerber. Er rutscht im Stuhl weiter nach hinten und erwidert die meiste Zeit Anke Grüns Blick. Die ersten Fragen verlaufen nicht schlecht. Schulzeit und Themen im Studium meistert er gut. Auch auf die Frage, warum er ausgerechnet hier arbeiten wolle, hat er eine wohlüberlegte Antwort parat und schaut Anke Grün dabei an. Doch dann erspäht sie eine Lücke im Lebenslauf. Zwischen einem Praktikum und der Wiederaufnahme des Studiums liegen sechs Monate. Anke Grün fragt nach und nimmt augenblicklich Zeichen von Nervosität wahr. Der Blick geht kurz nach unten, der Bewerber rutscht auf dem Stuhl wieder nach vorne und nimmt die Hände erneut zwischen die Beine. Es dauert ein paar Sekunden, bis er sich gefangen hat. Die Frage beantwortet er mit einer „kurzen Auszeit". Dabei weicht er ihrem Blick aus. Erst als sie nach seinen persönlichen Interessen und Hobbys fragt, ändert sich die Körpersprache wieder und er findet zu seiner Sicherheit zurück.

Nach knapp einer halben Stunde entlässt sie den Bewerber und verspricht ihm, sich bald zu melden. Doch insgeheim ist sie sich sicher, dass sie ihn nicht einstellen wird. Zum einen irritiert sie das merkwürdige Verhalten zur „Auszeit". Zum anderen fragt sie sich, ob jemand, der bereits beim Bewerbungsgespräch einen so hohen Grad an Nervosität zeigt, den Anforderungen der hausinternen Marketingabteilung gewachsen sein wird. Denn dort geht es schon mal zur Sache – vor allem im Kontakt mit ein paar kritischen Kunden.

Unsere Interpretation

Dieses Gespräch misslang gründlich. Zwei Gründe waren dafür ausschlaggebend. Zum einen war der Bewerber viel zu unsicher. Dies hat er durch seine Körpersprache sehr deutlich ausgedrückt. Seine Unsicherheit ging dabei weit über das normale Lampenfieber hinaus, das in einer solchen Situation leicht auftreten kann. Anke Grün vermutet dahinter ein anderes und grundlegendes Problem und stuft den Bewerber als wenig belastbar im Umgang mit Menschen ein. Doch für den gesuchten Job braucht sie jemand, der sicher und effektiv mit anderen kommunizieren kann.

Zum zweiten irritierte sie das Verhalten während ihrer Frage nach der Lücke im Lebenslauf. Offensichtlich hatte der Bewerber etwas zu verbergen. Sie hat im Gespräch zwar nicht herausgefunden, was es war, doch sie will das Risiko nicht eingehen und stuft den Kandidaten auch hier als ungeeignet ein.

Nachfolgend wollen wir schildern, wie Sie ein Bewerbungsgespräch aus körpersprachlicher Sicht erfolgreich vorbereiten und führen können. Unsere Tipps gelten natürlich auch für andere schwierige Gespräche.

Tipps für Bewerber

Die folgenden Tipps richten sich sowohl an Berufsanfänger als auch an alte Hasen, die bereits länger im Job sind. Im Bewerbungsgespräch geht es vor allem darum, das limbische System des Gegenübers zu überzeugen. Überzeugen heißt in erster Linie, dass Sie vertrauenswürdig wirken müssen. Erst in zweiter Linie spielt auch eine Rolle, ob Sie vom Typ her zum Unternehmen passen und von Ihren Qualifikationen her einen bestimmten Job übernehmen können.

Dabei ist wichtig, dass Sie sich nicht als Bittsteller fühlen, sondern als selbstbewusster Partner im Interview auftreten, der eine wichtige Ware zu verkaufen hat, nämlich seine eigene Arbeitsleistung. Mit dieser inneren Einstellung wird sich Ihre Körpersprache positiv verändern:

- Treten Sie stets selbstsicher auf. Das ist zwar leichter gesagt als getan, doch können Sie durch Ihre Haltung viel beeinflussen. Gehen Sie aufrecht. Betreten Sie den Raum mit festen Schritten. Nehmen Sie nach Aufforderung mit einer flüssigen Bewegung und ohne zu stocken Platz.
- Achten Sie auf einen festen Händedruck und eine gerade gehaltene Hand. Wie das genau geht, können Sie weiter vorne nachlesen. Der Händedruck ist der erste wichtige Eindruck, den Sie bei Ihrem Gegenüber hinterlassen.
- Sitzen Sie bequem und stabil. Setzen Sie sich dabei richtig auf einen Stuhl, und zwar so, dass Sie die gesamte Stuhlfläche oder zumindest einen größeren Teil davon nutzen. Stellen Sie beide Beine mit den ganzen Sohlen auf den Boden, sodass Sie guten Bodenkontakt haben. So gewinnen Sie Standfestigkeit. Fühlen Sie sich beim Sitzen wohl.
- Halten Sie im Gespräch Blickkontakt. Schauen Sie Ihrem Gesprächspartner dabei in die Augen. Wenn Sie mehreren Gesprächspartnern gegenübersitzen, sollten Sie sich stets auf denjenigen konzentrieren, der gerade spricht. Bei Ihren Antworten schauen Sie dann jedoch der Reihe nach alle an.
- Lächeln Sie. Versuchen Sie, entspannt und locker zu wirken, selbst wenn Ihnen das schwerfällt. Ein Lächeln kann auch künstlich erzeugt werden. Doch es schlägt schnell in ein echtes Lächeln um, wenn Sie das kurze Zeit durchhalten oder wenn Ihre Gesprächspartner das Lächeln erwidern.

- Sprechen Sie nur nach Aufforderung. Fallen Sie Ihrem Gesprächspartner nicht ins Wort und beantworten Sie vor allem Fragen. Stellen Sie Gegenfragen erst dann, wenn Sie dazu aufgefordert werden. Sprechen Sie langsam und ruhig, vermeiden Sie es, aufgeregt zu wirken. Sprechen Sie eher kürzer als zu lang.
- Lassen Sie sich im Gespräch führen und vermeiden Sie auf alle Fälle, selbst zu führen, auch wenn Sie zu mehr Dominanz als Ihr Gegenüber neigen.
- Spiegeln Sie die Körperhaltung Ihres Gegenübers unauffällig. Wenn sich dieser entspannt hinsetzt und zum Beispiel die Beine übereinanderschlägt, dann folgen Sie unauffällig dieser Geste. Das entspannt die Situation. Weitere Hinweise zum Spiegeln und Pacen finden Sie weiter vorne. Üben Sie Pacing im Alltagsleben. Denn wenn Sie aufgeregt sind, sollte das Pacen schon in Fleisch und Blut übergegangen sein.
- Überlegen Sie sich vorab überzeugende Antworten für Lücken oder kritische Phasen in Ihrem Lebenslauf. Bleiben Sie am besten bei der Wahrheit. Denn sobald Sie lügen oder konstruieren, kann das einem geübten Interviewpartner auffallen.

Tipps für Interviewer

Wenn Sie selbst wie Frau Grün auf der anderen Seite des Tisches sitzen, ist ein Vorstellungsgespräch für Sie eine kritische Phase. In der nächsten Stunde müssen Sie nämlich herausfinden, ob der Bewerber vertrauenswürdig ist, zum Unternehmen passt und die ausgeschriebene Stelle ausfüllen kann. Viel hängt von Ihrer Beurteilung ab, denn eine Fehlbesetzung kann für das Unternehmen unter Umständen teuer werden. Wir haben die folgenden Tipps für Sie, wie Sie Ihre Kenntnis der Körpersprache zur Beurteilung des Kandidaten nutzen können.

- Achten Sie auf den ersten Eindruck! Registrieren Sie, was der Bewerber bereits alles über sich verrät. Der erste Eindruck ist komplex, die wesentlichen Punkte haben wir in den vorangegangenen Kapiteln dargestellt.
- Prüfen Sie, wie selbstbewusst sich der Bewerber verhält. Sucht er sich einen Platz? Ist er unsicher? Wie viel Raum beansprucht er, zum Beispiel wenn er seine Unterlagen ausbreitet?

- Wie ist der Blick? Schaut er Sie an – sowohl bei der Begrüßung als auch im Gespräch? Der Blick verrät am meisten über einen Menschen.
- Stellen Sie im Gespräch zuerst die „normale" Körpersprache des Gegenübers fest. Dazu empfiehlt sich Small Talk über unverfängliche Themen wie Anreise, Standort des Unternehmens oder Ähnliches. Spätestens dabei sollte sich ein normaler Bewerber entspannen und Ihnen das per Körpersprache auch zeigen.
- Achten Sie im weiteren Gespräch auf Brüche oder auffällige Veränderungen. Das können zum Beispiel kurze Zeichen von Unsicherheit oder Erschrecken sein. Doch auch deutliche Veränderungen in der Sitzhaltung sind aufschlussreich, zum Beispiel Ablehnung, Rückzug oder Fluchttendenzen. Je nachdem, ob die Körpersprache noch mit dem Inhalt Ihrer Fragen oder des Gesprächsverlaufs übereinstimmt oder nicht, können Sie daraus Rückschlüsse über die Befindlichkeit und vielleicht auch über den Wahrheitsgehalt des Gesagten ziehen.
- Fragen Sie gezielt nach, wenn Sie Zweifel an dem haben, was Ihnen ein Bewerber erzählt. Beziehen Sie sich auch auf die Körpersprache. „Sie wirken bei der Erwähnung Ihres ehemaligen Chefs so unruhig. Was war da los?" Viele Menschen fühlen sich dadurch ertappt und rücken mit der Wahrheit heraus. Dann können Sie auch sehen, ob die Körpersprache wieder in den entspannten Zustand zurückkehrt.
- Hören Sie auf Ihre Intuition. Es ist sehr schwer, die gesamten körpersprachlichen Eindrücke wirklich bewusst zu verarbeiten und daraus eine logische Entscheidung zu fällen. Doch Sie können lernen, auf Ihre Intuition zu vertrauen. Wenn irgendetwas an einem Bewerber nicht stimmt, wird sich Ihr Bauchgefühl melden. Achten Sie darauf. Genauso wird es Ihnen auch mitteilen, wenn alles stimmig ist. Natürlich ist das noch keine Gewähr dafür, dass der Kandidat auch wirklich passt. Doch wenn Sie Ihrer Intuition vertrauen und alle Fakten berücksichtigen, über die Sie sonst noch verfügen, haben Sie alles getan, was Sie tun können, um einen Bewerber zu beurteilen.

Gute Interviewer führen ein Gespräch vor allem über die Beobachtung der Körpersprache. Sie registrieren bewusst oder unbewusst die zahlreichen kleinen Zeichen des anderen und stimmen Ihre Gesprächsführung instinktiv darauf ab. Dabei wird häufig so vorgegangen, dass ein Thema, bei dem alles stimmig ist, schnell abgearbeitet wird. Wenn die Körpersprache zum Inhalt passt, wirkt der Bewerber kongruent. Doch sobald etwas nicht kongruent wirkt, bohrt der Fragesteller nach und deckt so unter Umständen entscheidende Defizite beim Bewerber auf. Diese Technik der intuitiven Gesprächsführung beherrschen wir letztendlich alle. Doch die meisten Menschen nutzen sie zu wenig, weil wir oft verlernt haben, unserer Intuition zu vertrauen. Wenn wir bewusst auf die Körpersprache achten, können wir das wieder erlernen.

Können wir Lügner erkennen?

Wir sind im Verlauf dieses Buches bereits häufiger auf das Thema Lügen und Körpersprache eingegangen und möchten an dieser Stelle das Thema Lügen und Täuschen ausführlicher beleuchten. Hierbei stützen wir uns auch auf einen Ansatz, den Joe Navarro in seinem Buch „Menschen lesen" entwickelte und den wir für unsere Zwecke modifiziert haben.

Zuallererst: Es gibt bis heute kein sicheres körpersprachliches Zeichen, ob jemand lügt oder Sie täuscht. Wer sich an die Nase fasst, kann ein Lügner sein oder damit einfach nur seine Nervosität ausdrücken. Gleiches gilt für alle anderen Zeichen, die sich in verschiedenen Körpersprachebüchern befinden.

Täuschen und Lügen ist zudem ein fester Bestandteil unserer Kommunikation. Bereits in jungen Jahren lernen wir zu lügen und uns zu verstellen und sind darin meist richtig geübt. Das beginnt, wenn ein ungeliebter Besucher zu Gast ist und den Kindern gesagt wird: „Jetzt seid mal schön lieb und nett." Kinder lernen zudem von ihrem Eltern und anderen Erwachsenen schnell, wie das Leben mit kleinen und großen Lügen bestritten wird. Viele von den tagtäglichen kleinen Täuschungsmanövern sind uns Erwachsenen dabei überhaupt nicht bewusst. Auf die Frage „Geht es Ihnen gut?" antworten wir meist spontan „Natürlich, ausgezeichnet", selbst wenn wir gerade krank, frustriert oder demotiviert sind. Doch wir tragen unsere Maske und lassen uns nichts anmerken. Daher ist es für viele von uns auch nicht besonders schwer, größere Lügen oder Täuschungsmanöver durchzuziehen und uns gekonnt zu verstellen.

Doch natürlich stellt ein aufmerksamer Beobachter fest, dass es Ihnen beispielsweise nicht gut geht, auch wenn Sie gerade das Gegenteil behaupten. Denn er sieht vielleicht an Ihrem Gesichtsausdruck, an Ihrer Haltung oder er hört an Ihrem Tonfall, dass etwas nicht stimmt. Auch Menschen in Ihrem Umfeld, die Sie gut kennen, werden sich nicht so leicht täuschen lassen, wenn Sie ein belastendes Thema zu überspielen versuchen. Das zeigt, dass Lügen und Täuschen doch nicht so einfach ist, wie wir es vielleicht gerne hätten.

Sie können aus der genauen Beobachtung der Körpersprache auch bei einem unbekannten Menschen schließen, dass mit diesem Menschen vor Ihnen etwas nicht stimmt und dass seine inhaltliche Aussage nicht mit seiner Körpersprache übereinstimmt. Aus dem Zusammenhang heraus haben Sie nun die Möglichkeit, mit gezielten Fragen oder einem anderen taktischen Vorgehen herauszufinden, was wirklich dahintersteckt. Hierfür werden wir Ihnen nachfolgend einige nützliche Hinweise geben.

Doch seien Sie bitte vorsichtig dabei, jemanden als Lügner zu bezeichnen. Es gibt auch viele andere Gründe, dass Menschen Zeichen zeigen, die auch beim Lügen auftreten. Daher sind stets der Kontext und die übrigen Informationen wichtig.

Was passiert beim Lügen?

Um zu verstehen, wie sich die Körpersprache beim Lügen verändert, wollen wir kurz schildern, was beim Lügen passiert. Wie wir weiter vorne bereits gesehen haben, können wir nur lügen, weil wir über Sprache und ein Gehirn verfügen, das konstruieren kann. Tiere können aus diesem Grund nicht lügen. Sie sind stets ehrlich zu Ihnen. Bei kleinen Kindern ist es dasselbe, doch sie lernen es (leider) recht schnell. Beim Lügner laufen drei wesentliche Prozesse ab, die sich vom normalen Gespräch unterscheiden:

- Wenn wir lügen, müssen wir etwas konstruieren. Wir sind damit nicht mehr in unserer normalen Denk- und Sprechenergie, sondern müssen uns stark konzentrieren. Diese Konzentration verändert unsere Körpersprache sichtbar.
- Zudem befinden wir uns beim Lügen in einem inneren Dialog. Wir reden nicht mehr nur mit dem Gesprächspartner, sondern auch mit uns selbst und diskutieren dabei vor allem, was wir sagen wollen und wie weit wir täuschen und lügen. Dieser innere Dialog ist von außen sichtbar.

- Wenn wir lügen, verstoßen wir gegen unsere inneren moralischen Werte und Vorstellungen. Zudem bekommen wir Angst, dass wir ertappt werden und mit negativen Konsequenzen rechnen müssen. Dies erzeugt Spannung in uns, die wir mit bestimmten Gesten wieder abbauen wollen. Beides, die Spannung sowie die Beruhigungs- und Spannungsabbaugesten, können wir von außen sehen.

Zusammenfassend unterscheiden sich Lügner und Täuscher von Menschen in einer normalen Gesprächssituation dadurch, dass ihr Gehirn unter Hochdruck arbeitet und dabei verschiedene Prozesse simultan ablaufen, während ein Mensch, der die Wahrheit sagt, vor allem mit eindimensionalen Prozessen zu tun hat. In einem Verkaufsgespräch oder einer anstrengenden Verhandlung kann es jedoch ebenfalls zu komplexen Denkleistungen und abweichender Körpersprache kommen.

Wie Sie Lügner und Täuscher dennoch entlarven können

Nachfolgend geben wir Ihnen mit einem Ablaufplan Punkte an die Hand, mit deren Hilfe Sie herausfinden können, ob Ihr Gegenüber lügt oder nicht. Wie wir oben bereits erwähnt haben, erhalten Sie damit ausschließlich Indizien. Doch in Verbindung mit anderen Fakten und Ihren gezielten Fragen können Sie den einen oder anderen Lügner dabei wirklich entlarven. Diese Tipps können Sie natürlich auch für jede andere Art Gespräch verwenden, bei dem es darum geht, aus dem Einsatz von Körpersprache Hinweise auf Ihre Taktik in der Gesprächsführung zu gewinnen, zum Beispiel in einem Kundengespräch.

Bauen Sie eine vertrauensvolle Atmosphäre auf. Wenn Sie einen Menschen wirklich kennenlernen und seine Gedanken verstehen wollen, ist es wichtig, dass Sie ihn zu Beginn in einer völlig entspannten Stimmung erleben. Denn nur so wird Ihnen der Unterschied zwischen normaler Körpersprache und Stressverhalten auch wirklich auffallen.

Sobald Sie nämlich ein Gespräch mit großem Druck beginnen, Ihr Gegenüber sofort der Lüge bezichtigen oder eine Drohkulisse aufbauen, wird Ihr Gesprächspartner sofort eine Verteidigungshaltung einnehmen. Er wird misstrauisch und verändert auch dadurch seine Körpersprache. Somit können Sie nicht mehr erkennen, was die Ursache der Veränderung ist und diese einem konkreten Sachverhalt zuordnen.

Es ist daher besser, das Gespräch offen zu beginnen und erst einmal mit Small Talk warm zu werden. Anschließend können Sie das Thema mit harmlosen Fragen eingrenzen und sich allmählich bis zum Kern vorarbeiten. Wenn Sie jetzt den verdächtigen Mitarbeiter oder Bewerber unvermittelt mit Ihrer Vermutung der Falschaussage konfrontieren, werden Sie anhand der Reaktion sehr deutlich feststellen können, wie groß der Stresslevel auf einmal wird. Nehmen Sie beim Aufbau des Gesprächs auch selbst eine neutrale oder gar entspannte Haltung ein, weil Sie damit zusätzlich Ruhe und Vertrauen signalisieren. Natürlich wird auch ein falsch verdächtigter Mensch in Stress geraten, wenn Sie ihn der Lüge bezichtigen. Dennoch wird er sich anders verhalten als ein echter Lügner und vor allem nach Entkräften des Vorwurfs meist wieder in eine entspannte Position zurückkehren.

Schaffen Sie einen freien Blick auf den Gesprächspartner. Wie wir bereits weiter oben erwähnt haben, spielt sich der interessante Teil der Körpersprache vor allem im unteren Teil des Körpers ab. Während das Gesicht in einer bedrohlichen Situation noch immer nett lächeln kann, werden die Beine und vor allem die Füße bereits reagieren und sich unauffällig zum Ausgang hin orientieren, damit der Betroffene schnell fliehen kann. Auch an den Armen und am Oberkörper erkennen Sie meist viel mehr als am Gesicht. Wenn Sie sich jetzt jedoch hinter einem breiten Schreibtisch verschanzen und Ihrem Gegenüber den Platz davor anbieten, sodass Sie maximal dessen oberes Körperdrittel erkennen können, verschenken Sie viele Beobachtungsmöglichkeiten.

Daher sollten Sie für wichtige Gespräche ein offenes Setting verwenden. Optimal wäre, wenn Ihr Gegenüber in einem Stuhl oder Sessel sitzt und von Ihnen durch nichts getrennt ist, zum Beispiel in einer Sitzecke, in der Sie im rechten Winkel zueinander sitzen. Wenn noch ein (runder) Tisch dazwischen ist, können Sie meist auch noch einiges erkennen. Eine solche Anordnung hat zudem den Vorteil, dass sie sehr vertrauensvoll wirkt und sich ein Gespräch sehr entspannt beginnen lässt. Sie sollten daher auch andere wichtige Gespräche besser an einem runden Tisch oder in einer Sitzecke durchführen und nicht an einem Konferenztisch oder gar an Ihrem Schreibtisch.

Am besten erkennen Sie natürlich die Körpersprache, wenn Sie und Ihr Gegenüber stehen, zum Beispiel an einem Stehtisch oder frei im Raum. Doch dieses Setting ist für wichtige Gespräche eher unüblich. Auf Empfängen, Feierlichkeiten oder ähnlichen Anlässen ergibt sich jedoch immer wieder die Möglichkeit, Menschen auch im Stehen zu erleben. Achten Sie bei solchen Anlässen vor allem auch auf die unteren Körperpartien.

Sorgen Sie anfangs für Entspannung. Normalerweise spüren Sie, wenn sich jemand in Ihrer Gegenwart wohlfühlt. Menschen, die sich entspannen, verringern beispielsweise die Distanz zu Ihnen. Oder Sie berühren sich. Das kommt vor allem im Bekanntenkreis vor, da wir mit Menschen, die wir gut kennen, stets kleine Berührungen austauschen. Wenn Ihnen jemand am Tisch gegenübersitzt, wird er vielleicht unbewusst Dinge aus dem Weg räumen, die sich zwischen Ihnen befinden. Damit schafft er einen freien Zugang zu Ihnen.

Außerdem zeigt jemand, dem es in Ihrer Nähe gut geht, offene Gesten. Er wird Sie mit seinen Gesten meist mit einschließen, Ihnen die offene Vorderseite des Körpers zuwenden und vor allem runde und harmonische Gesten machen.

Ein weiteres Merkmal für ein gutes Verhältnis zwischen Ihnen beiden ist das Spiegeln der gegenseitigen Haltung, das wir weiter oben unter dem Stichwort „Pacing" geschildert haben. Ein Pacing der Körperhaltung findet wirklich nur statt, wenn Sie in Harmonie zueinander sind. Bei Spannung, Stress oder einem Konflikt wird der andere (oder Sie selbst) sofort in eine asymmetrische Körperhaltung gehen.

Sobald Sie die Entspannungszeichen des anderen kennen und im Gespräch feststellen, wissen Sie, dass sich das Gespräch in einem harmonischen Zustand befindet. Insbesondere der gespiegelte Zustand, also ein erfolgtes Pacing, ist hierfür sehr aufschlussreich. Solange dieser Zustand anhält, ist es sehr unwahrscheinlich, dass der andere Sie gerade täuscht oder anlügt. Doch auch hier gilt natürlich, dass es keine Regel ohne Ausnahme gibt. Die Körpersprache vermittelt lediglich Indizien und keine absoluten Aussagen oder Beweise.

Am Anfang eines Gesprächs ist Ihr Gesprächspartner häufig noch nervös. Doch in der Regel sollten sich nach einiger Zeit Entspannungszeichen einstellen. Falls nicht, sollten Sie auch dafür den Grund herausfinden. Das können Sie mit einfachem Nachfragen erreichen. Manche Gesprächspartner zum Beispiel in einem Bewerbungsgespräch sind froh, wenn das Thema angesprochen wird, weil sie durch Ihr Verständnis einen Weg finden können, sich wirklich auf das Gespräch einzulassen und ruhig zu werden.

Achten Sie im weiteren Verlauf auf Zeichen von Unruhe. Führen Sie nun ganz normal Ihr Gespräch. Bauen Sie es auf und legen Sie nach und nach Ihre kritischen Punkte auf den Tisch oder sprechen Sie schwierige Themen an. Achten Sie dabei auf Zeichen von Unruhe. Denn wenn sich der gepacte Zustand plötzlich verändert, ist irgendetwas vorgefallen. Der andere hat seine entspannte Haltung verändert und spannt sich innerlich an. Nun sollten auch Sie Ihre Aufmerksamkeit erhöhen und versuchen, den Grund dafür herauszufinden.

Zeichen für Unruhe gibt es viele. Unser limbisches System sorgt dafür, dass in einer Situation, in der wir uns unbehaglich fühlen, auch körperliche Symptome auftreten. Unser Herz schlägt schneller, wir schwitzen stärker und atmen schneller. Manchmal stellen sich auch unsere Haare auf. Zudem reagiert der Körper unbewusst auf die Situation, indem er die vermeintliche Gefahr zum Beispiel abwehren will. Wir wollen uns zum Bespiel bewegen, um eine Flucht vorzubereiten. Von außen betrachtet wirken wir dann unruhig. Im Sitzen äußert sich das durch Hin- und Herbewegen des Oberkörpers, Wippen auf dem Stuhl, Fuchteln der Arme und ständiges Verändern der Beinhaltung. Im Stehen drehen wir uns hin und her und richten uns unbewusst zur nächsten Fluchtgelegenheit aus, meist zur Tür.

Natürlich hat jemand, der sich so verhält, dabei nicht automatisch die Absicht, zu täuschen. Es kann auch sein, dass derjenige einfach nach Hause will, gerade an einen vergessenen Termin denkt oder an ein anderes dringendes Ereignis denkt. Doch aus Höflichkeit will er das Gespräch nicht unterbrechen und zeigt daher deutliche Zeichen von Unruhe.

Wenn Sie daher in einem Gespräch Anzeichen von Unruhe bei Ihrem Gesprächspartner entdecken und Täuschen oder Lügen als Ursache ausschließen können, sollten Sie nach der Ursache fragen und versuchen, das Problem irgendwie zu lösen. Denn jemand, der auf diese Weise abgelenkt ist, wird sich kaum auf ein ernsthaftes Gespräch mit Ihnen konzentrieren können.

Wenn Menschen anfangen, Teile ihres Kopfes zu massieren oder anzufassen, sind das häufig ebenfalls Zeichen innerer Unruhe. Wenn jemand die Schläfen massiert, die Nase knetet oder den Nacken reibt, reagiert er damit seine Spannung ab. Man nennt solche Gesten auch „Beruhigungsgesten". Solche Übersprungshandlungen können auch darin bestehen, dass jemand beginnt, Staub aus seiner Kleidung zu klopfen oder sich auffällig penibel mit Dingen auf seinem Schreibtisch oder mit seinem Handy zu beschäftigen. Letzteres kann allerdings auch Ausdruck von Langweile sein.

Manchmal fühlen wir uns auch in der Gegenwart bestimmter Menschen unwohl. Das kann ein Vorgesetzter sein, den wir nicht mögen, ein Kollege, mit dem wir Streit haben, oder ein Kunde, den wir innerlich ablehnen. Auch hier findet immer eine Äußerung über die Körpersprache statt. Es kann sein, dass wir diesen Menschen unbewusst nicht berühren möchten oder eine große Distanz zu ihm wahren. Dies führt dann zu dem schon beschriebenen Händedruck mit vollständig ausgestrecktem Arm oder mit der hohlen Hand. Mit der hohlen Hand verringern wir die Fläche, mit der wir den anderen berühren, auf ein Minimum. Wenn sich der andere uns nährt, weichen wir aktiv zurück und halten den anderen manchmal sogar mit dem vorgehaltenem Arm auf Distanz oder drehen uns zur Seite.

Sollte Ihnen das in einem Gespräch passieren, dann akzeptieren Sie die Distanz. Wenn Sie dem anderen dennoch näher rücken, erhöhen Sie nur dessen Abwehr. Um die Beziehungsebene wieder aufzubauen, müssen Sie behutsamer vorgehen und vor allem das eigentliche Problem identifizieren und ausräumen. Manchmal klappt das auch nicht, weil sich – zum Glück passiert das nur selten – Menschen auf Anhieb unsympathisch sind.

Doch wir vermeiden Berührungen auch, wenn wir lügen oder jemanden täuschen. In diesem Moment verspüren wir kein besonderes Bedürfnis, unserem Gegenüber nahe zu sein. Wenn Sie also in einem Gespräch das Gefühl haben, dass der andere Ihnen ausweicht, sollten Sie genau prüfen, warum das so ist.

Ein weiteres Indiz ist die Stimme. Zittert sie oder verliert sie ihre Festigkeit, ist der Betroffene in diesem Moment sehr angespannt und beginnt, die Kontrolle über sich zu verlieren. Auch vermehrtes Räuspern kann darauf hinweisen, dass der andere unter Druck steht und Schwierigkeiten hat, sich normal zu äußern.

Somit gibt es eine weiter Spanne von körpersprachlichen Zeichen, die auf Unbehagen und Unruhe hinweisen. Sie sollten immer darauf achten, wann diese Zeichen genau auftreten. Sind Sie bereits am Anfang des Gesprächs vorhanden und legen sich dann? Treten sie im

Verlauf des Gesprächs auf und bleiben dann bis zum Ende? Oder treten Sie nur in bestimmten Phasen oder bei bestimmten Themen auf und verschwinden dann wieder? All das sind Indizien, die Sie dann wie ein Detektiv mit anderen Fakten kombinieren können, um letztendlich herauszufinden, ob der andere Sie täuschen will oder einfach nur vergessen hat, seinen Toaster zu Hause auszuschalten.

Suchen Sie nach Gesten zur Beruhigung. Wenn wir innerlich unter Stress geraten, versucht unser limbisches System, uns wieder zu beruhigen. Diese Beruhigungsgesten können Sie im Gespräch gut erkennen. Sie stellen ein weiteres Indiz dafür dar, dass Ihr Gesprächspartner unter Druck steht und Sie gerade täuschen oder belügen könnte.

Daher sollten Sie neben Stresssymptomen auch nach Beruhigungsgesten Ausschau halten. Davon gibt es viele. Beispiele sind:

- Menschen richten ihre Kleidung, zupfen ihre Krawatte zurecht oder nesteln an ihrem Ärmel herum. Damit versuchen sie unbewusst, Ordnung in ihr inneres System zu bringen.
- Menschen reiben sich die Nase oder den Nacken. Damit senden sie Impulse an ihr limbisches System, um dieses davon zu überzeugen, dass die Gefahr vorüber ist.
- Menschen streichen sich über die Arme oder Oberschenkel. Auch damit beruhigen sie sich unbewusst wieder. Das Gleiche würden wir auch mit einem Kind machen, das zum Beispiel gestürzt ist.

Steuern Sie das Gespräch. Wenn Sie die Aussagen eines Mitarbeiters oder Bewerbers auf ihren Wahrheitsgehalt hin bewerten möchten, sollten Sie den Gesprächsfaden in der Hand behalten und das Gespräch steuern. Wenn Sie Ihrem Gesprächspartner viel Raum geben, wird Ihnen dieser seine Version der Wahrheit erzählen. Sie haben dann viel weniger Möglichkeiten, die Körpersprache im Kontext zu bewerten, weil sich Ihr Gegenüber mit seiner Geschichte „einrichten" wird. Selbst wenn alles konstruiert ist, wird er bei einer einheitlichen Körpersprache bleiben.

Wenn Sie hingegen selbst das Gespräch mit Fragen steuern und Ihr Gegenüber immer wieder mit neuen oder unerwarteten Wendungen überraschen, dann erleben Sie vielleicht auch überraschende Abweichungen in der Körpersprache. Daraus können Sie dann Ihre Schlüsse ziehen. Allerdings sollten Sie vermeiden, den Gesprächspartner allzu sehr unter Druck zu setzen. Fragen Sie lieber im ruhigen Ton, wechseln Sie immer wieder das Thema, kommen Sie auf unglaubwürdige Punkte zurück und beobachten Sie dann die Körpersprache. Denn nur wenn sich Ihr Gesprächspartner einigermaßen sicher fühlt, wird er zwischen entspannter und angespannter Körpersprache sowie Beruhigungsgesten abwechseln. Sobald er sich jedoch in die Enge getrieben fühlt, wird er unter Daueranspannung stehen, und Sie werden kaum noch etwas erkennen.

Der Verhörspezialist

Manchmal lernt man ja auch als Trainer dazu. Einmal hatten wir einen Verhörspezialisten der Kripo bei uns im Seminar, der uns von seiner Methode erzählte, wie er Lügner ertappt. Diese bestand darin, den Verdächtigen zunächst einfache Fragen zu stellen. Anfangs sollten diese Fragen unverfänglich sein und möglichst noch wahrheitsgemäß beantwortet werden können. Unser Teilnehmer prägte sich dabei die durchschnittliche Zeit bis zur Antwort ein. Die Fragen lauteten beispielsweise: „Haben Sie ein Auto?" und „Welche Farbe hat dieses Auto?". Der Verhörspezialist erläuterte, dass jeder Mensch dabei einen individuellen Frage-Antwort-Rhythmus habe und harmlose Fragen beispielsweise jeweils nach zwei Sekunden beantworte.

Nach einigen Fragen kam er auf das Delikt zu sprechen und grenzte dieses mit Fragen ein, zum Beispiel: „Wo waren Sie zur Tatzeit?" Wenn der Verdächtige etwas zu verbergen hatte, so verlängerte sich jetzt die Zeit bis zur Antwort beispielsweise auf das Doppelte, weil der Verdächtige etwas konstruieren musste. Wenn dann mehrere kritische Fragen auf diese Weise beantwortet wurden, verdichtete sich der Verdacht. Natürlich sei das noch kein Beweis für den Täter, meinte auch der Kripo-Beamte, doch bei mehreren solcher offenkundiger Lügen sei es anschließend meist ein Leichtes, den Druck auf den Täter so zu erhöhen, dass er recht schnell alles zugibt.

In diesem Zusammenhang wollen wir im Übrigen noch vor einem verbreiteten Irrtum warnen: Menschen, die lügen, sind nicht zwangsläufig wortkarg. Ganz im Gegenteil neigen manche Lügner dazu, blumige und ausführliche Geschichten mit wahren Anteilen zu erfinden, um darin die Lüge zu verstecken. Offensichtlich wissen oder spüren sie, dass redselige Menschen weniger als Lügner verdächtig werden als wortkarge, die nur ein paar Worte herausbringen. In solchen Fällen müssen Sie sehr aufpassen, dass Sie das Heft in der Hand behalten und Ihr Gegenüber noch steuern.

Sobald Sie sich im Übrigen sicher sind, dass etwas an der Geschichte Ihres Gesprächspartners nicht stimmt, und Sie die Sachen klären wollen, sollten Sie Druck aufbauen. Denn jetzt brauchen Sie keine weiteren Indizien mehr, sondern müssen den anderen dazu bringen, die Wahrheit zu sagen. Das sollten Sie auch körpersprachlich unterstützen, indem Sie sich aufrichten, nach vorne beugen, den Kopf leicht nach vorne recken und vor allem Ihren Blick einsetzen, um den anderen zu fixieren. Auch Ihre Stimme sollte jetzt tief und souverän klingen. Dazu dürfen Sie nicht aufgeregt sein, sondern sollten die Situation im Griff haben. Dann bekommen Sie den anderen vielleicht dazu, dass er einlenkt.

Beobachten Sie auch jetzt die Körpersprache. Wenn jemand mit der Wahrheit herausrückt, sollte er sich entspannen. Zwar kann noch Unbehagen oder auch Scham zu spüren sein, doch die Ablehnung sollte verschwinden. Wenn sich Ihr Gegenüber hingegen hinter seinen verschränkten Armen verschanzt, sich nach hinten lehnt bzw. sich in den Stuhl drückt und so weit wie möglich von Ihnen entfernt, lügt er wahrscheinlich weiter. Oder er fühlt sich von Ihnen zu Unrecht verdächtigt und sucht die Distanz. Auch diese Möglichkeit sollten Sie natürlich immer mit einbeziehen.

Achten Sie auf den Blick. Weiter vorne sind wir ja bereits auf das Thema Blick eingegangen. Wenn Sie einen Lügner überführen möchten, spielt der Blick eine besondere Rolle. Zum Ersten sollten Sie in besonderer Weise auf die Augenwinkel achten, die wir Ihnen oben geschildert haben. Wenn jemand beispielsweise eindeutig konstruiert, während er sich jedoch erinnern müsste, ist etwas faul. Wer nicht in der Erinnerungsecke ist, wenn er nach Einzelheiten aus seinem früheren Job berichtet, erinnert sich nicht. Somit hat er die Episoden, die er erzählt, entweder nicht erlebt. Oder er legt seine Worte so sehr auf die Goldwaage, dass er jede Aussage nochmals auf ihre Tauglichkeit hin überprüft. Doch auch ein solches Verhalten ist nicht normal.

Seien Sie jedoch vorsichtig! Wer mal kurz konstruiert und sich sonst erinnert, wenn er von seinen letzten Kundenbesuchen erzählt, ist kein Lügner. Nur wer ständig in der falschen Ecke ist, macht sich verdächtig. Seien Sie auch sicher, dass Sie die richtigen Ecken für Erinnern und Konstruieren herausgefunden haben.

Die nächste Auffälligkeit besteht, wenn sich jemand zu oft im „inneren Dialog" aufhält und schräg nach unten schaut. Wenn Sie einen Kandidaten vor sich haben, dessen Blick ständig gedankenverloren auf der Tischplatte verweilt, sollten Sie das unbedingt abklären. Häufig findet sich dieser Blick bei Menschen, die zum Grübeln neigen. Oder derjenige diskutiert mit sich, was er Ihnen sagen soll und was nicht. Egal was der Grund ist, ohne Klärung sollten Sie diesen Menschen mit Vorsicht behandeln. Denn wenn er zum Beispiel ein

Bewerber ist, wird er vielleicht später mit diesem Verhalten Mitarbeiter und Kunden irritieren.

Um den Blick des anderen zu beurteilen, sollten Sie daher selbst den Blickkontakt suchen. Wenn Ihnen jemand klar und offen in die Augen schaut, höchstens kurz nach rechts und links oben wandert und sich seine Körpersprache im Einklang mit seinen Aussagen befindet, stimmt mit diesem Menschen und ihrer gemeinsamen Beziehung wohl alles. Doch sobald jemand Ihrem Blick mehrfach ausweicht, Ihrem Blick also nicht standhalten kann, sollten Sie diesem Menschen ausführlicher auf den Zahn fühlen.

Neben den oben genannten Ursachen für das Ausweichen des Blicks kann es sein, dass der Betreffende Ihrem Blick nicht standhält, weil er Ihren Blick nicht erträgt. Hierfür gibt es verschiedene Ursachen: Möglich wäre, dass Sie einen stechenden oder sehr dominanten Blick haben, dem der andere – vielleicht ein eher zurückhaltender Mensch – einfach nicht gewachsen ist, weil ihm die Kraft dafür fehlt. Vielleicht kennen Sie noch das alte Spiel aus Kindertagen, als man sich so lange in die Augen blickte, bis einer wegschauen musste. Wir haben das oben bei den Boxern geschildert, die damit ihre Kraft messen oder den Zuschauern zeigen wollen, was für harte Kerle sie sind.

Seien Sie also sicher, dass Sie Ihr Gegenüber mit den Blicken nicht einfach wegdrängen. Allerdings sollten zwei Menschen mit normal entwickeltem Selbstbewusstsein, die nichts zu verbergen haben, in der Lage sein, sich in einem Bewerbungs- oder Kundengespräch in die Augen zu sehen.

Die zweite Ursache kann darin liegen, dass der andere wirklich etwas zu verbergen sucht und sich von Ihnen vielleicht ertappt fühlt. Er wendet dann „schuldbewusst" den Blick ab, wie man das ja auch redensartlich so sagt. Hier fürchtet er einfach Ihren Blick, weil er denkt, dass Sie tief in seine Seele schauen und dort die Wahrheit entdecken können. Zudem glaubt er, dass Sie seinem Blick entnehmen können, dass er vielleicht lügt. Viele Lügner haben nämlich eine riesige Angst davor, ertappt zu werden. Gerade bei Kindern können Sie dieses Wegschauen gut beobachten. Sie sind noch nicht so versiert im Lügen wie viele Erwachsene.

Passt die Körpersprache zum Inhalt? In der Regel begleiten wir unsere Aussagen mit passenden Gesten. Wenn also jemand etwas bejaht, wird er mit hoher Wahrscheinlichkeit auch mit dem Kopf nicken. Und wenn jemand etwas Großes beschreibt, wird er mit den

Armen dazu eine ausladende Bewegung machen. Diese Gesten steuert unser limbisches System nahezu automatisch und synchron zu unseren Worten. Dieses Verhalten ist ein Erbe aus der Zeit, als wir noch keine Sprache besaßen und uns nonverbal verständigten. Da diese Zeit aus Sicht der Evolution gesehen noch nicht so lange her ist, denkt unser Reptiliengehirn immer noch, dass wir diese Gesten benötigen.

Während Anke Grün ihre Worte jedoch immer mit ausgeprägten Gesten unterstreichen wird, ist Carsten Blau darin deutlich zurückhaltender. Denn er kann sich viel besser kontrollieren. Allerdings ist auch er nicht völlig frei von seinem Erbe, sondern zeigt ebenfalls eine Körpersprache, die zumindest für einen guten Beobachter gut erkennbar ist.

Wenn wir jedoch lügen, passiert ein Bruch. Die Lüge wird im Großhirn konstruiert und bewusst über die Sprache geäußert. Das limbische System kann dem nicht folgen, weil es nicht lügen kann. Es kann zwar auf bewusste Befehle aus dem Großhirn kurzzeitig reagieren wie „… jetzt schau entspannt und lächle, auch wenn du Herrn Maier nicht leiden kannst …", doch schon bei einem geringen Anstieg der Belastung oder weiteren neuen Eindrücken ist es damit überfordert und wird in seine angestammte Verhaltensweise zurückkehren. Es wird die Wahrheit sagen.

So kann es passieren, dass Sie eine Frage verneinen, Ihr Kopf aber nickt. Das ist dann ungünstig, weil das selbst ungeübte Beobachter bemerken. Oder Ihre Reaktionen erfolgen zeitversetzt, weil Sie sich dazu zwingen, gar nicht zu reagieren und sich das limbische System dann erst später äußern kann. Diese Bewegungen wirken dann nicht mehr synchron und eher gekünstelt.

Wenn Ihr Gegenüber eine unpassende Körpersprache zeigt, wird Ihnen das relativ schnell auffallen. Denn Ihr eigenes Freund-Feind-Erkennungssystem im Reptiliengehirn ist ständig damit beschäftigt, den Inhalt mit der Verpackung, in diesem Fall mit Mimik und Gestik abzugleichen. Ist beides stimmig, ist alles gut. Doch sobald es Missverhältnisse feststellt, werden Sie sofort alarmiert. Das nennen wir dann „Bauchgefühl" oder „Intuition". Viele Menschen überhören es einfach, weil wir ab der Schulzeit gelernt haben, nur auf die Inhalte zu achten. Doch wenn Sie diese Zeilen jetzt gelesen haben, wissen Sie, dass Ihr Bauchgefühl ein ganz wichtiges Gefühl ist, auf das Sie künftig besser hören sollten. Und wenn Sie dem Bauch nicht glauben, können Sie – das ist wieder die Inhaltsebene – das Verhalten Punkt

für Punkt abklären, bis Sie genau wissen, was Sie an Ihrem Gegenüber wirklich stört. Vielleicht ist es das Nicken an der falschen Stelle,
eine stets verzögerte Gestik oder einfach ein aufgesetztes und künstlich wirkendes Lachen.

Gerade beim Lügen besitzen wir eine sehr feine Intuition, weil früher
unser Leben davon abhing. Wir spüren sofort, wenn etwas am Auftritt des Gesprächspartners nicht stimmt. Doch wir müssen häufig
erst lernen, unserer Intuition wieder zu vertrauen. Das kann auf dem
Weg der Analyse funktionieren, den wir oben beschrieben haben.
Mittelfristig können Sie die Intuition jedoch auch wieder stärker in
Ihr eigenes Verhalten integrieren, weil Sie von ihr bessere Ergebnisse
erhalten als durch jede noch so ausführliche bewusste Deutung der
Körpersprache.

Fallstudie 5: Die Präsentation

Am Nachmittag steht noch eine Präsentation vor einer wichtigen
Besuchergruppe an. Anke Grün und Michael Rot werden sprechen
und einige Aspekte ihrer neuen Strategie vorstellen. Anke Grün ist
schon einigermaßen aufgeregt, während Michael Rot noch nicht einmal an die Präsentation denkt.

Um 15 Uhr ist es so weit. Die Besucher sitzen in der Aula, vorne ist
ein kleines Podium aufgebaut. Ein Rednerpult ist nicht vorhanden.
Michael Rot steht noch am Rand und unterhält sich mit einem der
Besucher. Als er merkt, dass sein Auftritt dran ist, springt er auf die
Bühne und geht mit dynamischen Schritten nach vorne. Dort stellt er
sich genau in der Mitte auf. Er steht sicher und fest, lässt seine Blick
kurz über den Raum schweifen, begrüßt noch mit einem Kopfnicken
und selbstbewusstem Lächeln einen der Besucher, der links außen
sitzt, und startet dann mit fester und sicher Stimme seine Ansprache.
Seine Hände begleiten seine Worte mit ausgreifenden und kräftigen
Gesten. Diese wirken manchmal etwas hart und ruckartig. Am Anfang steht er relativ ruhig in der Mitte, doch bald fängt er an, auf und
ab zu laufen. Insgesamt stört es jedoch niemanden, weil Rot die
Zuhörer mit seinen Worten relativ schnell fesselt. Dabei schaut er
seine Zuhörer die ganze Zeit über an und bindet sie auch zusätzlich
mit seinem Blick an sich. Etwa in der Mitte spricht er über seine
Mitarbeiter, seine linke Hand wandert dabei in seine Hosentasche

und verweilt dort für eine halbe Minute. Erst als er auf den Ausblick für das nächste Jahr kommt, nimmt er sie wieder heraus. Nach genau zwölf Minuten ist er fertig und überlässt Anke Grün das Feld.

Abb. 49: So wie auf diesem Foto können Sie zu Beginn einer Präsentation stehen. Das wirkt entspannt und sicher. Aus der Grundhaltung mit zusammengelegten Händen heraus können Sie nun Ihre Hände bewegen und Ihre Worte damit unterstreichen. Auch der Stand passt. Er sollte etwa schulterbreit sein, wobei die Knie leicht federnd und nicht durchgedrückt sind.

Diese wirkt zu Beginn etwas unsicher und stellt sich etwa zwei Meter vom Bühnenrand entfernt ebenfalls in die Mitte der Bühne. Mit etwas unsicherem Lächeln fixiert sie die Zuschauer. Doch als sie startet, wird ihre Stimme schnell kräftig und gewinnt an Festigkeit. Jetzt geht sie auch näher an die Zuhörer heran. Ihre Gesten werden deutlicher, auch sie begleitet ihre Worte mit ihren Händen, wobei ihre Gesten deutlich harmonischer und runder wirken als die von Michael Rot. Sie steht relativ fest auf beiden Beinen und wechselt dann zur Flipchart, die seitlich steht, um dort einige Details zu erläutern. Anschließend kehrt sie wieder zu ihrem Platz in der Mitte zurück. Auch ihr Blick ist ins Publikum gerichtet und sie wechselt häufig die Blickrichtung, vergisst jedoch die Ecke vorne links. Sie spricht ungefähr 20 Minuten. Dann bittet sie den nächsten Redner auf die Bühne und tritt ab.

Jetzt wird es kritisch. Carsten Blau soll noch ein paar Zahlen zur Statistik erläutern. Er hat seine fünf Minuten schon seit zwei Wochen vorbereitet und immer wieder geübt. Dennoch ist er hochgradig nervös, Schweißperlen stehen auf seiner Stirn. Unsicher betritt er die Bühne, fixiert sofort den Laptop und steuert darauf zu, um das erste Chart auf die Leinwand zu zaubern. Es ist übervoll mit Zahlen. Carsten Blau schaut kurz ins Publikum, will etwas sagen, stockt, doch im zweiten Anlauf gelingt es. Seine Körperhaltung ist eingefallen, sein Stand unsicher, er schaut nur auf seinen Chef, Michael Rot, der in der ersten Reihe sitzt. Sobald er ein paar Begrüßungsworte zu Ende gemurmelt hat, wendet er sich sofort der Leinwand zu. Dort erläutert er ein paar zentrale Effekte, die ihm in den letzten Monaten aufgefallen sind. Als er so spricht, könnte man fast meinen, er habe die Zuschauer vergessen. Die Zahlen vor Augen, wird er zunehmend sicherer. Schnell ist sein Auftritt vorbei. Erleichtert huscht er von der Bühne.

Kommt Ihnen das bekannt vor? Erkennen Sie sich selbst im einen oder anderen wieder? Wir hoffen mal, dass Sie sich nicht nur in Carsten Blau wiedererkennen. Präsentieren ist für viele Menschen immer noch eine große Herausforderung. Dabei sind gerade bei einem Auftritt vor Menschen innere Sicherheit, eine gute Ausstrahlung und souveräne Körpersprache so wichtig, wenn man seine Zuhörer auch überzeugen will. Wie Sie Ihre Körpersprache bewusst trainieren können, um damit auch gegen Lampenfieber anzugehen, sagen wir Ihnen im nächsten Kapitel. Hier möchten wir Ihnen Tipps geben, was sie alles beachten sollten, wenn Sie vor Menschen stehen und sprechen. Vieles von dem haben wir weiter vorne im Buch bereits angesprochen, weil beim Präsentieren all das wichtig wird, was Sie auch beim ersten Eindruck an einem Menschen sehen können. Sie wirken immer. Das dürfen Sie nie vergessen.

Achten Sie beim Präsentieren auf die folgenden Punkte:

- **Stand:** Stehen Sie zumindest anfangs fest auf beiden Beinen, so wie wir das schon beschrieben haben. Im weiteren Verlauf der Präsentation können Sie auch wechseln oder das Stand- und das Spielbein bemühen.
- **Haltung:** Stehen Sie unbedingt aufrecht, drücken Sie die Schultern nach hinten und halten Sie den Kopf gerade.
- **Blick:** Ihr Blick sollte immer ins Publikum gerichtet sein. Wechseln Sie dort ab: Schauen Sie die Zuhörer entweder einzeln an oder (bei einem großen Zuhörerkreis) decken Sie den gesamten Raum mit Ihrem Blick ab. Nur so halten Sie Kontakt zum Publikum.
- **Mimik:** Lächeln Sie oft und versuchen Sie, insgesamt freundlich zu wirken. Nur so erreichen Sie auch das Herz Ihrer Zuschauer. Menschen mit guter Ausstrahlung wirken immer auch erfolgreicher.
- **Hände:** Ihre Hände sollten sich vor dem Körper und oberhalb der Gürtellinie befinden. Bewegen Sie sie dort möglichst natürlich, sodass sie Ihre Worte unterstreichen. Die Hände sollten niemals in den Taschen oder hinter dem Körper sein. Vermeiden Sie zudem, sich nervös an einem Stift oder Ihrem Skript festzuhalten. Verwenden Sie, wenn, nur Moderationskarten, die Sie locker in der Hand halten.

- **Gestik:** Setzen Sie bewusst auf eine aktive Gestik, wenn Sie bestimmte Passagen Ihrer Rede oder Präsentation unterstützen wollen. Ansonsten sollte die Gestik eher ruhig sein.
- **Standort:** Wechseln Sie zwischen verschiedenen Positionen hin und her. Vermeiden Sie jedoch, unruhig auf und ab zu laufen. Es gibt sogenannte Bühnenpositionen: In der Mitte ist der wichtigste Punkt. Wenn Sie von der Mitte noch einen Schritt auf Ihr Publikum zugehen, geben Sie in diesem Moment die wichtigsten Informationen. Wenn Sie sich ruhig bewegen, schläft Ihr Publikum auch nicht so schnell ein. Denn während die Augen Ihrer Zuhörer Ihnen folgen, wird vermehrt Tränenflüssigkeit gebildet und das Auge sozusagen gut geschmiert.

Wenn Sie einem Redner zuhören, kann es für Sie mitunter wichtig sein, die Körpersprache zu deuten, um den Wahrheitsgehalt oder die Absichten des Redners zu erkunden. Hierfür geben wir Ihnen nachfolgend noch einige Hinweise:

Achten Sie zuerst darauf, ob der Redner unsicher und nervös oder sicher wirkt. Nervosität weist oft darauf hin, dass er unsicher oder überfordert ist. In solchen Fällen können Sie meist nicht allzu viel aus der übrigen Körpersprache schließen, weil die nervösen Zeichen alles andere überdecken. Nervosität erkennen Sie an der unsicheren Sprache, einer hohen Stimmlage, einer nervösen Handhaltung, einem unsicheren Stand, starken Schwitzen, einem zu Boden oder auf das Skript gerichteten Blick und anderen Zeichen.

Abb. 50: Wer seine Hände in großen Gesten führt und weit nach oben hält, wirkt in der Regel überzeugend und sympathisch. So lassen sich Menschen gut mitreißen.

Wenn der Redner sicher erscheint, sollten Sie darauf achten, ob er kongruent wirkt. Stimmen seine Gesten und seine Körperhaltung mit dem Inhalt überein? Bei welchen Passagen weicht die Körpersprache vom Inhalt ab? Wenn er zum Beispiel jedes Mal, wenn er von „Zukunft" und „Vision" spricht, unsicher wird oder den Blick abwendet, glaubt dieser Redner nicht an die Zukunft, die er da gerade beschwört. Achten Sie hierbei vor allem auf Ihr eigenes Bauchgefühl. Sobald Sie den Eindruck haben, dass etwas nicht stimmt, sollten Sie Punkt für Punkt analysieren, warum dieses Gefühl so auftritt. Außerdem sollten Sie auf die Stimme des Redners achten. Diese verrät viel über seinen inneren Zustand.

Auch wenn ein Redner seine Hände in die Hosentaschen steckt, ist das höchst aufschlussreich. Menschen tun dies entweder, weil sie nervös sind. Das erkennen Sie daran, dass in diesem Fall die Hand ständig in die Tasche und wieder hinaus wandert. Oder sie tun es, weil – wie wir oben bereits gesagt haben – der Redner gefühlsmäßig nicht mit dem Inhalt seiner Rede übereinstimmt. Wenn also der Firmenchef verkündet, dass er leider zehn Prozent der Belegschaft entlassen muss und er mit seinen Mitarbeitern mitfühle, seine linke Hand zu diesem Zeitpunkt aber in der Tasche verschwindet, dann ist das nicht gut. Denn es drängt sich der Eindruck auf, dass ihm das Schicksal seiner Mitarbeiter in diesem Moment völlig egal ist. Auch mancher Politiker müsste sich dazu die eine oder andere Frage gefallen lassen, wenn er während seiner gesamten Rede eine Hand in der Tasche versenkt, während er über dramatische Fakten oder Szenarien doziert.

Die Hand in der Tasche

Altkanzler Gerhard Schröder hatte die Hand in der Jackentasche ja zu seinem Markenzeichen erhoben. Die Geste wirkte manchmal so, also ob er dem Rat eines Beraters gefolgt sei, der ihm diese Geste als Zeichen absoluter Lässigkeit empfohlen hat. Wenn dies so ist und dieser Berater zufällig dieses Buch liest, dann sagen wir ihm: Nein, diese Geste ist nicht lässig, zudem sollte ein Redner nicht lässig, sondern engagiert wirken, wenn er Menschen erreichen will. Gerhard Schröder, das muss man ihm zugute halten, konnte durchaus gut sprechen und hatte in emotionalen Phasen auch stets beide Hände offen am Rednerpult oder in der Luft. Geht also doch.

Auch wenn sich Menschen an einem Rednerpult so festklammern, dass die Handknöchel weiß hervortreten, stimmt etwas nicht. Entweder ist der Betreffende hochgradig nervös oder er steht aus anderen Gründen unter Druck.

Apropos Rednerpult: Das Rednerpult bietet eine hervorragende Möglichkeit, sich dahinter zu verstecken. Manche Menschen tun das auch. Manchmal sieht es sehr witzig aus, wenn eine eher kleine Person so hinter dem Rednerpult verschwindet, dass nur noch der Kopf dahinter hervorragt. Leider hat man als Redner nicht immer die Möglichkeit, dem Pult auszuweichen. Doch sorgen Sie dann wenigstens dafür, dass man möglichst viel von Ihrem Oberkörper und Ihren Händen sieht. Denn nur so erreichen Sie Ihr Publikum wirklich.

Wichtig ist auch, dass Sie hinter dem Rednerpult auf beiden Füßen stehen und dabei Ihr Gewicht gleichmäßig verteilen. Wenn Sie hier zwischen Standbein und Spielbein wechseln, dann wirken Sie hinter dem Rednerpult schief. Wenn Sie dann auch noch Ihre Stimme nicht voll einsetzen, glaubt das Publikum Ihnen wirklich gar nichts mehr.

Fallstudie 6: Körpersprache am Telefon

Körpersprache am Telefon, wie soll das denn gehen, werden Sie fragen. Der Gesprächspartner sieht doch nichts. Das ist richtig. Ihr Gesprächspartner sieht Sie nicht. Aber er hört aus Ihrer Stimme viel mehr heraus, als Ihnen bewusst ist. Er kann hören, ob Sie entspannt oder angespannt sind, ob Sie von Ihrem Produkt überzeugt sind oder nicht, oder ob Sie heute gut oder schlecht gelaunt sind. Er hört dies aus zahlreichen kleinen Nuancen heraus, die Ihre Stimme unbewusst verrät.

Sie werden das vielleicht kennen. Gestern beim Gespräch mit der besten Freundin hörten Sie förmlich ihren aktuellen Ärger über ihre pubertierende Tochter heraus. Oder Sie erinnern sich noch an das euphorische Telefonat mit Ihrem Kollegen, der gerade den großen Auftrag hereingeholt hatte. Sie konnten förmlich hören, wie sich seine Stimme vor Freude überschlug.

Doch wieso können Sie am Telefon hören, wie sich ein Mensch fühlt? Der Grund ist sehr einfach. Unsere Stimme und Modulation werden durch unsere Körperhaltung beeinflusst. Wenn wir uns schlecht fühlen, ziehen wir uns innerlich zusammen, so wie sich eine Schnecke in ihr Haus zurückzieht. Wir machen uns klein, lassen die Schultern nach vorne fallen und lassen dabei unsere Brust und unseren Bauch zusammensinken. Das behindert die freie Zirkulation der Atemluft und unsere Stimme klingt gepresst. Diesen Unterton kann ein Gesprächspartner sehr gut heraushören und daraus Rückschlüsse auf ihre Stimmung ziehen.

Ähnlich ist es, wenn wir aufgeregt sind. Wir atmen gepresst und verringern dadurch den Raum für die Stimme. Das führt dazu, dass unsere Stimme höher klingt als normal.

Natürlich hört man uns auch an, wenn wir glücklich, entspannt oder gut gelaunt sind. In diesem Fall ist unser Körper entspannt, der Brustraum ist frei und wir haben genug Luft zum Atmen. Das führt zu einer vollen und souveränen Stimme. Und genau die brauchen wir, wenn wir einen Kunden überzeugen oder eine Reklamation behandeln wollen.

Doch wie wirken Sie am Telefon glücklich, entspannt und gut gelaunt? Dazu gibt es ein paar gute Tricks.

- Lächeln Sie beim Telefonieren. Dieser Trick ist uralt und funktioniert immer. Setzen Sie ein breites Lächeln auf, wenn Sie zum Hörer greifen. Was passiert? Ihre Stimmung steigt automatisch an. Und das wirkt sich auf Ihre Körperhaltung, Ihre Atmung und Ihre Stimme aus. Wenn Sie das nicht glauben, dann lächeln Sie sich vor dem Spiegel an und versuchen Sie dabei, schlechte Laune zu bekommen. Merken Sie etwas? Es funktioniert nicht. Sie haben Ihre schlechte Laune gerade ausgetrickst.
- Achten Sie auf eine aufrechte Körperhaltung. Richten Sie sich auf, heben Sie den Kopf und drücken Sie die Schultern leicht nach hinten. Auch damit verbessern Sie Ihre Laune, Ihre Atmung und Ihre Stimme.
- Gönnen Sie sich beim Telefonieren Bewegung. Viele Menschen werden durch ein Telefon mit zu kurzer Schnur eingeengt und sind nur mit einem schnurlosen Telefon so richtig glücklich. Sie laufen dann oft bei wichtigen Gesprächen quer durchs ganze Büro. Denn nur wenn wir uns so bewegen können, wie wir es brauchen, können wir uns auch richtig ausdrücken.
- Achten Sie auf Ihre gute Laune. An schlechten Tagen, bei zu viel Stress oder in schlechten Momenten sollten Sie keine wichtigen Telefonate führen.
- Wenn Sie merken, dass Sie dauerhaft gestresst sind, empfehlen wir Ihnen ein gutes Ausgleichsprogramm zu Ihrem Job. Treiben Sie regelmäßig Sport, achten Sie auf Ihre Ernährung und schlafen Sie ausreichend. Nur mit einem solchen Ausgleich sind Sie fit für den Job und überzeugen Kunden wirklich.

5. So trainieren Sie Ihre Körpersprache

Wie Sie Ihre Körpersprache kontrollieren und verändern

Ist es uns überhaupt möglich, die Körpersprache zu trainieren und damit unseren Eindruck auf andere zu verändern? Wir haben ja beschrieben, dass die Körpersprache vor allem vom limbischen System gesteuert wird und dass der Einfluss unseres Willens auf Mimik oder Gestik sehr gering ist.

Ja, Sie können Ihre Körpersprache trainieren und damit Ihre Wirkung verbessern. Hierfür gibt es zwei grundlegende Wege. Dazu möchten wir noch einmal kurz darauf eingehen, wie eine bestimmte Körperhaltung entsteht. Stellen wir uns dazu wieder eine Bürosituation vor:

Eine typische rot-blaue Situation
Carsten Blau trifft vor dem Meeting im Gang unvermutet auf Herrn Löwe. Die beiden haben zuvor noch nie miteinander gesprochen. Herr Löwe geht forsch auf Carsten Blau zu, schüttelt ihm die Hand und will mit ihm Small Talk machen. Doch der Controller verfällt in eine Art Schockstarre. Er versteift sich, zieht die Schultern ein, nimmt den Kopf nach hinten, tritt einen Schritt zurück und verharrt so. Gequält murmelt er nur ein paar Worte.

Was ist passiert? Carsten Blau hat einen Impuls von außen erhalten. Dieser Impuls entstand aus dem Auftritt von Herrn Löwe bzw. aus dessen sichtbarer und in diesem Fall forscher Körpersprache. Dieser Impuls wurde bei Blau direkt ins limbische System weitergeleitet. Dort fand das System eine passende Schublade, in der eine Erfahrung mit einer ähnlichen Körpersprache abgespeichert war. Denn Herr Blau hatte vor etwa acht Jahren einen Chef, mit dem er sehr schlechte Erfahrungen gemacht hat. Dieser Mensch wollte ihn damals loswerden und mobbte ihn nachhaltig. Blau ist damals in die Defensive gegangen und sein limbisches System speicherte die dazu passende Körpersprache einfach mit ab. Pech für Löwe, dass der damalige Chef fast genau derselbe Typ wie Löwe war und sich auch noch so verhielt.

Blau ruft sein altes Verhaltensmuster auf und zeigt augenblicklich eine defensive Körpersprache. Die gleiche Körpersprache zeigt er auch, wenn er mal kurz vor ein paar Leuten etwas sagen muss, wenn er sich gegenüber jemandem durchsetzen soll oder wenn es um eine Reklamation geht. Denn das limbische System hat diese Körpersprache längst auf alle möglichen Angst machenden Situationen ausgedehnt. Immer wenn sich Blau bedroht fühlt – was sehr schnell passieren kann –, zeigt er die oben genannten Zeichen. Diese wiederum wirken auf das limbische System zurück und bestätigen es in seinem Tun. Es denkt: „Die Reaktion auf Löwe war wohl richtig, dann machen wir das in Zukunft lieber häufiger."

Wenn Blau jetzt nichts unternimmt, ist er in einem Teufelskreis gefangen. Seine Selbstsicherheit verschwindet und die Unsicherheit mit der damit verbundenen Körpersprache wird immer häufiger auftreten.

Die rote und die grüne Strategie

Ganz anders Michael Rot. Er soll am Nachmittag vor ein paar Besuchern eine kleine Ansprache gehalten. Genau sein Ding. Rot betritt den Raum und sieht den Platz vor der Gruppe, wo der sprechen soll. Das erinnert ihn an seine großen Erfolge als Vorsitzender im Verband, wo er auf großer Bühne im letzten Monat vor 400 Leuten sprach und viel Applaus erhielt. Sein limbisches System verarbeitet diesen Impuls und sucht sofort die passende Schublade heraus. Dort steht: „Auftritt, Bühne, viele Menschen, Applaus, ich fühle mich so richtig wohl." Außerdem stehen dort noch die Handlungsanweisung für Körpersprache „Kopf gerade, Schultern aufrecht, Körper straff, forscher Gang, selbstsicherer Blick in das Publikum". All das passiert in einer halben Sekunde. Michael Rot läuft los, stellt sich in die Mitte und sagt ein paar nette Worte. Die Leute klatschen und das limbische System merkt sich diese Schublade besonders vor und wird sie in Zukunft noch häufiger einsetzen.

Auch Anke Grün soll nach Ihrem Chef noch ein paar Worte sagen. Ihr ist bei solchen Auftritten immer ein bisschen mulmig zumute. Sie kann schon präsentierten, keine Frage. Doch ihre Lieblingsbeschäftigung ist es nicht. Sie hat einen anderen Weg, sich zu motivieren. Vor dem Auftritt atmet sie ein paar Mal tief durch, richtet sich dann ganz bewusst auf und kontrolliert ihre Körperhaltung. Aufrecht, Kopf gerade, Schultern raus. Dann läuft sie ganz bewusst mit kräftigen Schritten zur Bühne, dreht sich zum Publikum um und legt los. Den ersten Satz hat sie noch auswendig gelernt, der Rest kommt dann von alleine. Alles läuft glatt, auch bei ihr klatschen die Leute.

Mit ihrer Vorgehensweise trickst Anke Grün ihr limbisches System aus. Sie gibt nämlich die Körperhaltung für „Erfolg" und „Sicherheit" künstlich vor. Das limbische System registriert diese Körperhaltung und vergleicht sie ebenfalls mit den Schubladen. Es findet eine, in der genau diese Zeichen hinterlegt sind. Diese zieht es auf und findet darin die zugehörigen Gefühle für „Sicherheit". Es lässt sich täuschen und schüttet eine ordentliche Portion Glückshormone aus, die in

Anke Grün das entsprechende Gefühl immer stärker werden lassen. Jetzt kann auch sie sicher vor Menschen sprechen.

Check: Wie selbstsicher sind Sie?

Mit dem folgenden Test können Sie ermitteln, wie selbstsicher Sie sind und wie dringend Sie an Ihrer selbstbewussten Körpersprache arbeiten sollten.

Test: Welche der folgenden Aussagen trifft auf Sie zu?

Bewerten Sie diese mit 4 (trifft voll zu), mit 3 (trifft manchmal zu), mit 2 (trifft selten zu) oder mit 1 (trifft nie zu). Zählen Sie anschließend Ihre Punkte zusammen. Die Auflösung finden Sie unten.

	Ihre Bewertung
Ich will Menschen nicht verärgern und sage daher selten Nein.	
Wenn ich jemanden einen Wunsch abschlage, bekomme ich ein schlechtes Gewissen.	
Bei Vorträgen setze ich mich gerne nach hinten oder irgendwo an die Seite	
Wenn mich ein Verkäufer dazu überreden will, etwas mehr zu kaufen, kann ich das nur schwer ablehnen.	
Menschen übersehen mich gerne.	
Ich kann meine Wünsche gegenüber meinem Chef oder meinen Kollegen nur selten durchsetzen.	
Ich übernehme häufig kleine Jobs von Kollegen	
Wenn mich jemand durchdringend anschaut, senke ich meist den Blick	
Dominante Menschen verunsichern mich schnell.	
Es fällt mir schwer, Kollegen oder aufdringliche Verkäufer abzuwimmeln, selbst wenn ich gerade keine Zeit oder Lust auf diese habe.	
Ihre Summe	

A. 36–40 Punkte: Sie sollten dringend an Ihrem Selbstbewusstsein arbeiten. Bei Ihrer derzeitigen Verfassung können Sie Ihre Fähigkeiten nicht in Erfolge umsetzen. Gehen Sie den Ursachen Ihres fehlenden Selbstbewusstseins wirklich auf den Grund.

B. 31–35 Punkte: Ihr Selbstbewusstsein könnte besser sein. Wir empfehlen Ihnen, sich mit dem Thema auseinanderzusetzen und vor allem an Ihrem Verhalten und Ihrer Körpersprache zu feilen. Wie das geht, beschreiben wir weiter unten.

C. 20–30 Punkte: Ihr Selbstbewusstsein ist mittelmäßig ausgeprägt. Für normale Zwecke reicht es aus, dennoch kann Ihnen eine Verbesserung nur nutzen. Lesen Sie unsere weiter unten stehenden Tipps für die Optimierung Ihrer Körpersprache.

D. 15–20 Punkte: Ihr Selbstbewusstsein ist gut ausgeprägt. Damit kommen Sie gut durchs Leben.

E. 10–14 Punkte. Sie verfügen über ein überdurchschnittlich gut ausgeprägtes Selbstbewusstsein. Im Prinzip ist das gut. Überprüfen Sie jedoch gelegentlich Ihr Verhalten und fragen Sie sich, ob Sie mit anderen Menschen immer wertschätzend umgehen.

Das unbewusste Verhalten austricksen

Wie unsere drei Fälle – Carsten Blau, Michael Rot und Anke Grün – zeigen, gibt es zwei Wege, wie Sie Ihre Körpersprache verändern und damit auch Ihren Auftritt und Ihre Wirkung auf andere Menschen beeinflussen können. Die erste Möglichkeit besteht darin, dass Sie bewusst eine bestimmte Haltung einnehmen und mit dieser Haltung Ihre innere Einstellung beeinflussen.

Erinnern Sie sich noch an die Übung zu Beginn des Buches, mit der Sie Ihre Haltung bewusst verändern können?

Also, achten Sie künftig auf Ihre Haltung. Damit haben Sie ein wunderbares Instrument an der Hand, wie Sie sich und Ihre Körpersprache managen können. Nachfolgend geben wir Ihnen konkrete Hinweise, wie Sie das auch umsetzen. Diese Methode hat natürlich ihre Grenzen. Darauf möchten wir Sie ebenfalls gleich hinweisen.

Letztendlich bestimmt vor allem das limbische System, wie Sie sich fühlen. Wenn Sie ein insgesamt positiver und ausgeglichener Mensch mit einem normalen Selbstbewusstsein sind, können Sie mit kleinen Änderungen in der Haltung sehr einfach Ihren aktuellen Zustand verändern. Denn dann muss sich das limbische System nicht sehr weit aus seinen angestammten Bahnen bewegen. Wenn Sie also immer wieder auf Ihre Haltung achten und sich aufrichten, dann gibt das jedes Mal einen Impuls für Ihre Stimmung, der Sie insgesamt sicherer werden lässt. Mit der Zeit wird ein Selbstläufer daraus und Sie werden sich automatisch immer stärker aufrichten und damit auch immer sicherer und selbstbewusster werden.

Der Grund dafür besteht darin, dass auch das limbische System durch Wiederholung lernt. Je häufiger Sie etwas tun, desto stärker wird die dafür zuständige Synapsenverbindung im Gehirn: Der entsprechende Nervenstrang wird bei häufiger Nutzung immer dicker und kann immer leichter Impulse weiterleiten. Deswegen müssen wir Dinge auch sehr häufig wiederholen, wenn wir etwas Neues lernen. Das ist so wie ein Feldweg zwischen zwei Dörfern. Je mehr Menschen diesen benutzen, desto breiter wird er. Irgendwann wird er geteert, irgendwann wird eine Straße daraus, und dann baut jemand an dieser Stelle eine Autobahn, um das Verkehrsaufkommen zu bewältigen. Wenn es daneben eine alte Straße gegeben hat, verfällt diese immer mehr und wird irgendwann nur noch ein Trampelpfad, wenn niemand auf ihr läuft. Genauso funktioniert auch eine Verhaltensänderung oder Lernen in unserem Gehirn. Anke Grün entspricht diesem Typ. Bei ihr funktioniert der Weg, das Gefühl von außen nach innen zu verändern.

Doch dieser Weg, mit einer bewussten Änderung der Körpersprache auch das eigene Gefühl und das zugehörige Verhalten zu verändern, hat dort seine Grenzen, wo es eine sehr starke Neigung gibt, dieses Verhalten zu verhindern. Ein Mensch, der beispielsweise ein sehr großes Problem mit seinem Selbstwertgefühl hat wie Carsten Blau, wird sich sehr schwertun, nur mit einem aufrechten Gang dauerhaft mehr Selbstsicherheit zu erlangen. Denn jedes Mal, wenn er sich aufrichtet, läuft sein limbisches System Sturm dagegen, weil es sich im zusammengesunkenen Zustand sicherer fühlt. Carsten Blau hat vielleicht über 30 oder 40 Jahre gelernt, sich mit diesem Zustand zu arrangieren.

Somit führt eine dicke Autobahn in den Zustand „Ich fühle mich minderwertig und mache mich klein" und wird bei fast jeder Gelegenheit benutzt. Der Weg daneben für den selbstsicheren Stand ist nur ein kleiner Trampelpfad, der so gut wie nie betreten wird. Und jedes Mal, wenn Carsten Blau diesen doch mal verwenden will, winkt ihn jemand auf die Autobahn und sagt „Fahr doch hier, das ist viel sicherer für dich".

Dennoch hilft natürlich auch bei Menschen mit starken negativen Glaubenssätzen eine bewusste Haltungsänderung, auch wenn sie in solchen Fällen vielleicht nur kurzfristig Wirkung zeigt.

Ihr individuelles Trainingsprogramm

Nachfolgend geben wir Ihnen Tipps, wie Sie Ihre Haltung und damit Ihre Körpersprache mit einfachen Mitteln verbessern können. Wir bauen die Übungen so auf, dass wir zuerst alle Haltungen und Bewegungen beschreiben, die wichtig sind. Anschließend machen wir Ihnen Vorschläge, wie und wo Sie diese Übungen durchführen können. Natürlich ist es nicht ganz einfach, alle von uns vorgeschlagenen Bewegungen koordiniert und am Stück durchzuführen. Das ist auch nicht entscheidend. Entscheidend ist, dass Sie sich in die jeweilige Haltung hineinfühlen und ausprobieren, wie Sie sie Stück für Stück verbessern können.

Wir empfehlen Ihnen dringend, die Übungen mit einer zweiten Person durchzuführen. Diese kann Sie von außen beurteilen und Ihnen unmittelbar sagen, wie Sie wirken. Genau so arbeiten wir auch im Seminar: erklären – vormachen – selbst machen – korrigieren – wieder machen – korrigieren – noch mal machen. Nach einer Weile entwickeln Sie ein neues Körpergefühl, mit dem Sie die neue Bewegung automatisch ausführen. Allerdings müssen Sie sich anfangs immer wieder darauf konzentrieren, bis sie sitzt.

Moderationskarten für verschiedene Anlässe

Wir empfehlen Ihnen, Moderationskarten für verschiedene Anlässe zu verwenden. Wenn Sie zum Beispiel immer wieder vor Menschen sprechen müssen, dann schreiben Sie ein paar Stichworte zu Ihrer Wunschhaltung auf ein Kärtchen. Lesen Sie dieses noch mal durch, bevor Sie auf die Bühne gehen. Dann haben Sie alle Merkmale frisch in Ihre Erinnerung gerufen und können sie gleich anwenden.

Und noch etwas: Natürlich können Sie mit Körpersprache alles ausdrücken. Wenn dies jetzt ein Buch für Schauspieler wäre, würden wir Ihnen auch zeigen, wie Sie Frust, Depression oder schlechte Stimmung transportieren. Denn Schauspieler müssen das können. Doch für die meisten Anlässe im Business wollen Sie vermutlich selbstsicher und „gut" wirken. Wir werden daher unsere Tipps darauf ausrichten. Stellenweise werden wir Ihnen höchstens sagen, wie sie weniger offensiv oder sogar deeskalierend wirken, da natürlich manche Haltungen auch einschüchtern können.

Stehen. Wir stehen ständig irgendwo. Wenn Sie allein sind, ist es natürlich ziemlich egal, ob Sie eher wie ein aufrechter schlanker Baum oder wie ein nasser Sack dastehen. Doch sobald Menschen in der Nähe sind oder Sie sich sogar mit diesen unterhalten, senden Sie Botschaften. Spätestens jetzt sollte Ihnen klar sein, wie Sie auf andere wirken wollen, und danach handeln.

So stehen Sie souverän und aufrecht:

- Stellen Sie Ihre Beine etwa schulterbreit auseinander. Die Fußspitzen zeigen leicht nach außen. Wenn Sie die Beine schließen, haben Sie kaum Halt und wirken unsicher. Wenn Sie sehr breitbeinig stehen, vermitteln Sie Dominanz oder – paradoxerweise – ebenfalls Unsicherheit. Die Knie sollten ganz leicht gebeugt sein, damit Dynamik im Körper entsteht.
- Ziehen Sie Ihren Kopf an der Halswirbelsäule ein paar Zentimeter nach oben. Dadurch richtet sich der Oberkörper automatisch auf. Nehmen Sie Schultern nach hinten, sodass sich Ihre Brust nach vorne wölbt. Bei Bedarf können Sie auch den Bauch leicht einziehen. Atmen Sie trotzdem tief in den Bauch, sonst wird Ihre Stimme dünn.
- Halten Sie den Kopf gerade und schauen Sie gerade nach vorne. Vermeiden Sie, von oben oder von unten her auf ihr Publikum zu schauen.
- Lassen Sie Ihre Arme zu Beginn gerade und locker am Körper herunterhängen. Die Daumen sollten dabei nach vorne zeigen. In dieser Grundhaltung können Sie gut in sich hineinspüren, wie sich diese Haltung anfühlt. Wenn Sie jetzt mit Menschen sprechen oder eine Präsentation zeigen, sollten Sie die Hände in die Körpermitte über die Gürtellinie nehmen. Legen Sie am besten beide geöffneten Handflächen locker ineinander. Aus dieser Haltung heraus können Sie gut gestikulieren und Ihre Worte passend unterstreichen.
- Wenn Sie länger stehen, können Sie das Gewicht abwechselnd auf das rechte und linke Bein verlagern, ohne Ihre Grundhaltung zu verändern.

Unser Übungsvorschlag

Stellen Sie sich immer wieder auf diese Weise hin und üben Sie das Stehen. Sie können das auch vor einem Spiegel tun. Achten Sie dabei vor allem auf Ihr Körpergefühl. Manchen Menschen macht diese Haltung anfangs Schwierigkeiten, weil sie sich bisher immer klein gemacht haben. Trainieren Sie so lange, bis sich dieser Stand für Sie völlig natürlich anfühlt und Ihr Umfeld Ihnen bestätigt, dass Sie jetzt selbstsicher dastehen.

Typische Fehler bei dieser Übung sind:
- zusammengesunken stehen und sich kleinmachen
- den aufrechten Stand nicht allzu lange durchhalten
- die Hände in die Hosentaschen stecken, hinter dem Rücken verschränken, lange hängen lassen oder verkrampft und nervös aneinander reiben oder drücken
- mit den Beinen zu breit oder zu eng stehen
- unsicher hin und her schwanken oder keinen festen Stand haben

Gehen. Gehen und Laufen sind völlig natürliche Tätigkeiten, mit denen wir uns nicht nur fortbewegen, sondern anderen Menschen auch ständig Signale senden. Ziel beim Gehen ist es meist, die eigene Prägnanz und Präsenz zu erhöhen. Wenn Sie einen Raum betreten, sollen die anderen das auch mitbekommen.

So laufen Sie „präsent":
- Machen Sie ausreichend große Schritte. Zu kleine Trippelschritte sind ungünstig. Allerdings sollten Sie auch nicht allzu ausgreifend laufen. Die ideale Schrittlänge liegt – je nach Körpergröße – zwischen 40 und 60 Zentimetern.
- Treten Sie fest auf, ohne zu stampfen. Jeder Schritt muss sitzen. Lassen Sie sich genügend Zeit, damit der Fuß auch richtig auf dem Boden aufsetzen kann.
- Stoßen Sie Ihren Fuß beim Loslaufen kräftig ab und heben Sie ihn dann an. So entsteht genügend Dynamik.
- Finden Sie Ihr optimales Lauftempo. Im Zweifel darf es gerne etwas schneller sein, außer Sie rasen jetzt schon. Dann sollten Sie „gemessener" schreiten. Doch wir erleben in der Regel eher, dass Menschen zu langsam und zu wenig dynamisch gehen.
- Für die übrige Haltung gilt, was wir beim Stehen gesagt haben: Brust raus, aufrecht, Kopf gerade.

Unser Übungsvorschlag
Suchen Sie sich einen leeren Konferenzraum oder nehmen Sie sich Ihr Wohnzimmer. Laufen Sie festen Schrittes von der Tür bis zum Chefplatz am Kopfende des Tisches. Achten Sie wie oben beschrieben auf Ihre Körperhaltung. Drehen Sie sich dort zum (imaginären) Publikum um und schauen Sie dieses ruhig für drei Sekunden an. Sagen Sie dann irgendeinen Satz zur Begrüßung. Wiederholen

Sie diese Übung einige Male und achten Sie vor allem darauf, wie es sich anfühlt, gemessenen Schritts durch den Raum zu laufen. Vielleicht finden Sie ja auch einen oder ein paar Kollegen, die Ihr Publikum „spielen" und Ihnen Feedback geben.

Typische Fehler bei dieser Übung sind:

- wenig dynamisch laufen, „schlapp" wirken
- zu langsam laufen, schleichen
- die Füße nicht hoch genug heben, sodass man schlurft
- Trippelschritte
- kein festes Aufsetzen des Fußes, sodass ein schwebender Gang entsteht

Sitzen. Was kann man beim Sitzen schon falsch machen, werden Sie fragen. Sitzen ist ja ganz einfach. Man nimmt einen Stuhl und lässt sich hineinfallen, fertig. Weit gefehlt! Mit Ihrem Sitz drücken Sie eine ganze Menge aus. Das können Sie im Fernsehen gut beobachten, wenn Sie Könige oder geistliche Würdenträger beobachten, wenn diese auf einem Thron sitzen. Jemand, der das gut macht, thront dort wirklich und drückt damit viel Souveränität aus. Daneben gibt es den lässigen, den unsicheren, den dominanten, den unbeteiligten oder den aktiven Sitz. Je nach Situation können Sie unterschiedliche Signale senden und damit etwas ausdrücken.

Das Wichtigste ist jedoch, dass Sie ein Gefühl dafür bekommen, wie Sie sicher sitzen. Viele Menschen neigen in kritischen Gesprächsphasen oder bei Stress dazu, ihren festen Sitz aufzugeben: Sie rutschen dann zum Beispiel mit dem Gesäß nach vorne an die Stuhlkante oder heben die Beine an. Bei beidem verlieren sie Bodenhaftung, was zusätzlich das Gefühl von Unsicherheit verstärkt.

Daher möchten wir Ihnen zuerst den festen Sitz beschreiben:

- Dazu setzen Sie sich so auf einen Stuhl, dass Ihr Gesäß hinten die Lehne berührt und Sie die volle Sitzfläche nutzen.
- Lehnen Sie sich jetzt zurück, bis Sie die Lehne an Ihrem Rücken spüren.
- Ihre Füße stehen fest auf dem Boden, und zwar so, dass die gesamten Sohlen Kontakt mit dem Boden haben.
- Ihre Beine sind dabei nicht übereinandergeschlagen, sondern stehen parallel zueinander. Sie dürfen ruhig leicht geöffnet sein.
- Legen Sie die Arme zusätzlich auf den seitlichen Armstützen ab, sofern welche vorhanden sind.

Idealerweise suchen Sie sich für diese Übung einen Stuhl in einem Konferenzraum aus und schauen jetzt in den (leeren) Raum. Spüren Sie in sich hinein. Mit dieser Sitzhaltung werden Sie sich sicher fühlen. Damit können Sie schwierige Gespräche führen, Druck aushalten und selbst Druck erzeugen.

Typische Fehler bei dieser Übung sind:

- Sie rutschen nach vorne, bis Sie mit dem Gesäß nur noch die Stuhlkante berühren. In einer solchen Haltung können Sie keine Sicherheit aufbauen oder Widerstand leisten.
- Sie ziehen die Füße so nach oben, dass Sie den Boden nur noch mit den Zehenspitzen berühren. Auch diese Haltung verrät Unsicherheit und verleiht nur wenig Standhaftigkeit.
- Sie klammern sich mit den Händen an den Armlehnen fest. Diese Haltung verrät Unsicherheit oder Angst, insbesondere wenn Sie sich dabei noch stark zurücklehnen oder sogar in den Stuhl hineinpressen. In extremen Fällen umgreifen Menschen in einer solchen Situation sogar noch die vorderen Stuhlbeine mit Ihren Füßen, als ob sie sich festklammern müssten.

Natürlich brauchen Sie nicht die gesamte Zeit so sitzen zu bleiben, wie wir es beschrieben haben. Entscheidend ist vielmehr, dass sie sich sicher fühlen und aus Ihrer Haltung Kraft schöpfen. Denn genau wie beim Stehen verknüpft Ihr Unterbewusstsein auch beim Sitzen verschiedene Körperhaltungen mit verschiedenen inneren Zuständen und ruft diese je nach Sitzhaltung auf.

Wenn Ihre Grundhaltung stimmt, können Sie aus diesem Sitz heraus selbstsicher agieren. Beugen Sie sich zum Beispiel nach vorne, wenn Sie Dynamik ins Gespräch bringen oder Druck aufbauen wollen. Lehnen Sie sich zurück, wenn Sie Druck herausnehmen wollen oder eine kleine Entspannungspause brauchen. Entscheidend ist jedoch, dass Sie stets sowohl mit dem Gesäß auf dem Stuhl als auch mit den Füßen auf dem Boden bleiben. Denn nur so haben Sie genügend Bodenhaftung. Auch die Füße können Sie natürlich überkreuzen oder anders anordnen. Sobald Sie das aus einem Gefühl der Sicherheit heraus tun, ist es stimmig. Sie sollten nur vermeiden, eine unsichere Sitzhaltung einzunehmen.

Zu den verschiedenen Beinhaltungen sollten Sie Folgendes wissen:

Beine locker übereinanderschlagen. Wenn Sie die Beine übereinanderschlagen, sodass der Unterschenkel waagrecht auf dem Knie liegt und beide Beine einen deutlichen Winkel bilden, drücken Sie damit Lässigkeit und Lockerheit aus. Diese Haltung findet sich vor allem in Meetings, die länger dauern oder bei Menschen, die sich innerlich bereits entspannen. In der Regel deutet diese Haltung auf eine positive Stimmung hin. Sie sollten diese Haltung jedoch nicht einnehmen, wenn Sie einem neuen Geschäftskontakt gegenübersitzen, den Sie noch nicht näher kennen. Ihre Lässigkeit kann den anderen auch irritieren.

Beine weit auseinander. Diese Haltung findet man vor allem bei Männern. Sie drückt Dominanz und Sicherheit aus. Jemand, der sich so hinsetzt, hat keine Angst davor, dass ihm etwas passiert oder dass sein wichtigster Körperteil (bei einem Mann) verletzt werden könnte. Er will seinem Gegenüber vor allem seine Macht und Stärke demonstrieren. Bei Affen gibt es dieselbe Geste. Dort zeigt der ranghöhere Affe dem rangniedrigeren sein Geschlechtsteil und beeindruckt ihn damit.

Diese oben beschriebene Dominanzgeste sollten Sie vermeiden, außer Sie legen Wert darauf, den anderen einzuschüchtern. Doch in normalen Kunden- oder Mitarbeitergesprächen bringt sie keine Vorteile, sondern führt vor allem zu Irritationen und Störungen im Gespräch. Insbesondere Menschen, die unbewusst zu Machtgesten neigen, sollten lernen, diese nur noch kontrolliert einzusetzen. Setzen Sie sich als Mann nie so einer Frau gegenüber. Sie findet das einfach nur unverschämt und bedrohlich.
Manchmal allerdings auch einfach nur affig.

Beine zusammengepresst oder eng übereinandergeschlagen. Manche Menschen pressen beim Sitzen beide Beine eng zusammen und halten sie parallel. Die Person, die das tut, wirkt verkrampft. Wenn dabei noch ein Bein eng über das andere geschlagen wird, entsteht dadurch dieselbe Wirkung. Beide Beinhaltungen sind eine Schutzgeste. Wer so sitzt, will sich damit schützen, vor Blicken oder – unbewusst – vor Angriffen auf die Weichteile des Körpers. Diese Haltung drückt Unsicherheit oder Angst aus. Häufig kann beobachtet werden, dass vor allem Frauen so dasitzen, während Männer eher zu einer breiten Sitzhaltung neigen.

An solchen Gesten ist leicht zu erkennen, dass sich viele Frauen im Business immer noch gerne unterschätzen und unsicher in Meetings oder Gespräche gehen. Natürlich rufen sie beim Gegenüber, vor allem bei den breitbeinig dasitzenden Männern, genau diesen Eindruck hervor und lösen damit auch ein entsprechendes Verhalten aus. Der Mann dominiert, die Frau fügt sich, das Unterbewusstsein reagiert entsprechend und verstärkt die Beinhaltung – der Teufelskreis ist geschlossen.

Unser Tipp
Wenn Sie Selbstsicherheit aufbauen wollen, sollten Sie bei Ihrer Sitzhaltung beginnen. Überprüfen Sie diese und setzen Sie sich selbstsicher hin. Testen Sie vorher bei sich zu Hause eine passende Sitzweise aus. Wenn Sie einen Rock anhaben, sind Ihre Möglichkeiten natürlich begrenzt. Doch auch dann brauchen Sie nicht dazusitzen wie ein armer Sünder bei der Beichte.

Natürlich sitzen auch unsichere Männer mit zusammengeklemmten Beinen oder Knien da. Diese Haltung ist keinesfalls geschlechtsspezifisch. Auch hier gilt: Überprüfen Sie Ihren Auftritt und verändern Sie ihn gegebenenfalls.

Der selbstbewusste Blick. Schauen Sie selbstbewusst, wenn Sie andere Menschen beeindrucken oder von sich überzeugen wollen. Der Blick ist das wichtigste Kommunikationsinstrument zwischen zwei Menschen. Mit dem Blickkontakt signalisieren Sie Interesse am anderen und am aktuellen Gespräch, außerdem präsentieren Sie sich als vollwertiger und ernst zu nehmender Gesprächspartner. Sobald Sie den Blick abwenden und nach unten schauen, tritt eine Irritation im Gesprächsverlauf ein.

An der falschen Stelle den Blick senken
Wie wir in Rollenspielen bei Seminaren immer wieder feststellen, senken Menschen gerne in unangenehmen Phasen den Blick. Wenn dem Mitarbeiter eine unangenehme Aufgabe übertragen werden soll, wandert der Blick der Führungskraft genau in dem Moment zu Boden, in dem er dem Mitarbeiter diese Aufgabe beschreibt. Auch im Verkaufsgespräch sehen wir immer wieder, dass der Blick des Verkäufers dann ausweicht, wenn er zum ersten Mal den Preis nennt.

In beiden Situationen signalisieren die Gesprächsführer damit: „Ich bin unsicher." Im Mitarbeitergespräch wird der Angestellte bei diesen Schwächezeichen seines Chefs vielleicht sofort dagegenhalten und sich weigern, die Aufgabe zu übernehmen. Im Verkaufsgespräch wird der Kunde beim Ausweichen des Blicks die Unsicherheit des Verkäufers spüren und vielleicht sofort in eine harte Preisverhandlung einsteigen. Hätten der Vorgesetzte und der Verkäufer jedoch in dieser Phase des Gesprächs den Blick gehalten, würde es ihren Gesprächspartnern sehr viel schwerer fallen, die Konfrontation zu beginnen.

Da diese deutlich sichtbaren Zeichen für Schwäche und Unsicherheit auch erfahrenen Menschen passieren, können Sie sich vorstellen, wie schwierig es für einen unsicheren Menschen wird, ein wichtiges Thema im Gespräch durchzusetzen. Er wird sehr leicht und schnell scheitern, weil sein Gesprächspartner diese Schwäche spürt und für sich ausnutzt.

Hierzu unsere Tipps:

Den Blick (aus)halten

- Halten Sie in Gesprächen immer den Blick zum Gesprächspartner. Schauen Sie ihm direkt in die Augen und weichen Sie höchstens ganz kurz aus.
- Halten Sie den Blick auch in schwierigen oder konfrontativen Situationen aus. Gerade hier ist es wichtig, Ihrem Gegenüber standzuhalten. Konzentrieren Sie sich bewusst nur auf Ihren Blick und vermeiden Sie es, nach unten bzw. auf den Boden zu schauen.

Übung: Den Blick aushalten

Üben Sie gezielt, dem Blick standzuhalten. Nehmen Sie sich jeden Tag ein bis zwei Situationen vor, in denen Sie fremde Menschen ganz gezielt anschauen. Tun Sie dies jedoch nur so lange, bis es Ihnen richtig unangenehm wird. Probieren Sie aus, was passiert. Sie werden schon nach kurzer Zeit feststellen, dass viele Menschen Ihrem Blick nicht mehr standhalten und selbst ausweichen. Gute Gelegenheiten sind in der Straßenbahn oder im Bus, beim Einkauf an der Kasse oder beim Spaziergang.

Überprüfen Sie bei dieser Gelegenheit auch Ihre Gedanken. Was spielt sich in Ihrem Kopf ab, wenn Sie einen Fremden gezielt anschauen? Wie schätzen Sie diesen Menschen ein? Ist er selbstsicherer als Sie? Dürfen Sie ihn anschauen? Wie schaut er zurück?

Diese Übung vermittelt Ihnen ein gutes Gefühl für Ihre eigenen Möglichkeiten und Ihren Entwicklungsstand. Am Anfang werden Sie sich wahrscheinlich sehr merkwürdig vorkommen und manchmal am liebsten im Boden versinken. Doch irgendwann merken Sie, dass Sie erfolgreich sind und andere Menschen dazu bringen, Ihnen nachzugeben. Sie werden Ihre neuen Kräfte zu schätzen wissen und erfahren, dass Ihre Möglichkeiten viel größer sind, als Sie anfangs dachten.

So bauen Sie Selbstsicherheit auf

Verändern in kleinen Schritten

Bisher haben wir Ihnen geschildert, wie Sie durch reines Üben Ihre Körpersprache verändern können. Das wird immer dann funktionieren, wenn in Ihrem Inneren keine großen Widerstände oder störenden Glaubenssätze gegen Sie arbeiten. Doch wir haben oben auch gesehen, dass Menschen wie zum Beispiel Carsten Blau auf diese Weise nicht erfolgreich sein werden. Denn selbst wenn sie die entsprechenden Haltungen einüben, werden sie ganz schnell wieder in ihr defensives Grundverhalten zurückfallen. Das Verhaltensmuster, das zugrunde liegt, ist einfach zu stark.

Und selbst wenn Sie es eine Weile schaffen, den Selbstsicheren zu spielen, kann diese Haltung wie ein Kartenhaus in sich zusammenfallen, sobald Sie im Stress oder unter Druck sind. Das ist beispielsweise in einem Bewerbungsgespräch oder während einer Präsentation der Fall.

Daher sollten Sie irgendwann an die Ursachen ran. Wenn Sie es schaffen, Ihr Selbstbewusstsein nachhaltig zu stärken, wird sich Ihre Körpersprache immer danach ausrichten. Sie können gar nicht mehr in einen schwachen, defensiven oder ängstlichen Zustand zurückfallen. Doch wie geht das?

Natürlich entwickelt sich Selbstbewusstsein nicht über Nacht. Wenn jemand unsicher ist, liegt diesem Verhalten meist eine lange Geschichte zugrunde. Diese begann irgendwo in der Kindheit, setzte sich in der Jugendzeit fort und wurde im Erwachsenenalter noch verstärkt. Menschen, deren Selbstwert schwach ist, neigen dazu, negative Erlebnisse wie eine Niederlage im Job, einen verlorenen Streit mit dem Kollegen oder ein schmerzhaftes Nachgeben gegenüber dem Ehepartner als Bestätigung ihres schwachen Selbstwerts zu registrieren. Das Unterbewusstsein speichert diese Erlebnisse ab – denken Sie an die breite Autobahn –, während positive und stärkende Erlebnisse wie kleine berufliche Erfolge überhaupt nicht mehr registriert werden. Das wirkt sich auch auf die Körpersprache aus, die von Mal zu Mal defensiver wird und kaum noch positiv verändert werden kann.

Was können Sie in einem solchen Fall tun?

Sie können nur Selbstsicherheit aufbauen, indem Sie sich selbst ständig mit neuen Herausforderungen und Aufgaben konfrontieren. An diesen können Sie lernen, Schritt für Schritt. Betrachten Sie es wie ein Aufbauprogramm. Nachfolgend geben wir Ihnen einige Hinweise für solche Aufgaben. Doch beachten Sie bitte die folgenden Tipps:

- Überfordern Sie sich nicht. Suchen Sie zu Beginn kleine Aufgaben heraus, an denen Sie wachsen können. Zu große Aufgaben können misslingen und erzeugen neuen Frust.
- Führen Sie ein Erfolgstagebuch. Notieren Sie darin Erfolge und unerwartete Erlebnisse. Das hilft Ihnen, Ihre Fortschritte festzustellen.
- Seien Sie geduldig. Selbstsicherheit kommt nicht von jetzt auf nachher. Doch jeder Mensch kann selbstsicher werden und sich eine selbstsichere und souveräne Körpersprache aneignen. Denn Selbstsicherheit ist eine natürliche Eigenschaft, die wir alle in uns tragen.

Wir möchten Ihnen nachfolgend ein kleines Übungsprogramm mit an die Hand geben. Es beruht darauf, dass Sie lernen, Nein zu sagen. Damit können Sie Ihr Verhalten dauerhaft ändern und werden Schritt für Schritt selbstbewusster. Mit dem Selbstbewusstsein ändern sich auch Ihre Körperhaltung und Ihre Körpersprache gegenüber Gesprächspartnern. Von ganz alleine.

Lernen Sie Neinsagen

Ein fester Händedruck, dem Gegenüber selbstsicher in die Augen schauen oder Menschen in einer Menge begegnen sind Teilaspekte dessen, was einen selbstbewussten Menschen ausmacht. Deutlich schwieriger wird es jedoch, das selbstsichere Gefühl auch im täglichen Leben umzusetzen.

Können Sie selbstbewusst Nein sagen? Oder gehören Sie zu den Menschen, die immer wieder Dinge zusagen, die sie später bereuen? Zum Beispiel die Geburtstagsfeier für die Kollegin vorzubereiten, obwohl Sie dazu überhaupt keine Lust haben? Oder das Protokoll schon zum fünften Mal in Folge zu schreiben, nur weil die anderen Kollegen einfach nie Zeit dafür haben? Oder die Assistentin von nebenan in der Pause mal schnell zum Kaffee treffen, obwohl Sie sich dort immer zu Tode langweilen, weil sich die Assistentin nur ihre Beziehungsprobleme von der Seele reden will?

Sie kennen diese Sätze: „Frau Maier, würde es Ihnen was ausmachen, schnell diese Unterlagen für mich zum Kopieren zu bringen?", oder „Herr Müller, es ist doch sicher in Ordnung, wenn Sie heute Abend etwas länger bleiben, damit wir das Angebot noch mal in Ruhe besprechen können?" Das Fragezeichen am Ende solcher Sätze steht meist nur noch symbolisch, weil der Frager sowieso ein „Ja" voraussetzt.

Die fleißige Arbeitsbiene

Interessanterweise gibt es im Freundeskreis, in der Familie oder bei den Kollegen einen Typus Mensch, den man immer wieder trifft: Es ist die fleißige Arbeitsbiene, die stets all das erledigt, was ihr die anderen aufbürden. Natürlich sind das meist nicht die spannenden oder herausfordernden Tätigkeiten, für die es später Anerkennung gibt. Sondern es handelt sich um langweilige Routineaufgaben, auf die keiner Lust hat und die dann bei den Arbeitsbienen abgeladen werden. Wenn man einmal den Ruf weg hat, für andere gerne die Hilfskraft zu spielen, muss man oder frau sich meist auch keine Gedanken mehr um neue Jobs machen. Sie kommen irgendwann im Dutzend. Diese Person kann nicht Nein sagen.

Die Unfähigkeit, Nein sagen zu können, führt häufig zu Frust. Die Arbeitsbienen fühlen sich ausgenutzt, manchmal auch überlastet und sind selten mit diesen Aufgaben zufrieden. Doch sie haben kein Rezept, ihr Verhalten zu ändern. Im beruflichen Umfeld sind die Folgen sogar noch gravierender als im privaten Bereich. Menschen, die nicht Nein sagen können, haben zunehmend weniger Zeit für ihre eigenen Projekte, weil sie einen Großteil ihrer Zeit mit der Arbeit anderer verbringen. Manche entwickeln sich zum Arbeitsesel für die ganze Abteilung. Das kann die eigene Karriere nachhaltig behindern und führt im Extremfall zu handfesten Burnout-Symptomen.

Doch warum fällt uns Neinsagen so schwer? Und wie sagt man „Nein"? Schauen wir uns zuerst die Gründe an, die Menschen daran hindern, die eigenen Interessen mit einer klaren Absage an Freunde, Verwandte oder Kollegen besser zu verfolgen.

Es ist die Angst vor dem Verlust an Anerkennung, die uns am Neinsagen hindert. Und diese Angst ist fest verknüpft mit fehlender Selbstsicherheit. Unsichere Menschen fühlen sich häufig von anderen Menschen nicht akzeptiert oder wertgeschätzt.

Inneres Selbst versus innerer Kritiker

Wenn die Kollegin anfragt, ob Sie mit ihr zu Mittag essen wollen, startet in Ihrem Kopf der folgende Dialog: „Toll, die Kollegin will mit mir zum Essen gehen. Sie scheint mich zu mögen. Gerne gehe ich mit, weil sie mir dann das Gefühl gibt, mich zu brauchen. Und für mein Selbstbewusstsein ist es ganz wichtig, zu wissen, dass mich Menschen brauchen."

Doch es gibt auch einen inneren Kritiker. Oft ist er klüger als Sie. Er wird Ihnen sagen: „Die Kollegin nutzt dich nur aus. Sie braucht nur jemanden, der ihr zuhört und der ihr als Mülleimer dient. Mach das nicht, du wirst dich dort zu Tode langweilen."

Dann meldet sich Ihr inneres Selbst wieder zu Wort: „Dann müsste ich absagen. Das kann ich nicht. Wenn ich zur Kollegin jetzt Nein sage, dann wird sie mich nicht mehr mögen. Sie wird sich von mir zurückziehen. Dann bin ich wieder alleine, keiner liebt mich mehr. Das ertrage ich nicht."

Dazu fällt Ihrem inneren Kritiker meist nichts mehr ein. Er zieht sich zurück, Sie gehen hin und erleben mal wieder eine absolut langweilige Mittagspause. Natürlich bringen Sie es auch nicht fertig, nach fünf Minuten aufzustehen und sich höflich, aber bestimmt zu verabschieden. Vielmehr blieben Sie bis zum bitteren Ende.

Oder Sie kopieren sich für Ihren Kollegen die Finger wund.

Oder Sie versetzen mal wieder Ihren Ehepartner, weil Ihr Chef unbedingt abends mit Ihnen Routineaufgaben erledigen will.

Kommt Ihnen das alles bekannt vor? Keine Sorge, wir kennen Sie nicht persönlich, auch wenn wir Ihr Verhalten so präzise beschreiben können. Diese Mechanismen laufen bei fast allen Menschen gleich ab. Es gilt, diese zu erkennen, zu verstehen und ein wirksames Gegenkonzept zu finden.

Wie sagen Sie wirksam Nein?

Zuerst sollten Sie sich bewusst klarmachen, welche Gründe Sie am Neinsagen hindern. Das geht am besten, wenn Sie sich die letzten zwei oder drei Situationen noch einmal vor Augen führen, bei denen Sie etwas zugestimmt haben, was Sie in Wirklichkeit überhaupt nicht wollten. Stellen Sie sich die Situation noch einmal in allen Einzelheiten vor. Fühlen Sie in sich hinein. Was lief in diesem Moment in Ihnen ab? Ganz oft ist es eine Gedankenkette, die damit endet, dass Sie Angst hatten, von der betreffenden Person abgelehnt oder mit Liebesentzug bestraft zu werden. Manchmal haben Menschen in einer solchen Situation auch einfach nur Angst, die andere Person zu verletzen. Doch auch dahinter steckt in Wirklichkeit die Angst, dass sich die andere Person abwendet.

Wenn Sie diese Gedankenkette durchschaut haben, sind Sie ein gutes Stück weiter. Im nächsten Schritt können Sie sich die Frage stellen, was mit Ihnen passiert, wenn die andere Person Sie wirklich ablehnt. Warum haben Sie vor diesem Moment so viel Angst? Hierzu möchten wir Ihnen ein paar Gedanken mitgeben:

• Die Angst vor dem Alleinsein ist eine Urangst, die noch aus Babyzeiten stammt und damals sicher ihre Berechtigung hatte. Wenn ein Baby nicht von der Mutter versorgt wird, kann es verhungern. Die Angst vor dem Alleinsein ist also eine echte und auch wichtige Existenzangst. Wir haben das weiter oben bei der Anerkennungsfalle bereits geschildert.

• Manche Menschen übertragen diese Urangst unbewusst auf andere Menschen. Sie glauben, dass sie vom Wohlwollen anderer Menschen abhängig sind, um vollkommen sicher zu sein. Dieser Gedankenschritt ist zwar irrational, aber er wird von vielen Menschen vollzogen und prägt künftig ihr Verhalten.

• Für einen Erwachsenen ist die Angst vor dem Alleinsein nicht mehr erforderlich. Er kann sich selbst versorgen und damit selbst für sein Überleben sorgen, besonders in einem Land wie Deutschland. Niemand muss hier mehr verhungern.

• Befassen Sie sich also gedanklich damit, dass Sie selbst für sich sorgen können. Sie brauchen niemanden, weil Sie selbst alles erreichen können, was für Ihr Weiterleben erforderlich ist.

Es ist sehr wichtig, dass Sie diesen Schritt nachvollziehen können, denn er stellt den Schlüssel zum selbstsicheren Auftreten und Handeln dar. Nur Menschen, die tief in ihrem Inneren verstanden haben, dass sie selbst ihr Leben gestalten können, werden frei von den Manipulationsversuchen anderer Menschen und geraten nicht in die Opferrolle.

• Es gibt noch einen weiteren Gedanken: Unser soziales Netzwerk besteht in der Regel aus sehr vielen Menschen. Es gibt daher keinen Grund, sich von einem einzelnen Menschen abhängig zu machen. Hier gaukelt uns unser Unterbewusstsein jedoch vor, dass ein bestimmter Kontakt lebenswichtig ist. Diese fatale Fehleinschätzung entsteht, weil das Unterbewusstsein nur in der Gegenwart lebt. Es kennt keine Vergangenheit und keine Zukunft. Als Mensch können Sie jedoch abstrahieren, in die Zukunft planen und damit Ihrem Unterbewusstsein eine neue Richtung vorgeben.

- Praktisch bedeutet dies: Selbst wenn Sie heute alle sozialen Kontakte abbrechen, weil Sie Ihre Verwandten nicht mehr sehen wollen, sich scheiden lassen, in ein fremdes Land ziehen und dort einen neuen Job annehmen, werden Sie innerhalb kurzer Zeit wieder neue Menschen kennenlernen und von diesen akzeptiert und aufgenommen werden. Somit können Sie überhaupt nicht allein sein.

Gehen Sie diese Gedankenkette einmal durch, wenn Sie wieder irgendwo nicht Nein sagen konnten. Vielleicht werden Sie feststellen, dass Sie unbewussten Ängsten nachgegeben haben, die Sie künftig nicht mehr benötigen. Werfen Sie sie einfach über Bord und machen Sie sich klar, dass Sie keine Abhängigkeiten von anderen Menschen mehr brauchen.

Wie können Sie Ihr Verhalten ändern?

Die Gedanken auf diese Weise zu hinterfragen, ist der erste Schritt, um etwas zu verändern. Doch Sie müssen auch aktiv werden. Dazu ändern Sie in kleinen Schritten Ihr Verhalten und tun dies so lange auf bewusstem Weg, bis Sie das neue Verhalten automatisch und ohne nachzudenken anwenden.

Diese Methode setzt darauf, dass Sie sehr wohl kleine Aufgaben bewältigen können, die zum Ziel haben, Nein zu sagen. Dies kann auch funktionieren, wenn Sie extrem unsicher sind und sonst allem nachgeben. Wichtig ist nur, Aufgaben zu finden, die zu Ihrem derzeitigen Selbstwertgefühl passen. Wenn Sie sich also regelmäßig einer einfachen Situation stellen, in der Sie Nein sagen, und diese Situation erfolgreich bewältigen, werden zwei Dinge passieren:

- Zum einen haben Sie ein Erfolgserlebnis. Sie stellen fest, dass Ihnen niemand wehtun wird, wenn Sie einmal ein kleines Anliegen verweigern. Aus diesem Erfolgserlebnis schöpfen Sie die Kraft, sich der nächsten Herausforderung zu stellen. Diese kann schon etwas größer ausfallen. So steigern Sie sich von Erfolgserlebnis zu Erfolgserlebnis, bis Sie sich den richtig großen Aufgaben stellen können.
- Zweitens lernen Sie, wie Neinsagen funktioniert. Sie erfahren, wie Sie dieses schwierige Wort formulieren, wie Sie es selbstbewusst aussprechen und wie Sie Ihrem Gegenüber dabei fest in die Augen schauen. Sie lernen von Mal zu Mal, mit der neuen Situation umzugehen und sie besser zu beherrschen.

Auch bei dieser Methode wird natürlich Ihr Unterbewusstsein mit einbezogen. Wenn Sie sich immer wieder einer unbequemen Situation stellen und diese meistern, wird sie zur Normalität. Ihr Unterbewusstsein ersetzt eine alte Angst, die Sie bisher am Neinsagen gehindert hat, allmählich durch die aktuellen Erfolgserlebnisse. Irgendwann haben diese neuen Erfahrungen die alten Erlebnisse vollständig verdrängt. Letztere können Sie nicht mehr an Ihrem neuen, erfolgreichen Handeln hindern. Die Körpersprache folgt diesem Prozess.

Natürlich dauert das einige Zeit. Aber dieser Weg wird funktionieren. Deshalb ist es so wichtig, sich immer wieder aufs Neue der Situation zu stellen und sie zu bewältigen. Das ist ähnlich wie bei einem Golfspieler, der Hunderte von Malen den richtigen Abschlag übt, bis er sitzt. „Sitzen" heißt in diesem Fall, dass der Abschlag automatisch ausgeführt wird – der Golfspieler denkt nicht mehr darüber nach, wie er den Schläger führt, sondern er kann sich voll und ganz auf das Ziel konzentrieren.

Und so lernen Sie das Neinsagen ganz konkret:

- Beginnen Sie mit kleinen und leichten Aufgaben. Stellen Sie sich jeden Tag einer einfachen Situation, in der Sie jemandem etwas verweigern und dabei Nein sagen müssen. Am Anfang eignen sich besonders Situationen mit Menschen, die Ihnen nicht sehr nahestehen.
- Üben Sie regelmäßig, damit es Ihnen zur Gewohnheit wird. Führen Sie ein Erfolgstagebuch, in dem Sie aufschreiben, in welchen Situationen Sie Nein sagen konnten.
- Steigern Sie von Woche zu Woche den Schwierigkeitsgrad. Trauen Sie sich auch an große Aufgaben heran.
- Sammeln Sie Situationen, in denen Sie bisher nicht Nein sagen konnten. Schreiben Sie diese auf und erstellen Sie daraus einen Aktionsplan. Fragen Sie sich, was Ihre täglichen Herausforderungen sind, aber auch, was an wirklich großen Aufgaben auf Sie wartet – Ihr Ehepartner oder Ihre Mutter beispielsweise. Denn mit diesen beiden Personen sind wir besonders eng verbunden und können nur schwer Nein sagen.
- Lassen Sie sich nicht durch Misserfolge aus dem Konzept bringen. Natürlich wird nicht von Anfang an alles gelingen. Das ist völlig normal. Wichtig ist vielmehr, dass Sie immer wieder kleine Erfolge verbuchen können und Ihre neuen Möglichkeiten kennenlernen.

- Gewöhnen Sie sich an, den wahren Grund für Ihr Nein zu sagen. Notlügen machen nur dort Sinn, wo es wirklich nicht anders geht oder wo Sie einen Menschen wirklich verletzen würden. Im Allgemeinen werden Sie sich jedoch besser und befreiter fühlen, wenn Sie bei der Wahrheit bleiben.

Folgende Beispiele zeigen Ihnen, wo Sie überall Nein sagen können:

Nein sagen im privaten Bereich

- An der Wursttheke. Die Verkäuferin fragt: „Darf es etwas mehr sein?" Ihre Antwort lautet: „**Nein**. Bitte wiegen Sie mir genau 200 Gramm ab."
- An der Kasse. Eine Person mit etwa fünf Artikeln in der Hand steht vor Ihnen und fragt: „Würde es Ihnen etwas ausmachen, mich vorzulassen? Es geht auch ganz schnell." Sie haben selbst nur etwa 15 Artikel im Wagen. Reflexartig wollen Sie „Ja" sagen. Die richtige Antwort lautet jedoch: „Ja, es macht mir etwas aus, stellen Sie sich bitte wie alle anderen hinten an." Trauen Sie sich das zu? Dann steht es um Ihr Selbstbewusstsein schon sehr gut. Wir wollen Sie im Übrigen nicht dazu überreden, unhöflich zu werden und niemanden mehr vorzulassen. Das ist ja schließlich eine sehr nette Geste. Wenn Sie jedoch glauben, einen „Vordrängler" vor sich zu haben, sollten Sie sofort Ihre „Neinsagen"-Übung anbringen.

Nein sagen im Job

- Die Kollegin vom Zimmer schräg gegenüber: „Kannst du mal schnell für mich dies oder jenes übernehmen?" Ihre Antwort lautet: „Tut mir leid, **nein**, ich habe keine Zeit dafür, außerdem gehört das nicht zu meinen Aufgaben." Natürlich hilft man sich unter Kollegen aus, das ist selbstverständlich. Doch Geben und Nehmen sollten sich die Waage halten. Und es gibt leider immer mal wieder Menschen, die gerne viel mehr nehmen, als sie bereit sind zu geben. Hier sollten Sie irgendwann einen Riegel vorschieben. Sonst werden Sie schnell richtig ausgenutzt.

Solche Beispiele finden sich dutzendweise. Versuchen Sie nach und nach, über Ihre Zeit und Ihre Arbeitskraft selbst zu verfügen und diese nicht von Kollegen oder auch von Ihrem Chef fremdbestimmen zu lassen. Ein selbstsicherer Auftritt unterstützt Sie dabei. Und wenn Sie diese Selbstsicherheit innerlich auch wirklich spüren und umsetzen, wird sich Ihre Körpersprache und damit auch Ihre Ausstrahlung dem automatisch anpassen.

Literatur, die Sie interessieren wird

Die folgenden Bücher möchten wir Ihnen sehr empfehlen, weil sie wertvolle Ergänzungen zum Thema Verhalten und Körpersprache bieten.

- Hans-Georg Häusel: Think Limbic. Freiburg: Haufe, 4. Auflage 2011.
- Caroline Krüll, Christian Schmid-Egger: Selbstsicher jetzt. München: Gräfe und Unzer 2009.
- Caroline Krüll: Small Talk: Reden Sie sich zum Erfolg! München: C. H. Beck 2008.
- Joe Navarro: Menschen lesen. München: mvg, 2. Auflage 2011.
- Christian Schmid-Egger: Mitarbeitergespräche. München: C. H. Beck 2011.

Weiterführende Hinweise zum Thema Körpersprache finden Sie außerdem auf der Website der Autoren: www.koerpersprache-aktuell.de

Über die Autoren

Dr. Christian Schmid-Egger ist Kommunikations- und Management-trainer. Schon lange interessiert er sich für Körpersprache und ist fasziniert davon, was Menschen alles mit ihrer Mimik und Gestik aussagen. Dieses Wissen vermittelt er in seinen Seminaren und Vorträgen, damit Führungskräfte oder Vertriebsmitarbeiter erfolgreicher kommunizieren können. Denn fundierte Kenntnisse der Körpersprache sind eine wesentliche Voraussetzung für den Erfolg im Job, egal ob im Mitarbeiter-, im Verkaufsgespräch oder in der harten Verhandlung, davon ist der ehemalige Naturwissenschaftler und Diplomjournalist überzeugt. Dr. Christian Schmid-Egger lebt in Berlin. Neben Büchern schreibt er regelmäßig Texte zu Weiterbildungsthemen in verschiedenen Zeitungen und Zeitschriften. Mehr unter www.schmid-egger.de.

Caroline Krüll leitete eine Werbeagentur, bevor sie ihre Karriere als Coach und Speakerin startete. Sie coacht und trainiert seit über 10 Jahren Führungskräfte und tritt vor allem als prominente Rednerin auf hochkarätigen Firmenevents auf. Sie ist unter anderem bekannt als Selbstmarketingexpertin im Fernsehen (N 24, Sat.1 Frühstücksfernsehen, RTL, Pro7, Kabel1, VOX u. a.) sowie mit zahlreichen Beiträgen in Zeitungen und anderen Medien vertreten. In ihren Vorträgen und Coachings demonstriert sie gelebte Körpersprache und zeigt ihren Kunden, wie diese optimal auftreten und dabei ihre maximale Wirkung und ihre Marke:Ich erreichen können. Denn Erfolg beginnt beim richtigen Auftritt, davon ist die Erfolgsautorin aus Berlin überzeugt. Mehr unter www.caroline-kruell.de.

Die beiden Autoren haben bereits mehrere Bücher in zwei renommierten Verlagen veröffentlicht, davon einige gemeinsam. Außerdem bieten sie zusammen Vorträge, Seminare und Coachings zum Thema Körpersprache, Auftritt und Wirkung an. Im Beck-Verlag sind von ihnen bisher vier Bücher in der Beck-kompakt-Reihe erschienen: „Small Talk", „Networking mit Xing, Facebook & Co.", „Mitarbeitergespräche" sowie „Körpersprache: Wahrnehmen, erkennen, deuten".

Die aktuelle Website zum Thema Körpersprache finden Sie hier:

www.koerpersprache-aktuell.de

Fotonachweise:

Für die Fotos standen die beiden Autoren Caroline Krüll und Dr. Christian Schmid-Egger Modell. Zu besonderem Dank sind wir der Fotografin Jenny Sieboldt (www.jenny-sieboldt.de) sowie der Maskenbildnerin Monique Prägitzer, beide aus Berlin, verpflichtet.